2019年北京市教委科研计划一般项目
"赋权视角下的社会组织参与精准救助的逻辑、经验与路径"
（项目编号：SM202010038005）成果

社会组织参与社会救助研究

王世强 著

首都经济贸易大学出版社
Capital University of Economics and Business Press
·北京·

图书在版编目(CIP)数据

社会组织参与社会救助研究/王世强著. --北京：首都经济贸易大学出版社,2023.10

ISBN 978-7-5638-3589-8

Ⅰ.①社… Ⅱ.①王… Ⅲ.①社会组织—参与管理—社会救济—研究—中国 Ⅳ.①D632.1

中国国家版本馆 CIP 数据核字(2023)第 168233 号

社会组织参与社会救助研究
SHEHUI ZUZHI CANYU SHEHUI JIUZHU YANJIU
王世强　著

责任编辑	王　猛
封面设计	风得信·阿东 FondesyDesign
出版发行	首都经济贸易大学出版社
地　　址	北京市朝阳区红庙（邮编 100026）
电　　话	(010)65976483　65065761　65071505(传真)
网　　址	http://www.sjmcb.com
E - mail	publish@cueb.edu.cn
经　　销	全国新华书店
照　　排	北京砚祥志远激光照排技术有限公司
印　　刷	北京九州迅驰传媒文化有限公司
成品尺寸	170 毫米×240 毫米　1/16
字　　数	285 千字
印　　张	18.5
版　　次	2023 年 10 月第 1 版　2023 年 10 月第 1 次印刷
书　　号	ISBN 978-7-5638-3589-8
定　　价	76.00 元

图书印装若有质量问题,本社负责调换
版权所有　侵权必究

前 言

习近平总书记在党的二十大报告中指出,要着力解决好人民群众急难愁盼问题,健全基本公共服务体系,提高公共服务水平,增强均衡性和可及性,扎实推进共同富裕。"四个全面"是以习近平为核心的党中央提出的新时期治国理政的战略布局。全面建成小康社会作为"四个全面"战略布局中的战略目标,发挥着引领作用。2017年6月23日,习近平总书记在山西太原主持召开深度贫困地区脱贫攻坚座谈会,听取脱贫攻坚进展情况汇报,研究部署破解深度贫困之策。

精准救助可以更好地了解贫困人口的实际情况和需求,从而提供更加精准和有效的帮助和服务,促进脱贫攻坚工作的开展;减少资源的浪费和滥用,提高救助的效率和效果,让更多的贫困人口受益;让贫困人口获得更多的机会和资源,从而促进社会公正和平等,减少贫富差距和社会不平等现象;提高政府的形象和信任度,让公众更加信任和支持政府的工作,从而促进政府的稳定和发展;增强国家凝聚力和社会稳定性,让贫困人口获得更多的机会和资源,从而让他们更加积极地参与社会和经济活动,促进社会的发展和进步。

我国的社会救助工作还需要进一步完善贫困人口的识别机制,提高贫困人口的精准识别率,确保救助资源更好地投向真正需要帮助的人群;加强政策衔接和协调,建立起政府部门之间和社会组织之间的协作机制,避免重复投入和资源浪费;提高救助质量和效率,确保救助措施更加精准和有效,让贫困人口真正受益;推进可持续发展,让贫困人口通过学习和技能培训等方式,增加收入来源和就业机会,实现长期脱贫;加强对精准救助政策和措施的监督和评估,确保政策的贯彻落实和效果的持续改进。

社会组织可以通过调查和研究,对贫困人口进行筛选和识别,帮助政府和其他机构准确了解贫困人口的情况和需求;通过各种方式提供帮助和服务,如提供食品、住房、医疗、教育等资源,帮助贫困人口改善生活条件和提高生活质量;为贫困人口提供教育和培训,帮助他们提高技能和能力,增加就业机会和收入来源;通过宣传和倡导,提高公众对贫困问题的认识和关注度,促进社会公正和平等;对政府和其他机构的精准救助政策和措施进行监督和评估,促进政策的改进和完善。

我国各地探索出一种赋权模式,赋予社会组织更多的话语权和决策权,让他们更好地了解和满足贫困人口的需求。赋权方式可以让贫困人口参与到精准救助的过程中,让他们有更多的话语权和决策权,从而更好地满足他们的需求和利益;使政府和社会组织更加有效地开展精准救助工作,通过更好地了解和理解贫困人口的需求和实际情况,从而提供更加精准和有效的帮助和服务;促进社会公正和平等,让贫困人口在精准救助中获得更多的机会和资源,从而实现社会公正和平等的目标;帮助贫困人口增强社会责任感和自我管理能力,让他们更加积极地参与社会和经济活动,从而实现脱贫致富的目标;促进社会创新和发展,让贫困人口和社会组织更加积极地探索新的解决方案和创新模式,从而推动社会的发展和进步。

当前,社会组织参与社会救助的行政管理和政策环境尚未完善,缺乏相关政策的支持和保障,容易受到各方面限制和影响;社会组织参与社会救助的作用和价值还没有得到足够的认知和理解,有时还会受到质疑和误解;社会救助资源分配不均,有的地区和群体得到的支持和帮助更多,而有的地区和群体得到的支持和帮助较少;社会组织参与社会救助需要大量的资金支持,但是社会组织的资金来源相对有限,难以满足工作的需求。

本书研究的总体思路是:首先,对社会救助和社会组织参与社会救助的概念进行界定和研究综述,明确研究的范围和目的。其次,从社会学视域出发,对相对贫困治理机制进行分析,探讨社会组织参与社会救助的必要性和作用。再次,从社会组织的角度出发,对社会组织在社会救助中的功能定位、工作方式和介入模式进行探讨。然后,从政策与实践、做法与成效、典型案例研究、国外经验的角度研究分析社会组织如何参与社会救助。最后,分析社会组织参与社会救助面临的困难与挑战及其对策建议。

目 录
CONTENTS

第一章　概念界定和研究综述 / 1
  一、研究背景 / 1
  二、概念界定 / 3
  三、研究综述 / 5
  四、研究思路与研究方法 / 11

第二章　社会学视域下相对贫困治理机制的分析 / 18
  一、对相对贫困治理的研究 / 19
  二、相对贫困治理机制建设的进展 / 22
  三、相对贫困治理的社会学逻辑与"人民发展共同体" / 24
  四、建立和完善相对贫困治理机制 / 26
  五、相对贫困治理机制建设的策略 / 32

第三章　社会组织在社会救助中的功能定位、工作方式与介入模式 / 36
  一、治理：社会组织参与社会救助的理论依据 / 36
  二、赋权机制 / 38
  三、救助对象类型及其特点 / 41
  四、"服务-价值-能力"三维角色：社会组织介入社会救助的功能定位 / 43
  五、"服务-使能-激活"：社会组织在社会救助中的工作方式 / 46

六、"建设-发展-整合"优势互补：社会组织介入社会救助的
模式构建 / 49

七、"生态-权能"二元框架：社会组织介入社会救助的行动
路径 / 53

第四章 社会组织参与社会救助的政策与实践探索 / 57
一、我国社会组织参与社会救助的发展现状 / 57
二、北京市社会组织参与社会救助的发展现状 / 64
三、社会组织参与社会救助取得的成效 / 71
四、社会组织参与社会救助的优势 / 79
五、对救助对象情况的前期了解 / 96
六、社会组织参与社会救助项目的机制 / 113
七、社会组织在社会救助项目中的策略 / 125

第五章 社会组织在赋权中的具体做法与成效 / 133
一、社会组织在社会救助中的赋权实践 / 134
二、赋权的效果 / 142

第六章 社会组织参与社会救助的典型案例研究 / 156
一、案例：BJXH / 156
二、案例：XCMY / 177

第七章 国外推动社会救助的政策与实践 / 184
一、国际公约对社会救助权的规定 / 184
二、国外社会救助的政策与实践 / 185

第八章 社会组织参与社会救助面临的困难与挑战 / 198
一、政府及政策层面的困难与挑战 / 198
二、社会组织自身发展的困难与挑战 / 224

三、救助对象层面的困难与挑战 / 242

第九章　完善社会组织参与社会救助发展的对策建议 / 254
　　一、对政府支持政策的建议 / 257
　　二、对完善社会救助政策的建议 / 261
　　三、对社会组织的建议 / 265
　　四、对完善赋权式救助方式的建议 / 272

附录 / 278
　　附录一　首都经济贸易大学"社会组织参与社会救助课题"
　　　　　　访谈提纲 / 278
　　附录二　赋权视角下社会组织参与社会救助调查问卷 / 280

参考文献 / 285

第一章
概念界定和研究综述

一、研究背景

20世纪90年代以来,我国改革传统的社会救济制度,建立起适应社会主义市场经济体制的现代社会救助制度。我国社会救助的内容不断拓展,制度逐步规范,建立了最低生活保障、特困人员供养、受灾人员救助、医疗救助、教育救助等基本制度,满足了困难群体的基本需要,编织起较为严密的社会安全网络。据民政部发布的信息显示,截至2022年9月底,全国共有城市低保对象686万人,低保平均标准达到746元/(人·月);农村低保对象3 329万人,低保平均标准达到6 848元/(人·年)①。由此可见,我国困难群体的数量依然比较庞大,迫切需要建立更加有效的社会救助机制。针对当前困难群众的不同致困原因和个性化需求,北京、广东等地方政府探索实施了"精准救助"创新政策。

民政部原部长黄树贤指出,社会救助是民生保障和扶贫攻坚的一道安全网,把这道网编密织牢是民政部门的重大使命和扶贫攻坚战役当中的重要责任。2012年,《国务院关于进一步加强和改进最低生活保障工作的通知》和《最低生活保障审核审批办法》强调优化社会救助工作流程,规范申请、受理、审核、评议、审批、公示等关键环节,实行科学的动态管理,探索跨部门、多层次、信息共享的救助申请家庭经济状况核对机制。

随着我国经济社会的发展,社会救助事业虽然发展很快,但还存在保障不完善、体系不完整、制度"碎片化"等问题,也与建设法治政府、严格依法行政的要求不相适应,需要用法治思维和法律手段予以推进解决,

---

① 全国城市低保对象686万人,低保平均标准每人每月746元. https://baijiahao.baidu.com/s?id=1747727335648938975&wfr=spider&for=pc.

逐步建立和完善救助机制，进一步织密扎牢社会救助网。2014年5月1日起施行的《社会救助暂行办法》是我国第一部统筹各项社会救助制度的行政法规，首次以法律形式明确了社会工作在社会救助中的重要地位，对推动建立综合性的现代社会救助模式具有重要促进作用，是推动社会救助工作向法制化、体系化、科学化、现代化转型和改革发展的重要法规支撑。《社会救助暂行办法》明确"8+1"的社会救助体系，全面建立临时救助制度，全面推开重特大疾病医疗救助，统筹城乡特困人员的救助供养制度，推进低保制度与扶贫开发政策的衔接，全面建立困难残疾人生活补贴和重度残疾人护理补贴制度，加强农村留守儿童的关爱保护和困境儿童的保障工作。推进防灾减灾救灾体制机制的改革，推动县一级政府全面建立困难群众基本生活保障工作的协调机制。这些制度相互衔接，形成了具有中国特色的社会救助制度体系新格局。

2003年，我国第一家社会工作机构（简称"社工机构"）在上海浦东成立。2014年2月，国务院公布的《社会救助暂行办法》提出发挥社会工作服务机构和社会工作者在社会救助中的作用。随后，国家和地方出台了一系列相关支持政策，社会组织开始更多地介入社会救助领域；北京、上海、广东等地成立了专门从事社会救助工作的社会工作机构，为深入推进社会组织理念与方法在社会救助领域的应用创造了条件。在2014年我国社会救助进入"民生化"范式阶段后[①]，各地在社会组织参与社会救助方面进行了大量实践探索。随着脱贫攻坚工作的推进，2017年，民政部、财政部、国务院扶贫办联合出台了《关于支持社会工作专业力量参与脱贫攻坚的指导意见》。这是里程碑式的事件，让社会工作在脱贫攻坚中的作用和定位更加清晰准确，不但肯定了社会工作在困难群众的生活保障、社会心理支持、社会融入、团体互助、宣传倡导等方面不可替代的作用，更推动健全了物质资金帮扶与心理社会支持相结合，基本救助服务与专业化个性化服务相补充的新型社会救助模式的探索。2020年8月，中共中央办公厅、国务院办公厅印发的《关于改革完善社会救助制度的意见》明确了社会工作参与社会救助的服务领域、服务方式和保障措施；从实践来看，社会组织在社

---

① 张浩淼.中国社会救助70年（1949—2019）：政策范式变迁与新趋势［J］.社会保障评论，2019（3）：65-77.

会救助中仍存在定位不清、路径不明和理念模糊等问题，不但无法凸显社会组织的专业优势，还会阻碍其在社会救助中的作用发挥。

对于社会组织参与精准扶贫的认识，需要将反映不同经济收入特征的横向维度和反映人口能力意识的纵向维度相结合，因为村民贫困不仅反映在低收入的表象上，也反映在农民思想观念深刻变化的纵向维度上。

社会救助是推进我国治理现代化和社会福利均衡化的重要部分。政府部门作为社会救助的合法权威主体，目前主要采用政府主导、社会参与的治理模式，依据法律政策等规制性手段的同时引入社会力量，通过政府购买服务政策进行激励，以此来弥补政府失灵和市场失灵。本书用社会治理的思维模式梳理我国社会组织参与社会救助的现状，多角度分析我国社会组织参与社会救助中存在的问题及其原因，提出我国社会组织参与社会救助的基本路径。

二、概念界定

（一）社会组织

"社会组织"是具有中国特色的概念表述，是基于我国现实国情和社会组织发展状况，对非政府组织（NGO）、非营利组织（NPO）、第三部门等称谓的中国化改造。按照民政部的官方解释，社会组织"是用中国特色社会主义理论深刻认识这类组织的基本属性、主要特征而形成的科学概括"。

"社会组织"称谓的使用始于2006年。进入21世纪以后，在推进社会建设的过程中，考虑到"民间组织"称谓有一定的局限性，不足以充分表明这类组织所具有的重要地位，2006年党的十六届六中全会通过的《中共中央关于构建社会主义和谐社会若干重大问题的决定》首次提出了"社会组织"概念，提出"要健全社会组织、发挥各类社会组织提供服务、反映诉求、规范行为的作用"。2007年党的十七大报告把社会组织放到了更加突出的位置，进一步确认了"社会组织"概念。

社会组织（Social Organization）的概念有广义、中义和狭义之分。广义的"社会组织"是社会学意义上的概念，是指人们从事共同活动的所有群体形式，包括氏族、家庭、秘密团体、政府、军队和学校等。中义的"社会组织"是指社会中不以营利为目的的群体组织，与政府组织、企业组织相并列，既包括了正式登记注册的社会组织，也包括了因为种种原因未能按现行法规登记注册的非营利组织。狭义的"社会组织"是政府管理维度上的概念，是指依据我国法律规定，经各级政府民政部门登记注册的，纳入登记管理范围的社会团体、民办非企业单位和基金会。目前，狭义的"社会组织"概念的影响力较大，是被各方普遍接受的概念。

在国际上，通行的是"非营利组织"或"非政府组织"概念。"非营利"不同于"非盈利"。"营"是经营、寻求的意思，"非营利"强调组织的运作不以牟利为目的，但并不禁止其经营或取得"盈利"。"非盈利"表示不赚钱，指的是一种结果。"非营利组织"概念最早出现在美国，是指在美国社会中符合《国内税收法典》（Internal Revenue Code）第 501（C）3 条的规定，从而获得税务减免待遇的特殊组织。联合国对非营利组织的界定是，如果主要收入既不来自产品或者服务的销售，也不来源于政府，而是来自会员会费、企业或者个人的捐赠，那么这类机构就属于非营利组织。20 世纪 70 年代末，"非营利组织"概念开始流行起来，并于 90 年代末期成为全球通用的主流概念。

"非政府组织"（Non-Governmental Organization，NGO）强调该类组织不同于政府，它们不是政府或政府的一个部门。"非政府组织"概念的广泛使用，是联合国大力倡导的结果。"非政府组织"一词最早出现在 1945 年 6 月 26 日签署的联合国宪章第 71 款中，该条款授权联合国经济及社会理事会（简称"经社理事会"）"为同那些与该理事会所管理的事务有关的非政府组织进行磋商做出适当安排"。1952 年，联合国经社理事会在其决议中将非政府组织定义为"凡不是根据政府间协议建立的国际组织都可以被看作非政府组织"。在当时，非政府组织主要是指国际性的民间组织。1968 年，在联合国经社理事会通过的 1296 号决议中，规范了联合国同非政府组织的法律框架，允许非政府组织在联合国经社理事会以及联合国体系中的其他机构中获得咨询地位。自此以后，非政府组织的活动被越来越广泛地引入联合国体系的运作。1995 年，北京承办了第四次世界妇女大会和 NGO 妇女论坛，"非政府组织"概念正式传入我国。1998 年，清华大学成立了 NGO 研究所，开展了一系列关于 NGO 的教学研究活动，推动了这一概念在我国的研究及传播。

（二）社会救助

在国际上，社会救助通常是针对社会中被视为社会不可接受的脆弱性、风险和贫困程度而采取的公共行动。社会救助是兜底性的，为贫困群体提供满足其生存的最低限度支持。本书认为，社会救助是国家和其他社会主体对于遭受自然灾害、失去劳动能力或者其他低收入公民给予物质帮助或精神救助，以维持其基本生活需求，保障其最低生活水平的各种措施。社会救助对于调整资源配置、实现社会公平和维护社会稳定具有重要作用。

精准救助是精准的"救助"，"精准"是精准识别、精准扶持、精准考核。精准救助意味着更准确、更精细、更贴心、更温暖、贴近式、有温度。精准救助突出专业服务成效，彰显专业服务优势，不同于传统救助的方式、方法、效果。

（三）赋权

赋权是一个过程，也是一个结果。赋权已成为许多组织的核心目标，但像权利一样，它可以有许多不同的含义，涉及个人和集体的参与、能力、选择、自主和自由。本书认为，赋权作为一个有意的过程，包括人们在获得权利、接管他们生活的控制权和获得更多的社会资源，以实现个人和集体目标方面的主动行动。

三、研究综述

（一）社会救助

有学者认为，传统的"父权式"和"保姆式"扶贫模式难以有效应对"主体性贫困"[1]，为促进精准救助、高效救助和温暖救助目标的达成，需要推动保障生存型救助制度体系向促进发展型救助制度体系发展[2]，从"外力推动模式"渐次推进到"内力推动模式"[3]，引导社会救助朝更加公平、更

---

[1] 卫小将. 精准扶贫中群众的主体性塑造：基于赋权理论视角 [J]. 中国特色社会主义研究, 2017 (5)：80-85.
[2] 仲超. 贫困治理背景转换下的社会救助转型：从保障生存到促进发展 [J]. 求实, 2021 (3)：68-82, 111.
[3] 程萍. 社会工作介入农村精准扶贫：阿马蒂亚·森的赋权增能视角 [J]. 社会工作, 2016 (5)：15-23, 125.

高质量和更有效率的方向迈进。

"服务救助"作为促进发展型救助制度体系中的重要内容,是相对贫困人口的迫切需求,也是当前社会救助体系中较为薄弱的环节,"十四五"期间我国应着重加强"服务救助"机制建设。在欧美国家,社会工作参与社会救助已有超过50年的发展历史,并积累了丰富的实践经验与研究成果。美国学者研究表明,社会工作在促使服务对象恢复自立、改善服务对象家庭生活及防止依赖等方面有着明显优势[1]。欧美学者主张加强社会救助制度,提倡参与、发展和包容等理念在社会救助中的作用,倡导人们尊重他人的权利并加强家庭、社区和社会内部的团结。经过长期发展,欧美国家社会工作参与社会救助形成了整合模式、分离模式和混合模式三种行政安排[2]。

(二) 社会组织参与社会救助

社会组织是我国构建专项扶贫、行业扶贫和社会扶贫相结合的大扶贫格局的重要组成部分,是我国决胜全面建成小康社会的重要力量。社会组织参与精准扶贫是当前学术界研究的重要问题,目前既有研究主要有以下几种观点:一是社会组织参与精准扶贫既有深刻的法理学依据,也有着现实的法律依据,但仍然面临着一定的法律困境[3]。二是社会组织参与精准扶贫面临的挑战。认为社会组织存在扶贫资源不足、相关的政策与制度保障尚不完善、社会组织自身参与贫困治理的能力有待提升等问题[4]。三是精准扶贫中政府和社会组织的合作。强调政府对社会组织的引导机制、培育机制,以及二者之间合作机制、协商机制、竞争机制的建立[5]。四是社会组织参与精准扶贫的策略研究。认为应促进多元主体参与精准扶贫,提高社会

---

[1] McENTIRE DAVIS, HAWORTH, JOANNE. The Two Functions of Public Welfare: Income Maintenance and Social Services [J]. Social Work, 1967, 12 (1): 22-31.
[2] 马凤芝, 陈树强. 社会工作介入社会救助的国际经验及对我国的启示 [J]. 中国社会工作研究, 2016 (13): 68-90.
[3] 成克惠. 社会组织参与农村精准扶贫的法律依据与治理研究 [J]. 农业经济, 2019 (1): 75-77.
[4] 黄林, 卫兴华. 新形势下社会组织参与精准扶贫的理论与实践研究 [J]. 经济问题, 2017 (9): 1-5.
[5] 付娆. 浅析精准扶贫中政府与社会组织的合作 [J]. 农村经济, 2016 (11): 34-37.

组织的自主性和精准扶贫的识别度，加强社会组织的立法和制度建设①。以上研究揭示了社会组织参与精准扶贫受到多种因素的影响与存在的问题，有的基于政府职能转变的视角，有的基于社会组织性质与定位的视角，有的基于法律、制度与政策的视角。

在我国学术界，社会工作的介入机制已成为当前社会救助研究的热点领域，现有研究对社会工作介入社会救助的基础条件、实施路径和伦理困境等进行了阐述。如关信平认为推动社会工作的介入应解决一些基础条件和体制机制问题，提出建立财政投入机制、服务传递机制和服务评估机制等②；丁一帆、张翼提出社会工作的价值体系和理念方法能够在社会救助中凸显专业优势，可以在社会行政、能力提升、救助流程、资源链接等方面为救助对象提供支持③；谢敏认为目标冲突、忠诚冲突、责任冲突和利益冲突导致了社会工作介入社会救助的伦理困境，阻碍了专业服务进展和福利输送，认为社会工作者要根据环境变化调整专业工作框架④，等等。还有学者对社会工作介入社会救助的模式与策略进行了研究。如杨荣认为社会工作的介入促使社会工作回归其专业本意，推动社会救助从物质救助转向社会服务，提出理念介入、岗位介入、机构介入、项目介入等策略⑤；原会建则提出增强社会认同、尊重专业特色与专业优势、构建联络合作平台的策略⑥；孙莹、李涛从嵌入式视角提出从边缘性嵌入到核心性嵌入、由浅层性嵌入达深层性嵌入、变依附性嵌入为自主性嵌入及避免竞争性嵌入和自我矮化的策略⑦，等等。

（三）赋权

1. 赋权概念的渊源

赋权理论的发展需要从跨学科和多维理论中汲取灵感。长期以来，赋

---

① 彭小霞. 社会组织参与精准扶贫考察 [J]. 开放导报，2017（3）：93-97.
② 关信平. 社会工作介入社会救助的需求、能力及体制机制分析 [J]. 湖南师范大学社会科学学报，2017（1）：32-38.
③ 丁一帆，张翼. 社会工作视角下社会救助的路径研究 [J]. 社会科学家，2019（11）：50-55.
④ 谢敏. 社会工作介入流浪乞讨人员社会救助中的伦理困境 [J]. 理论月刊，2018（8）：167-174.
⑤ 杨荣. 社会工作介入社会救助：策略与方法 [J]. 苏州大学学报（哲学社会科学版），2014（4）：29-34.
⑥ 原会建. 专业社会工作介入社会救助的路径与策略 [J]. 人民论坛，2014（35）：149-151.
⑦ 孙莹，李涛. 嵌入式视角下的社会工作参与社会救助 [J]. 中国民政，2017（7）：36-38.

权（Empowerment）在发展研究、社区心理学或社会运动、组织研究等领域的理论发展中占据突出地位。赋权的起源通常可以追溯到美国的非裔美国人民权运动[①]，其他重要来源是妇女运动、第三世界的解放运动和各种自助组织[②]。理论上，保罗·弗莱雷（Paulo Freire）的"被压迫者教育学"一直是赋权思想的重要基础。在上述运动和组织的鼓舞下，在不同的福利服务使用者群体中可以发现更强烈的自我意识和激进主义思潮。

随着弗雷勒（1970）[③]所描述的批判教育学的发展，赋权从其他学科获得了理论上的贡献，如莱帕波特（1987）[④]在社区心理学理论发展中建立的模型，韦伯（1977）[⑤]、福柯（1999）[⑥]的政治学权力研究，罗兰德（1997）[⑦]、卡比尔（1999）[⑧]开展的妇女赋权研究。目前，"赋权"概念已经超越性别视角，被广泛用于发展研究、社区和社会工作，并被联合国和世界银行等广泛使用。

20世纪70年代以来，随着社会工作学科从医疗方法转向客户治疗、社会正义干预模式，赋权已成为社会工作实践中被广泛认可的一种方法[⑨]。激进的社会工作实践、生态模式、系统方法、女权主义实践和结构性社会工作理论都具有相似的规范性、认识论和本体论立场，这些立场都被纳入反压迫理论的社会工作范畴[⑩]。

在英国的残疾活动家和学者中发展起来的"残疾的社会模型"产生了巨

[①] DALRYMPLE J, BURKE, B. Anti-Oppressive Practice. Social Care and the Law [M]. Buckingham: Open University Press, 1997.

[②] SLETTEBØ T. Empowerment som tilnærming i sosialt arbeid [Empowerment as an approach in social work]. Nordisk Sosialt Arbeid, 2000, 2: 75-85.

[③] FREIRE P. Pedagogía del oprimido. Madrid: Siglo XXI, 1970.

[④] RAPPAPORT J. Terms of empowerment/exemplars of prevention: Toward a theory for community psychology [J]. American Journal of Community Pshychology, 1987, 15 (2): 121-148.

[⑤] WEBER M. Estructuras de poder. Buenos Aires: Editorial La Pléyade, 1977.

[⑥] FOUCAULT M. Estrategias de poder. Barcelona: Paidós, 1999.

[⑦] ROWLANDS J. Questioning empowerment: Working with women in Honduras [M]. Oxford: Oxfam, 1997.

[⑧] KABEER N. Resources, agency, achievements: Reflections on the measurement of women's empowerment [J]. Development and Change, 1999, 30 (3): 435-464.

[⑨] KONDRAT M E. Concept, Act, and Interest in Professional Practice: Implications of an Empowerment Perspective [J]. Social Service Review, 1995, 69 (3): 405-428.

[⑩] CAMPBELL C. Anti-Oppressive Theory and Practice as the Organizing Theme for Social Work Education: The Case in Favour [J]. Canadian Social Work Review, 2003, 20 (1): 121-125.

大影响①。根据社会模式，残疾毫无例外地是社会中致残障碍的结果，对残疾人的压迫和边缘化首先被视为资本主义社会合理性的结果。随着对利润和效率要求的提高，越来越多的人被认为生产力不够，被排斥在外。与此同时，医学获得了强大的意识形态霸权，引入了新的方法和技术来识别、分类和规范残疾人，医疗康复被确立为一个新的专业领域。因此，残疾被定义为一种个体病理现象，即使残疾人运动在福利服务使用者争取权益的斗争中占据了主导地位，我们在精神疾病患者、艾滋病毒携带者/艾滋病患者等群体中也看到了类似的趋势②。

虽然"赋权"概念主要是在英国和美国发展起来的，但在整个西方世界和不同的福利国家模式中，这种趋势是相似的。在北欧国家，赋权意识形态在很多方面是对福利国家的批评的一部分，福利国家被认为是集权、官僚和低效的，人们批评它缺乏灵活性，适应个人兴趣和需求的能力差，因此，个人自由和个人权利已经成为福利政策的新口号和目标③。在残疾政策中，赋权在许多方面已经取代正常化成为主要的意识形态方法。20世纪90年代中期瑞典残疾人综合改革的主要目标是让个人尽可能多地影响他获得的服务。

2. 赋权的内涵

尽管赋权理论被大量使用，但赋权的确切定义仍然模糊不清。它来源于社会福利、公共卫生和心理学等多个学科，使得这一概念变得复杂而难以界定。应用领域的多样性导致了过度的宽松，虽然这有助于概念的推广应用，但也使得除了针对特定群体的方法之外，很难界定其实际应用框架。用户将自己定义为受压迫的群体，受到歧视，被排除在社会其他公民依法享有的权利之外。因此，他们将赋权描述为一个目标和战略，以动员受压迫群体努力消除不公正，实现平等权利和更公正的资源分配。

皮特（Peter）和马歇尔（Marshall）（1991）认为赋权是自由主义的基

---

① BARNES C, MERCER G, SHAKESPEARE T. (Eds) Exploring Disability. A Sociological Introduction. Cambridge: Polity Press, 1999.

② BERESFORD P. Making participation possible: movements of disabled people and psychiatric survivors, in: JORDAN T, LENT A. (Eds) Storming The Millenium. London: Lawrence and Wishart, 1999: 35-50.

③ KLAUSEN, K K, STÅHLBERG K. (Eds) New Public Management i Norden (New Public Management in the Nordic Countries) Odense: Odense Universitetsforlag, 1998.

本概念之一①。从这个角度来看,经验是市场模式在福利政策中处于攻势的更广泛趋势的一部分。在这种情况下,赋权被用来描述个体自由选择服务或者服务和捐款的权利。福利服务的使用者主要被视为消费者或顾客,市场被视为最适合调节供求关系。个体将选择最适合他们的服务。能够满足个体需求的服务将会生存,而不能满足个体愿望的服务将会消亡。

莱帕波特(Rappaport J)认为,"赋权"是个人、组织和社区获得对他们所关心的问题的控制的过程②。对这一定义详细说明的工作聚焦在个体层面上,本质上是理论性的。大量的理论文献存在于对个人的赋权,也称为"心理赋权"③。这些文献中出现了该结构的三个基本组成部分,这三个组成部分最初被称为"内省"、"互动"和"行为"④,最近被称为"情绪"、"认知"和"行为"⑤。尽管术语略有不同,但基本定义相对一致。心理赋权的情感或内在因素被描述为包括对自己生活的控制感⑥、自我效能、施加控制的动机和感知能力。认知或互动要素被定义为"对塑造环境中权力和资源分配的社会政治力量有一个批判性的理解"⑦和"行为作为采取参与行动"⑧。

莎拉·比尔德摩尔(Sarah Beardmore)、保拉·克林(Paula Kline)和林恩·麦卡尔平(Lynn McAlpine)认为⑨,"赋权"包含两个定义,这两个定义

---

① PETER M, MARSHALL J D. Education and empowerment: post-modernism and the critique of humanism [J]. Education and Society, 1991, 9 (2): 123-134.

② RAPPAPORT J. Studies in empowerment: Introduction to the special issue [J]. Prevention in Human Services, 1984, 3 (2/3): 1-7.

③ ZIMMERMAN M A. Psychological empowerment: Issues and illustrations [J]. American Journal of Community Psychology, 1995, 23 (5): 581-599.

④ ZIMMERMAN M A. Psychological empowerment: Issues and illustrations [J]. American Journal of Community Psychology, 1995, 23 (5): 581-599.

⑤ SPEER P W, Peterson N A. Psychometric properties of an empowerment scale: Testing cognitive, emotional, and behavioral domains [J]. Social Work Research, 2000, 24 (2): 109-118.

⑥ PAULHUS D. Sphere-specific measures of perceived control [J]. Journal of Personality and Social Psychology, 1983, 44 (6): 1253-1265.

⑦ SPEER P W, PETERSON N A. Psychometric properties of an empowerment scale: Testing cognitive, emotional, and behavioral domains [J]. Social Work Research, 2000, 24 (2): 109-118.

⑧ KIEFFER C H. Citizen empowerment: A developmental perspective [J]. Prevention in Human Services, 1984, 3 (2/3): 9-30.

⑨ SARAH BEARDMORE, PAULA KLINE, LYNN MCALPINE. An empowering field placement for social work students at Montreal city mission [J]. Canadian Social Work Review/Revue canadienne de service social, 2004, 21 (1): 23-37.

抓住了它作为心理和结构条件的含义，既包括主观经验，也包括客观现实。首先，它是某种精神状态（感觉强大、有能力、值得尊敬和尊重）的现象学发展。其次，影响是调整社会条件，以重新分配权力（如调整社会的机会结构）。在个人层面，鼓励人们理解结构性压迫如何影响他们的生活，并由此发展能力，在该系统内恢复他们自己的能动性。在社会层面上，赋权意味着对受压迫人口的系统性检查和参与。

四、研究思路与研究方法

（一）研究思路

已有研究对分析社会组织介入社会救助的角色定位及策略路径有一定借鉴意义，为后续研究的开展拓宽了理论视野，但仍以介绍国外理论、分析介入的必要性及意义为主，对社会组织独特作用与功能定位的深入挖掘则相对较少。另外，现有研究的重点集中在宏观制度层面的分析，缺乏对工具机制层面的具体研究。

本书认为，社会组织介入的主要目的是实现救助对象的赋权（Empowerment），回应救助对象在需求表达、权利争取和资源获取上的物质性及非物质性诉求，这一出发点不仅契合了社会救助从"生存型救助"向"发展型救助"转型的趋势，也利于解决社会救助中"救助服务形式单一"的问题[①]；从强化"赋权式介入"的视角研究社会组织介入社会救助的功能定位、基本模式和实践进路，为我国制定推动社会组织介入社会救助政策提供决策参考，也是全面落实共同富裕政策、逐步消除贫困和改善民生的内在需求。

（二）研究方法

本研究综合使用了案例访谈、政策分析和问卷调查法等研究方法。

1. 案例访谈

本书主要探讨社会组织参与社会救助的问题，在方法上选择了相对适合的案例研究法。

本书以社会组织作为案例对象。为了收集更多资料与信息，本书采取

---

① 关信平．"十四五"时期我国社会救助制度改革的目标与任务［J］．行政管理改革，2021（4）：23-31．

多案例研究法。为了解社会组织参与社会救助的整体情况，本书主要调研北京市的社会组织，辅以若干外地组织。

北京市作为首都、超大型城市，拥有较为完善的社会救助政策和社会组织体系。2000 年以来，北京市多次提高城乡低保标准，从生活救助向综合救助转变、从维持型救助向发展型救助转型与发展，为保障贫困群众基本生活、促进社会公平正义、维护社会和谐稳定发挥了重要的作用。在社会组织发展方面。2019 年底，北京社会组织总量为 13 409 家，3A 及以上社会组织的数量占市级社会组织的 32.39%。北京社会组织整体规模和发展质量处于全国先进水平。北京市民政局从 2017 年开始通过政府购买服务形式，在全市范围内推动社会组织承接精准救助项目，目前有近 100 家社会组织参与。

本课题的实证调研进行于 2021 年 1 月至 2022 年 10 月，共调研了 24 家社会组织，其中包括 20 家民办非企业单位、1 家社会团体、3 家基金会，访谈对象涉及 13 名机构法人或负责人、11 名中层管理者，并收集了被访机构的资料（见表 1-1）。

表 1-1 调研案例一览表

编号	机构名称①	代号	机构类型	访谈对象	成立时间
J-1	北京 XJD 儿童康复中心	XJD	民办非企业单位	主任	2012 年
J-2	北京密云 XM 社会工作事务所	MYXM	民办非企业单位	主任	2014 年 7 月
J-3	无锡江阴市 TD 爱心服务社	WXTD	民办非企业单位	主任	2017 年 11 月
J-4	北京 HF 社工事务所	BJHF	民办非企业单位	主任	2014 年 5 月
J-5	北京 XH 社会工作服务中心	BJXH	民办非企业单位	主任	2014 年 5 月
J-6	北京密云 JYRX 社会工作事务所	JYRX	民办非企业单位	总干事	2014 年 4 月

① 各机构名称以拼音首字母替代。

续表

编号	机构名称	代号	机构类型	访谈对象	成立时间
J-7	北京 ZQ 社会工作发展中心	BJZQ	民办非企业单位	项目主管	2015年12月
J-8	北京市密云区 YB 社会工作事务所	MYYB	民办非企业单位	项目主管	2015年5月
J-9	长沙市 DY 社会工作服务中心	CSDY	民办非企业单位	主任	2016年
J-10	北京市朝阳区 QCY 社会工作事务所	CYQCY	民办非企业单位	主任	2011年4月11日
J-11	中国社会工作联合会 ET 社会救助工作委员会	ZGET	社会团体	副总干事	1989年
J-12	北京 RY 社会工作事务所	BJRY	民办非企业单位	副主任	2013年11月
J-13	北京 ZA 公益基金会	BJZA	地方性公募基金会	秘书长	2010年
J-14	中国 HQ 公益基金会	ZGHQ	全国性公募基金会	项目主管	1982年
J-15	北京市密云区 HZHL 社会工作事务所	HZHL	民办非企业单位	主任	2015年1月
J-16	北京市海淀区 BCXY 社会工作事务所	BCXY	民办非企业单位	项目主管	2019年11月30日
J-17	北京市海淀区 TCL 地区社会组织联合会	HDTCL	社会团体	主任	2019年1月
J-18	北京市房山区 NY 社会工作事务所	FSNY	民办非企业单位	主任	2016年8月
J-19	北京 CM 慈善基金会	BJCM	地方性公募基金会	副秘书长	2010年10月
J-20	北京市东城区 PAFJ 社会服务中心	PAFJ	民办非企业单位	项目主管	2021年9月
J-21	北京市石景山区 MD 社会工作事务所	SJSMD	民办非企业单位	主任	2013年6月17日
J-22	北京市西城区 MY 社会工作事务所	XCMY	民办非企业单位	总干事	2009年9月1日

续表

编号	机构名称	代号	机构类型	访谈对象	成立时间
J-23	北京市通州区CX心理社会工作事务所	TZCX	民办非企业单位	项目主管	2015年
J-24	北京市丰台区JWL社会工作事务所	FTJWL	民办非企业单位	项目主管	2011年12月5日

本书主要采取半结构访谈法进行资料收集，同时收集有关政策文件并进行实地考察。在访谈后，将原始材料中相似内容梳理整合成重要观点，并反复对比这些观点以发现新的分类，并进行新一轮的抽象，完成从经验事实到理论概括的过程。由此了解社会组织参与社会救助的现状和机理，挖掘背后的因果关系。

我们在预调查的基础上设计了访谈提纲。访谈提纲主要包括以下五个部分：社会组织参与社会救助的基本情况（机构名称、成立时间、参与时间、服务区域、项目来源、服务人群、服务对象名单来源、救助服务需求、提供服务类型、操作规范与标准、特色优势）；对救助对象赋权增能的效果（赋权增能的领域、救助对象配合程度、摆脱困境意愿、服务后的改变程度）；社会组织参与社会救助工作遇到的挑战和困难（救助中的困难、机构自身能力上的问题、政府支持政策问题、救助政策的问题）；对社会组织参与社会救助工作的建议（对资助理念的建议、对资助力度的建议、对资助流程的建议、对低保政策的建议、对监管政策的建议）。详见表1-2。

表1-2 访谈问题

序号	维度	问题
1	社会组织参与社会救助的基本情况	1. 贵机构名称、成立时间。从什么时间开始参与社会救助工作？服务在哪个区域？ 2. 该社会救助工作项目的来源？（如政府购买、基金会资助、企业捐赠） 3. 该社会救助工作主要服务于哪些人群？（如老人、低收入、残疾人、患病群体、流浪人群）服务对象名单的来源是什么？ 4. 贵机构所调研到的救助服务的主要需求是什么？主要向他们提供哪些服务？（如物质、精神、医疗、链接资源、文化、社会融入） 5. 社会救助工作是否有明确的操作规范、标准？ 6. 贵机构在社会救助中有什么特色优势吗？（如理念、方法、资源）

续表

序号	维度	问题
2	对救助对象赋权增能的效果	1. 贵机构是从哪个（些）方面进行赋权增能？（如经济、社会、政治、文化） 2. 救助对象及家庭对救助工作的配合程度如何，是否有意愿（或能力）摆脱困境？是否有实现摆脱困境的案例？ 3. 通过贵机构的服务（项目结束后），救助对象能够得到哪些改变？（如摆脱困境、主动意识增强、社会融入）
3	社会组织参与社会救助工作遇到的挑战和困难	1. 贵机构在社会救助工作中存在的主要困难是什么？ 2. 为完成社会救助工作，贵机构在人员、经费、经验上存在哪些困难？ 3. 政府是否给予了足够支持，政策支持力度方面的不足有哪些？救助政策本身存在的问题有哪些？
4	对社会组织参与社会救助工作有哪些建议	1. 对资助方的资助力度、理念、程序的建议（如政府、基金会、企业） 2. 对政府相关政策的建议（如低保政策、救助政策、监管政策）

2. 政策分析

政策文件主要包括：《社会救助暂行办法》《关于全面建立临时救助制度的通知》《关于进一步健全特困人员救助供养制度的意见》《关于进一步加强基层社会救助部门协同的意见》《关于加强困难群众基本生活保障有关工作的通知》《关于在脱贫攻坚三年行动中切实做好社会救助兜底保障工作的实施意见》《关于进一步加强和改进临时救助工作的意见》《关于在脱贫攻坚兜底保障中充分发挥临时救助作用的意见》《关于改革完善社会救助制度的意见》《关于进一步做好困难群众基本生活保障工作的通知》《关于切实保障好困难群众基本生活的通知》《北京市社会救助实施办法》《关于进一步加强社会救助家庭经济状况认定工作的指导意见》《北京市城乡居民最低生活保障及低收入家庭救助制度实施细则》《关于推进全市流浪乞讨人员救助服务社会化的实施意见》《关于社会工作参与精准救助的实施意见》，等等。

3. 问卷调查法

利用互联网问卷调查工具问卷星制作电子调查问卷，对社会组织参与社会救助的现状、形式、效果及困难，以及对推进社会救助工作的建议进行调查。问卷内容分为四部分：社会组织参与社会救助工作的基本情况、对救助对象赋权增能的效果、社会组织参与社会救助工作的挑战与困难、对社会组织参与社会救助工作的建议。问卷内容和题目设计如表1-3所示。

表1-3 问卷题目设计

问卷内容	题目（共17题）
社会组织基本信息	登记形式
社会组织参与社会救助的基本情况	项目来源
	服务对象
	服务对象需求
	服务类型
	组织优势
	救助工作规范度
	救助工作完成度
对救助对象赋权增能的效果	赋权增能维度
	救助对象的改变
	救助对象配合度
	救助对象满意度
	对救助对象的帮助度
社会组织参与社会救助工作的挑战与困难	政府政策层面
	社会组织自身层面
	救助对象层面
对社会组织参与社会救助工作的建议	建议

问卷链接于2023年1月9日至2023年2月28日分享给全国各地参与社会救助项目的社会组织，对其进行网络问卷调查。截至2月28日，共收回有效问卷315份。在所有样本中，民办非企业单位有206个，占比

65.39%；社会团体92个，占比29.21%；基金会5个，占比1.59%；未登记的草根组织12个，占比3.81%。其中，社会组织形式为民办非企业单位和社会团体的占比较大，说明社会组织大多数都是经过登记的正规机构。

第二章
社会学视域下相对贫困治理机制的分析

党的二十大报告提出"全面推进乡村振兴",强调"巩固拓展脱贫攻坚成果,增强脱贫地区和脱贫群众内生发展动力"。2019年党的十九届四中全会公报指出,坚决打赢脱贫攻坚战,建立解决相对贫困的长效机制。2020年中央一号文件也提到,脱贫攻坚任务完成后,我国贫困状况将发生重大变化,扶贫工作重心转向解决相对贫困。我国正在向中等收入国家迈进,社会整体生活水平已发生质的飞跃,但偶发性、局部性、临时性的生活贫困仍将出现,作为贫困重要类型的相对贫困需要创新治理机制。解决相对贫困问题已成为我国脱贫事业的核心任务,要认识到相对贫困超越传统贫困概念的社会属性,比如社会分层与群体流动、社会风险与社会保护、社会剥夺与社会排斥、社会资源与社会资本等,需要在体系化社会治理框架下通过创新治理机制加以解决;相对贫困的衡量标准纳入了期望、权利和能力因素,需要统筹全社会力量创新治理机制加以解决;人民对美好生活的需要在不断发展,要求进一步创新相对贫困的治理机制,保障所有公民能够均衡享受到经济社会发展带来的红利。

原有针对绝对贫困的脱贫方法已不能有效应对相对贫困治理中的社会问题。相对贫困产生的根源是社会关系失衡导致个人的社会资源不足、权利缺失和行为能力局限,使个人在摆脱贫困上遭遇障碍;而过于偏重物质与收入层面的社会救助无法改变受助者的社会关系状况,贫困人员无法正常融入社会系统和形成良性互动,微观个体的异质性需求难以在固化的扶贫机制下得到有效回应。这导致部分贫困人员在面临致贫风险后,无法实现自我维持和发展。这就是扶贫机制中社会性缺失的表现。

在产业发展、市场营销、收入分配、项目投资、科技赋能之后,社会视角正在成为贫困治理的重要切入点。2020 年以来，我国在完善社会救助体系、促进贫困人口社会融合、贫困人口参与发展能力提升、引导社会力量参与扶贫、开展扶贫社会公益活动、建立社会化扶贫队伍等方面做了大量探索性工作，取得了显著的阶段性成果，积累了一定的工作经验。随着相对贫困治理从"愿景提出"进入到"落地生根"阶段，亟须将宏观政策方针落实为行之有效的治理逻辑、治理机制和治理方式。在相对贫困治理这项长期性系统工程中，从社会领域切入治理过程是提高贫困治理韧性的重要突破口。

2020 年后，"相对贫困"逐渐拥有新内涵，其复杂维度与动态演变过程亟待进入政策视野①。相对贫困的介入视角需要多元化，相对贫困的治理政策需要完善，相对贫困的治理能力需要提高。社会学作为一门经验学科，提供了对贫困原因及贫困个体与环境关系的学理解释，对认识相对贫困的影响后果及内在机理、建立长效治理机制都有重要价值。从社会学的视角出发，构建和创新相对贫困治理机制，既可以弥补贫困治理在社会维度上的政策缺失，又可以满足弱势群体对与社会进步相同步的期待，为实现相对贫困群体全部脱贫形成重要支撑。

一、对相对贫困治理的研究

贫困是一个全球性的现象，经济学家、知识分子和专家探索了多种解决贫困困境的方法。美国总统罗斯福在 1941 年 1 月 6 日说："在未来的日子里，我们期待一个建立在四项基本自由之上的世界，其中包括免于匮乏的自由。"② 此后，"贫困"成为第二次世界大战后的时代主题之一。随后进行的辩论在如何界定贫困现象的概念方面存在很大的不确定性。它通常围绕着"绝对贫困（Absolute Versus）与相对贫困（Relative Poverty）"以及"截止线贫困（Poverty of a Cut-off Line）与机会贫困（Poverty of Opportunities）"。

世界银行在 2005 年根据当年的价格将国际贫困线定为每人每天 1.25 美

---

① 贾玉娇. 2020 年后相对贫困治理应关注的重点 [J]. 人民论坛，2021 (14): 16-19.
② AMARTYA SEN. Poor, relatively speaking, vol. 2. Dublin, Ireland: Economic and Social Research Institute, 1983: 153.

元,这仍然是大多数经济调查中引用的一个标准①。贫困是一个全球性现象,遍及全球所有大洲。解决贫困困境的方法也多种多样。亚里士多德认为:"财富显然不是我们所追求的善,因为它仅仅是为了别的东西而有用。"② 著名的德国哲学家伊曼纽尔·康德提倡人类的尊严,他说:"所以,对待人类,无论是对他们自己还是对其他人,在任何情况下,都要有一个目的,而不仅仅是手段。"经济增长(Economic Growth)模式认为,解决社会经济问题的最佳办法是让自由市场经济发挥作用,因为它有足够的能力纠正自身的低效率。自由放任的经济带来了生产率的提高,这将通过涓滴效应自动减少贫困。阿马蒂亚·森(Amartya Sen)主张以人类福祉为导向的发展。他认为,"粮食生产确实是解决现代世界饥饿问题的重要组成部分。但是,还需要做许多其他事情,其中包括:促进总体经济增长、扩大就业和体面的工作报酬、生产多样化、加强医疗保健、为弱势群体(包括贫困母亲和幼儿)安排特殊的食物获取途径、普及教育和扫盲、加强民主和新闻媒体、减少基于性别的不平等"③。

目前相关的文献主要集中在以下三个方面。

(一) 贫困社会学理论

西方贫困社会学理论强调环境和行为对贫困的影响,认为贫困是由经济、政治和社会失调所导致的社会问题造成的。社会分层理论解释了贫困产生的原因。Harrington (1962) 指出,由于种族主义和歧视,城市社区中的种族隔离导致了非裔美国人的贫困代际传递④。空间错位理论认为居住隔离和市区缺乏工作机会的相互作用导致了贫困。Massey & Denton (1993) 指出,居住隔离使贫困的非裔美国人无法从贫困社区迁移到能提高他们收入的社区⑤。Wilson (1987) 指出,就业机会从市区向郊区转移留下了底层非

---

① UNITED NATIONS. Rethinking Poverty:Report on the World Social Situation 2010. Department of Social and Economic Affairs, 2010:1.
② MAHBUB U H. Reflections on human development [M]. Delhi:Oxford University Press, 1995:13.
③ AMARTYA SEN. Hunger in the contemporary world, vol. 8. London:STICERD, LSE, 1997:8-9.
④ HARRINGTON M. The other America:Poverty in the United States [M]. New York, NY:The Macmillan company, 1962.
⑤ MASSEY D S, DENTON N A. American apartheid:Segregation and the making of the underclass [M]. Cambridge, MA:Harvard University Press, 1993.

裔美国人，迫使其留在贫困社区并失去社会支持①。Jencks（1992）指出，个人选择和文化变迁是导致贫困的重要因素②。社会资本理论解释了贫困为何加剧及其影响。Coleman（1988）指出，社会资本的缺乏会导致贫困发生③。Portes（1998）指出，贫困对个人的社会资本有负面影响，助长了贫困的代际传递④。

（二）相对贫困的内涵及特点

杨舸（2017）指出，仅从满足基本生活需求角度来扶贫是片面的，贫困还包括社会排斥、相对剥夺等社会属性⑤。高强、孔祥智（2020）指出，相对贫困具有人口基数大、贫困维度广、致贫风险高的特点，存在持续增收、多维贫困、内生动力、体制机制等难点⑥。向德平、向凯（2020）指出，能力与权利、制度与文化等要素逐步纳入相对贫困治理范畴，当代中国相对贫困主要表现为区域性贫困、城市贫困、农村边缘贫困⑦。章贵军等（2021）采用夏普里值（Shapley Value）分解方法对贫困特征及变动原因进行了分析，提出城镇居民以选择性贫困为主，农村居民则是持久性贫困、暂时性贫困以及选择性贫困并重⑧。

（三）当前中国相对贫困治理面临矛盾及对策

吴振磊、王莉（2020）指出我国相对贫困治理面临"被动型"贫困人口与参与性市场主体、"支持型"扶贫载体与竞争性外部环境、"多元化"困境

---

① WILSON W J. The truly disadvantaged [M]. Chicago, IL: The University of Chicago, 1987.
② JENCKS C. Rethinking social policy: Race, poverty, and the underclass [M]. New York, NY: Harvard University Press, 1992.
③ COLEMAN J. Social capital in the creation of human capital [J]. The American Journal of Sociology, 1988 (94): 95-120.
④ PORTES A. Social capital: Its origins and applications in modern sociology [J]. Annual Review of Sociology, 1998 (24): 1-24.
⑤ PORTES A. Social capital: Its origins and applications in modern sociology [J]. Annual Review of Sociology, 1998 (24): 1-24.
⑥ 高强，孔祥智. 论相对贫困的内涵、特点难点及应对之策 [J]. 新疆师范大学学报（哲学社会科学版），2020 (3): 120-128, 2.
⑦ 向德平，向凯. 多元与发展：相对贫困的内涵及治理 [J]. 华中科技大学学报（社会科学版），2020 (2): 31-38.
⑧ 章贵军，刘盟，罗良清. 中国城乡居民相对贫困特征及变动原因研究：基于ELES模型的实证分析 [J]. 中国软科学，2021 (8): 63-74.

与可持续生计提升的三大矛盾①。张传洲（2020）从就业和社会保障等方面分析解决相对贫困的关键环节，提出推进国家现代化建设、深化经济体制改革、完善社会保障体系和加强教育体制改革②。周侃等（2020）解析了2020年之后相对贫困地区高质量发展的内部与外部约束条件，提出引导人口及发展要素合理流动、深入推动资源和生态优势价值化等实施路径③。李鹏等（2021）从政策衔接、融合和发展三维视角出发，提出综合应用政府治理、市场机制和再分配政策工具，为相对贫困群体和地区增能赋权④。

二、相对贫困治理机制建设的进展

在我国扶贫工作的重心转向相对贫困治理后，在解决相对贫困问题和巩固拓展脱贫攻坚的机制建设方面已取得初步成果，比如强化对重点群体的监测预警、对脱贫监测户的事前帮扶、筛查预警与精准帮扶、监测对象的动态管理等。截至2021年底，国家对脱贫攻坚期间的帮扶政策分类调整优化，出台33项衔接政策，确定160个国家乡村振兴重点帮扶县，并出台14个方面的倾斜支持政策，开展巩固拓展脱贫攻坚成果同乡村振兴有效衔接考核评估⑤；构建分层分类的社会救助体系，建立对低保对象和特困群体的常态化帮扶机制、对刚性支出家庭的困难人口的临时救助机制、对不符合救助条件的低收入人口的日常监测机制；建立防止返贫监测和帮扶机制，对脱贫不稳定人口、边缘易致贫人口和突发严重困难人口进行动态管理，明确监测标准和实施定期检查；提高脱贫地区社会服务水平，完善农村义务教育学生营养改善计划、大病专项救治政策的实施机制。

我国对激发贫困人口内生动力的工作机制已经初步建立。在人力资本

---

① 吴振磊，王莉. 我国相对贫困的内涵特点、现状研判与治理重点 [J]. 西北大学学报（哲学社会科学版），2020（4）：16-25.
② 张传洲. 相对贫困的内涵、测度及其治理对策 [J]. 西北民族大学学报（哲学社会科学版），2020（2）：112-119.
③ 周侃，盛科荣，樊杰，等. 我国相对贫困地区高质量发展内涵及综合施策路径 [J]. 中国科学院院刊，2020（7）：895-906.
④ 李鹏，张奇林，高明. 后全面小康社会中国相对贫困：内涵、识别与治理路径 [J]. 经济学家，2021（5）：93-101.
⑤ 国新办就2022年全面推进乡村振兴重点工作举行发布会. http：//nrra.gov.cn/art/2022/2/23/art_2241_513.html，2022-02-23.

提升机制方面，人力资源和社会保障部公布的《人力资源和社会保障事业发展"十三五"规划纲要》明确提出实施"职业培训行动计划"，为提高贫困人口的人力资本质量和就业创业能力，开展特殊就业人群职业培训，对贫困家庭子女、失业人员和残疾人等加大职业技能和创业培训力度并给予培训补贴。在就业激励机制方面，为促进贫困人口依靠自身努力实现脱贫，2016年国务院《关于激发重点群体活力带动城乡居民增收的实施意见》提出实施"针对有劳动能力的困难群体激励计划"，该计划主要包括推进产业扶贫济困、建立低保与就业联动机制、完善相关专项救助制度等三项内容，有助于激发贫困人口自主脱贫内生动力。

贫困治理的社会帮扶机制可以分为三个层面。首先，社会力量对接合作机制。比如，2022年1月，中共中央、国务院要求深入推进"万企兴万村"行动；同年2月，民政部、国家乡村振兴局提出加快建设"社会组织参与乡村振兴对接平台"，着力完善"社会组织参与帮扶合作机制"。其次，社会扶贫优惠激励机制，包括落实扶贫公益事业税收优惠政策、对市场主体到贫困地区投资和带动就业增收的支持政策、信贷支持和财政贴息政策、降低扶贫社会组织登记注册门槛等。最后，社会人才项目引入机制。比如，中共中央办公厅、国务院办公厅在2021年2月发文提出引导城市人才下乡，推动专业人才服务乡村，吸引各类人才在乡村振兴中建功立业；教育部等四部门在2021年5月发文提出推进高校定点帮扶、职业教育东西协作、高校对口支援工作、教师支教计划，等等。

地方政府探索构建相对贫困治理的政策体系，推动建立分层次、分类别的相对贫困解决机制。比如，广东省在2016年将人均可支配收入低于4 000元的村民确定为"相对贫困人口"，将人均可支配收入低于8 000元、相对贫困人口占全村户籍人口5%的村确定为"相对贫困村"。2016年至2020年，广东现行标准下161.5万相对贫困人口"两不愁三保障"全部实现，贫困劳动力就业率98%以上[1]。广东江门推行扶贫线与低保线"两线合一"，建立"低收入人口识别指标体系和低收入人口分类政策管理体系"，对低收入人口实现信息化管理和实时动态监测。山东平度在

---

[1] 许悦. 解决相对贫困 广东闯出新路径 [N]. 羊城晚报，2021-02-05.

2020年明确了农村相对贫困人口的识别标准、识别程序和退出标准,实施农村相对贫困人口的动态管理和动态监测。北京在2021年出台的《北京市"十四五"时期民政事业发展规划》中提出建立解决相对贫困的长效机制和多维贫困评估指标体系,精准制定救助措施,形成务实管用、分类分层、精准保障的救助制度。

但是,总体而言,现有的相对贫困治理机制离构建"相对贫困治理长效机制"尚有一定差距。无论是在国家层面,还是在绝大部分省市,尚未建立明确的相对贫困识别标准和保障标准,导致现有相对贫困群体缺乏有效的政策保障;现有的相对贫困治理方式以物质救助、产业发展、市场对接等经济方式为主,较少使用赋权增能、社会融入、人文发展等社会方式;现有的相对贫困治理维度以针对生存型贫困的社会救助为主,针对权利型贫困、能力型贫困和精神型贫困等方面的社会政策介入不足;现有相对贫困治理的参与方主要是政府部门,社会组织、社会企业等利益相关方的参与程度不高。

绝对贫困是绝对性标准,主要考虑收入、经济等物质因素;相对贫困是相对性标准,主要考虑均衡发展、公平正义等社会因素,具有复杂性和模糊性。在打赢脱贫攻坚战、解决绝对贫困问题之后,带动全体人民实现共同富裕、解决相对贫困问题成为重点工作。相对贫困治理的实现机制作为一种制度性公共产品,应在借鉴绝对贫困治理经验的基础上进行制度创新。目前来看,相对贫困治理领域的机制和措施较为匮乏,还处于政策方案细化实施的初始阶段,缺乏政策实施的策略和抓手。相对贫困治理需要考虑制度设计的现实匹配性,通过明确相对贫困在宏观、中观、微观上的内涵及特征,发挥社会主体在社会、文化、心理等领域的治理优势,以包容式社会政策化解导致相对贫困的深层矛盾,建立行之有效的相对贫困治理机制,提高相对贫困治理能力。

三、相对贫困治理的社会学逻辑与"人民发展共同体"

"人民发展共同体"是社会学的基本理念,将其作为建立相对贫困治理的社会逻辑的核心理念较为契合。社会学的相对贫困治理逻辑对阐释"人民发展共同体"的理论内涵具有重要的启发意义。

与经济学意义上的"相对贫困"概念的分析不同,相对贫困的社会学阐释以公民获得教育、医疗、就业、信息等的权利能力作为相对贫困的衡量标准,认为性别、种族、阶层、职业地位和教育程度等结构差异与相对贫困的持续性之间具有内在关联,关注社会中的不公正和遭受歧视的边缘化群体的利益。社会学通过对"社会排斥"概念的使用,聚焦于对社会关系的分析,关注贫困群体的社会参与机会被剥夺的过程,而相对贫困是个人力量难以抗衡不合理的社会分配机制的结果,应消除社会结构中对贫困群体的各类社会排斥。在复杂多元的后工业化社会中,社会学对相对贫困的分析路径,试图平衡社会结构与个体选择的相对重要性,把对贫困问题的讨论拓展到资源和机会如何在社会中更加公平地分配。"人民发展共同体"也是对社会关系的一种描述,就是在社会互动和社会认同的基础上,以共同的社会规范和社会纽带联系起来,满足共同物质和精神需求的人群共同体,进而实现平等互惠的过程。

社会学视域的相对贫困理论不是将贫困原因单纯归结于个人的动机或态度,而是必须参照社会结构的变化来加以解释。社会学理论为相对贫困研究提供了一种客观和系统的认知途径,通过区分导致相对贫困的社会因素和个人因素,将个人问题与社会经济制度联系起来,意识到造成相对贫困的政治、社会和经济结构基础,认为收入不是衡量贫困的唯一标准。因此"人民发展共同体"的关键是积极改善相对贫困群体所处的社会环境,在实践中不断调整和平衡利益分配。

社会学关注的是社会资源的分配方式,认为相对贫困是社会资源和机会分配不均衡的结果,强调相对贫困的化解需要对社会体制系统进行结构性调整,实现公民在发展机会和发展权利上的平等。公平、平等是社会学的核心理念及原则,要求在社会发展中处理好效率与公平的关系,在经济分化和社会分层的背景下,确保贫困人口拥有共同分享社会经济发展成果的权利,避免陷入"相对被剥夺"。个人是否相对贫困不仅取决于其生活水平,还取决于人们的相对收入。相对贫困群体的异质性决定了不能把他们视为无差别的群体,"人民发展共同体"在尊重社会共同价值的前提下强调个体权利平等,具体体现为责任共担和利益共享。

"人民发展共同体"的治理理念,既符合实现人民群众美好生活愿景的目标，也符合相对贫困治理的现实要求。由于我国区域间的经济发展不平衡不可能在短期内消除，各地在社会治理、社会服务、社会保障和制度创新能力上仍有一定差距，同时由于政治、文化和社会等多方面原因，不同社会成员在资源、收入的获取机会或能力上存在差异。相对贫困治理应站在人民发展共同体的高度，推动社会多元主体间通力合作，齐心协力应对贫困造成的挑战，完善共建共治共享的社会治理制度；"人民发展"是相对贫困治理的核心目标，人的全面发展不仅包括全体人民的物质生活发展，也包括政治、社会、文化等在内的全方位发展，中国特色社会主义的本质要求和必由之路是共同富裕，既要发挥先富带后富的引领作用，也要鼓励贫困人口发挥内在动能，创造所有社会成员共同发展的社会空间；"共同体"是相对贫困治理的内在基础，将全体社会成员的前途命运紧密联系在一起，消除造成社会排斥的一切体制机制障碍，把人民群众对美好生活的向往转变为现实。

四、建立和完善相对贫困治理机制

相对于绝对贫困治理，相对贫困治理的机制更具有多元性、广泛性、动态性，涉及宏观、中观和微观层面的治理问题。无论是在成因方面，还是在手段方面，相对贫困治理中都存在大量非经济因素，需要从社会机制角度解决问题。从社会学的角度出发，以"人民发展共同体"的理念来建立相对贫困的治理机制，具体包括五个机制。

（一）社会包容机制

社会包容机制是指在尊重多样性的理念下，利用弱势群体在态度、能力和技能等方面的潜力，促使他们积极参与社会、经济和政治生活的机制。

在宽容、平等的原则下，相对贫困治理可以采取消除社会孤立、改变歧视性规定、去污名化等措施。为此，要改变对具有社会功能缺陷的群体的社会排斥和边界机制，改变对生理或社会功能不足者设定的排斥性接纳标准，比如应保障智力残疾儿童、学习障碍儿童接受义务教育的权利，完善对弱势群体的司法救助机制，提高对拐卖、收买妇女儿童犯罪行为的惩罚力度，建立对被排斥群体的补救措施及赔偿机制，以实现他们的全部潜力。

建立现代社会经济条件下的利益均衡机制，需要培育发展为维护相对贫困群体权益而行动的社会团体，将相对贫困群体纳入影响其切身利益的决策过程，建构贫困人口与其他阶层协商对话的平台，提高相对贫困群体为自身争取应有利益的能力，通过减少其福利依赖度来提升其被接受程度。鉴于社会对农村进城务工人员、残疾人和低收入者等仍存在非理性态度，应采取措施扭转社会文化中对易受伤害群体的偏见，以理性化的思路降低社会排斥度，建立相互尊重、合作共赢的包容性社会。实施以社会公平和共同发展为取向的社会政策，在发生利益矛盾时，不至于使群体间陷于对立和冲突的破坏性模式，进而提高整个社会的稳定性。

（二）社会流动机制

社会流动是指个人或群体在社会分层结构中所处位置的变化。在相对贫困治理中，通过给予贫困群体或个人向上流动的机会、动力和工具，破除限制阶层或社会经济群体间进行流动的障碍，使原本处于不利地位的人获取进入更高阶层和改变社会地位的机会，遏制使贫困人口陷入社会经济不利处境的"贫困循环"。

建立推动相对贫困治理的社会流动机制，可以从以下两方面着手：

1. 建构有利于社会流动的分层开放系统

社会系统的结构会对社会流动性产生影响，社会系统可分为封闭式社会和开放式社会两种类型，封闭式社会呈现出阶层固化的样态，社会阶层的流动不够通畅，而开放式社会由于机会相对均等，有利于产生更多社会流动。瑞士达沃斯世界经济论坛发布的《2020年全球社会流动报告》显示，我国的社会流动性在82个国家中排名第45位。这表明我国应推动构建开放式社会结构和提高社会流动性，为相对贫困群体提供更多的改变机会，满足他们向上一阶层流动的诉求，保障底层人群通过教育、就业等途径来改变自身不利社会经济地位的权利。

促进社会阶层良性流动的开放系统，在社会关系、社会发展和社会机制上不能排除相对贫困群体，从政府政策、组织制度、社会舆论和群体自身等方面提高社会流动性，建立以机会均等、自由开放和平等参与为原则的社会流动秩序，解决对社会流动的限制问题，提升社会活力；通过加强教育、卫生和养老等社会服务的公益属性，消除在就业提供、知识升级、技能培养和资源获取上设置的不必要的门槛，降低相对贫困群体实现阶层跃迁的成本，提高相对贫困群体进入更高阶层的成功率与收益率；也可以通过社会学习、社会合作来摆脱认知困境，提高相对贫困群体的相对竞争力，同时降低个人对阶层流动的非理性期待，进而降低贫困人口的主观贫困发生率。

通过社会体制改革对导致社会割裂和社会固化的不合理机制进行调整，在城乡结构、区域结构、阶层结构、就业结构和人口结构等社会结构的重要方面，推动其在流动性上与经济结构的发展变革相同步，将利益分配向普通劳动者和弱势群体倾斜，促进相对贫困群体作为整体向上一社会阶层移动。消除城乡二元结构所导致的不同群体在资源享有权上的不平等，形成不同阶层利益关系相互协调、各尽其能和资源互补的新型社会结构。

2. 探索建立应对社会加速流动的保护机制

城市化进程引发了社会结构的加快调整，知识经济和新技术的发展对弱势群体不可避免地产生负面影响，需要提高相对贫困群体对社会系统的整合性重构的适应能力，可以结合相对贫困群体的特定需求，促进相对贫困群体与其他社会阶层的良性互动。在制定社会政策和社会治理"硬规范"的过程中，将相对贫困群体的承受能力和经济压力考虑在内，畅通利益诉求渠道及与政策制定主体的沟通，适时出台转移支付、福利配给等应急性社会保护措施，降低社会结构变迁引发、强化和固化贫困的风险。

(三) 社区发展机制

社区发展机制是指基于平等、自主和协商的原则，为建设更有活力、有效率和有凝聚力的社区，对社区成员给予支持并为解决共同问题而采取集体行动的整体性方法。在相对贫困治理中，通过参与式决策过程，支持社区自治组织确定需要关注的重点问题，提升相对贫困群体的自我发展能力，提高其共同身份感、社区归属感和成员信任感，使相对贫困群体的社会经济状况得到改善。

当前，由于居民委员会的自治功能未能充分发挥，居民参与社区公共事务的意识较为薄弱，民间自组织发展水平不高，社区缺乏自主解决贫困问题的能力。为此，可以在相对贫困群体较多的社区推广使用社区发展机制，通过一个较长的项目周期，将扶贫措施纳入社区的规划、发展和治理中，提高社区本土化组织的动员能力，培养社区负责人的领导力，为社区相对贫困群体提供所需的社会资源。

在具体实施方式方面，可在现有的社区居民自治框架下，通过社区意识教育，增加公众尤其是被排斥群体的参与水平，促进社区自治组织努力改善决策方式，在岗位链接、工作培训和就业安置等方面提高管理水平，缩小服务提供上的城乡差距和地域差距，进而提高社区整体的发展水平和生活质量。

建立社区发展机制旨在消除相对贫困群体面临的结构性不利因素，有"手段"和"目的"的区别。"手段"论认为"自主参与"只是实现相对贫困群体福祉的工具或路径，"目的"论则认为"自主参与"本身就是社区发展的目的，它是影响社区整体福祉的根本问题。基于当前社区发展不平衡的现实，可以加强相对贫困社区和人口的社会结构和支持系统建设，在专业社工机构的支持下成立草根型慈善团体，通过专项基金、联合募捐等形式向其提供支持，将相对贫困群体与其他利益相关者联系在一起，借助社区整体发展带动贫困人口彻底摆脱贫困。

（四）赋权与个体干预机制

赋权是个人、组织和社区掌控其自身生活的机制，它包括鼓励和发展自给自足的技能，重点是消除群体中个人对未来慈善或社会福利的需求[1]。该机制的逻辑是，贫困者的思维、意识、态度和行动能否改变在根本上决定了其能否摆脱贫困，扶贫工作只有把重心放在贫困者本身才能真正消除贫困，贫困者必须切实参与到反对贫困的努力中。赋权是指通过外力介入和推动，营造无权者或少权者获取权利的社会环境，为他们提供社会参与的机会和平台，使他们获得更多自我掌控的资源和手段，帮助他们利用自身力量克服困境。在赋权机制下，扶贫主体和扶贫对象之间不是给予和接受的关系，而是一种"伙伴式关系"，比如推动终身学习使相对贫困群体找到脱贫解决方案；创建互相支持的家庭网络，为家庭妇女提供更加灵活的就业方式；建立循环式赋权模式，使被赋权的相对贫困人员再赋权其他人。

---

[1] RAPPAPORT J. In Praise of Paradox. A Social Policy of Empowerment over Prevention [J]. American Journal of Community Psychology, 1981, 9 (1): 1-25.

相对贫困治理中的赋权机制符合"人民发展共同体"的理念，应进行深入探索实践。赋权机制可以通过不同方式进行运作，实现全体人民共同发展的目标。其中有几种主要的赋权方式：一是社会参与，让相对贫困群体参与实现特定发展目标的活动；二是技能发展，使相对贫困群体吸收新理念和新知识，以具备参与专业服务的能力；三是人力资本发展，通过加大对教育培训、职业培训、专门培训的投资，使相对贫困群体进入生产率更高和收入更高的部门就业。

个体干预主要来自"共同发展"的理念，即通过对个体特定需求的介入，以创新方式帮助相对贫困群体认识自身处境，在可行情况下解决他们的迫切需求。个体干预包括间接干预和直接干预。对仍能从事生产性工作的暂时性贫困者，可采取以链接就业岗位、生计项目为主的间接干预；对失去劳动能力的持续性贫困者，唯有实施直接提供社会服务、社会救助等直接干预才能产生效果。随着贫困人口整体条件的上升，以生计发展为内容的间接干预将成为个体干预的主要方式。

相对贫困治理不可避免地会涉及个体干预问题，比如个人在陷入贫困时的发展背景、心理特征、价值观念和社会关系等都具有特殊性，需要探索建立有效的个体干预机制。个体干预的具体实施需要遵循几项原则：一是要明确区分干预程度和干预目标，将重点放在个人行为或其所处环境的改变；二是相对贫困群体内部具有异质性，应按照类型对其进行分类，制定针对具体类型的干预措施；三是间接干预是解决相对贫困问题的首选方法，间接干预不可行时再诉诸直接干预；四是对持续性贫困者需要进行长期干预，对暂时性贫困者的干预重点是恢复其参与生产劳动的能力；五是外部引入项目只有在贫困人口积极参与的情况下才能发挥长效作用；六是在扶贫资源有限的条件下，应将持续性贫困者作为重点扶贫对象予以倾斜。

（五）社会资本增进机制

社会资本是人或团体的重要资产，包括将人们联系在一起的纽带及他们与社会的关系。促进社会成员间的信任和个体的社会参与是增进社会资本的主要方式。权力和地位的差距导致社会资本分配及获取的不均衡，弱势群体缺乏满足其发展所需的必要社会资本，这就需要在相对贫困治理中建立和完善社会资本增进机制。

相对贫困群体的社会网络具有乡土性、狭小性特征，其社会网络中的人由于同质性较高，通常缺乏帮助其摆脱贫困所需的资源、技能或信息，即"结合型社会资本"仅能起到维持现状作用，不足以起到互补或增进的作用。相对贫困群体若要改变现状，更需要与圈层外的异质性社群或阶层相联系的"桥接型社会资本"。鉴于此，相对贫困治理需要为相对贫困群体提供有助于脱贫的社会网络和规则规范。

1. 将发展社会资本作为扶贫工作的重要目标

由于社会资本是影响贫困发生和个人福祉的重要因素，扶贫工作能够影响相对贫困群体的社会资本。可以通过增进个人、家庭或社区的社会资本，来降低贫困的发生率和深度。

2. 推动跨阶层的利他型社会交换

社会资本主要存在于社会网络之中，而社会网络在本质上并不具备平等性和包容性，其结果很可能只是部分人单方面获益。由于相对贫困群体欠缺支持或回报他人的能力，难以与高阶层群体（如中产阶级）开展互惠型社会交换，限制了其在广泛社会环境中获取和使用社会资本。因此，政府、基层组织应培养社区互助文化，鼓励利他型关系的介入，通过扶贫项目促成更多的跨阶层互动机会，推动异质性群体间分享和交流信息、观念和资源，使相对贫困群体与拥有更多社会资本的群体建立纽带。

3. 加强对相对贫困群体社会资本的投资

如果没有关系网络来联系和指导扶贫对象，那么扶贫政策的实施效果是有限的。政府要把社会资本投资的目标纳入公共政策制定中，以扩展和优化弱势群体的社会网络为目标，促进边缘人员融入所在社区的价值理念、规范系统和非正式网络。发挥社会团体、社会企业在解决相对贫困群体需求上的杠杆作用，提高相对贫困群体实现脱贫目标的能力。

总体来看，社会学为构建相对贫困治理机制提供了行之有效的方法。相对贫困意味着个体缺乏有效参与社会的机会或能力，解决个体贫困问题必须放到更宏观的社会经济制度中来分析。相对贫困问题可以通过建立和完善一整套社会机制来解决，如社会包容机制、社会流动机制、社区发展机制、赋权与个体干预机制、社会资本增进机制。因此，我国应在扶贫攻坚政策与实践的基础上，对已有的扶贫社会机制进行完善创新，改善相对贫困群体的社会处境，缩小他们和普通群体之间的差距。

五、相对贫困治理机制建设的策略

从社会学的视角来看，"人民发展共同体"的目标是在推动全体人民共同富裕的过程中促进相对贫困群体的社会融合、阶层跃升和个体赋权，促进社会服务在群体间的公平共享，为相对贫困群体提供参与公共事务的平台。我国对相对贫困的治理起步较晚，但"以人民为中心"的发展思念为实现人的全面发展提供了方向指引，这就对完善相对贫困治理的机制有着更为迫切的需求。社会因素是导致相对贫困问题的重要原因，社会机制是相对贫困治理机制的重要组成，可为提升国家贫困治理的能力提供有力支持。

（一）相对贫困治理机制建设的路径

相对贫困的治理机制与原有的贫困治理机制并不是相割裂的，而是前后衔接、相互协调的关系，能够弥补原有机制的不足。有效扶贫机制的前提是对贫困现状的全面分析，要确定相对贫困的性质、发展、演变及导致贫困的原因。扶贫措施要基于对相对贫困的准确理解，确定扶贫目标的优先次序，政策要具有系统性、综合性和动态性，并考虑到相关社会政策工具的互补性和兼容性。

与因物质匮乏而产生的绝对贫困不同，相对贫困的原因主要是发展受限和社会排斥，这就要从社会角度确定相对贫困治理的现实路径，制定以人为本的扶贫措施，重视社会流动、社会网络和社会资本对相对贫困群体的影响作用，构建以社会治理为核心的相对贫困治理机制。鉴于相对贫困的判断和衡量具有较强主观性，即个人的贫困状况随着相对贫困线的设置而变化，因此，要认清相对贫困问题的社会根源和发展逻辑，建立包容性发展的制度性基础。发挥基层党组织的示范引领作用，探索实施自下而上的扶贫方式，构建差异化、精细化和人性化的帮扶机制。提高相对贫困群体在社会、经济和政治机制中的代表性，鼓励其参与与其切身利益相关的政策制定、执行和绩效监测，增加其融入外部社会的机会，避免发生社会冲突和社会割裂，维护社会稳定和谐。相对贫困治理实施方案应遵循参与、赋权和可持续的原则，制定旨在促进公平分配、社会流动和社会保护的社会政策，尊重相对贫困群体的自决权、参与权和分配权。

相对贫困治理机制的建设应考虑不同类型的相对贫困，从交通贫困、机会贫困、健康贫困或精神贫困等多维度、多层面着手，意识到单纯依靠资金补贴不可能真正摆脱贫困。以实现社会公平、避免极化为目标，推进社会服务的均等化、精准化供给，满足相对贫困群体在健康、教育和住房等领域的权利要求，降低家庭生活的过高负担，防止其因病返贫、因学返贫、因房返贫。改变户籍区隔下公民享有社会服务权利的不平等，缩小社会服务提供上的城乡差距、区域差距，着力解决社会发展不平衡、不充分的问题，减少相对贫困群体的被剥夺感。政府可以与民间组织、社会企业等各个利益相关方合作，调动社会力量协同推进相对贫困治理，通过政府购买服务和项目支持，提高社会服务的供给水平。提高相对贫困群体的发展能力和脱贫动力，为其提供更多的发展机会，促进人的全面发展及生活状态的改变，从而构建摆脱贫困的长效机制。

前文已经提到相对贫困主要是源于发展受限和社会排斥。基于我国相对贫困群体的现状，为实现共同富裕目标，相对贫困治理的机制建设可以采取"满足社会权利需求"和"促进社会融入"的路径。

（二）相对贫困治理机制建设的重点领域

在后小康时代，相对贫困治理机制建设的重点领域包括完善社会保护体系、重视社区实践与发展、加强自我发展能力培养等。

1. 完善社会保护体系，加强应急风险管理

对社会保护体系的完善，可以体现出政府在二次分配中的作用。发挥社会保护体系作为社会稳定器、安全网的作用，防止社会在发生多重风险及遭受危机时，人力资本和社会资本发生剧烈下降。在老龄化和家庭结构小型化的大背景下，非正式社会保护机制的作用在不断弱化，应逐步提高正式社会保护机制的覆盖面。着力解决"两不愁三保障"落实中的薄弱环节，确保无法实现市场就业的残疾人、重疾患者和无技能群体能获得基本保障，减少因能力、资源和机会差异而导致的收入差异。通过信息化、智能化手段捕捉个体需求，帮助老年人、失业人员和患病群体等进行风险管理，为其在遭遇突发风险事件时提供应急保护。强化对濒临贫困家庭、易受冲击家庭的应急社会救助，减少其不安全感和相对脆弱性，提高其面对

社会经济变化或冲击时的复原力，避免潜在的生活条件恶化与贫困扩大化风险。

2. 重视社区实践与发展，改善社会生活系统

提高主观幸福感的前提是相对贫困社区建设的发展，在提高社区治理和公用事业供给整体水平基础上，降低公共资源获取和分配上的不均衡性，使偏远地区群众能平等地获得教育、医疗、住房和无障碍环境等服务，相对贫困社区的主要服务指标达到地区平均水平。重视社会工作机构在推动社区发展中的功能，其可以在扶贫过程中承担倡导者、使能者、中介者、传授者和治疗者的角色。发挥社区组织、互助组织、合作社和非正式网络的聚合作用，以民间社团的法人化为集体行动提供合法化基础，改善相对贫困群体所处的社会生活系统。将个人脱贫与社区发展结合起来，建立社区驱动型发展模式，促进权力下放和支持民间社会发展，以社区共商共享共建来解决社会排斥问题。提升社区层面的相对贫困治理水平，制定动态、灵活的扶贫方案，提高社区工作者在社区调查、社区规划、社区组织和社会动员方面的技能。

3. 加强自我发展能力培养，激励主观精神意识

从绝对贫困治理到相对贫困治理的转变，意味着人们关注的焦点从生存需求向自我实现转变。要重视相对贫困群体的个人自主、自我发展和社会参与，增加其获得可持续生计的机会，提高创业资源和生产资源的可及性。针对"失志"的相对贫困人员，加强组织、动员、引导和激励，改变消极的陈旧过时观念，塑造其积极摆脱现状的现代价值观念。实施具有激励性的教育援助和技能培训，降低其对社会救助的持续依赖，打破贫困的代际传递。制定以就业为导向的扶贫政策，将相对贫困群体纳入地方产业发展链，鼓励参与可持续性项目，提高其获取收入和自我发展的能力。支持创业创新大赛和就业孵化平台，鼓励高校毕业生、退伍军人和农民工返乡创业，带动相对贫困群体共同发展。开展相对贫困群体与企业的对接活动，制定以劳动参与为条件的收入补贴方案，为相对贫困群体提供环境卫生、设施维护和老年护理等公益性岗位。

我国的相对贫困治理已经从"蓝图绘制"进入到"细化实施"阶段，相对贫困治理的社会机制建设，关系到相对贫困治理机制的有效运行，关

系到相对贫困治理的效能实现，以及完成战略重心向摆脱相对贫困的转变。社会学强调优化社会结构、整合社会关系、促进社会融合和防止社会功能障碍，对于"人民发展共同体"原则建立和完善相对贫困治理机制具有重要的启发意义。为实现相对贫困治理机制的系统化、科学化和长效化，可建立社会包容机制、社会流动机制、社区发展机制、赋权与个体干预机制、社会资本增进机制等五个基本机制，作为我国后小康时代摆脱相对贫困的主要工具。相对贫困治理还需要建立包容性发展的制度基础，采取多样化方法，以多领域为重点推进机制建设。

第三章
社会组织在社会救助中的功能定位、工作方式与介入模式

2021年7月1日，习近平总书记宣布"在中华大地上全面建成了小康社会"，根本性地解决了绝对贫困人口的生存问题，"全面建成社会主义现代化强国"成为下一阶段的历史任务。"十四五"时期是我国开启全面建设社会主义现代化国家新征程的第一个五年，将继续巩固脱贫攻坚成果和防止返贫致贫，这对社会救助体制的提质增效和升级转型提出了新的要求。如何发挥自身独特的专业优势助力社会救助工作，如何在救助中更好发展专业作用促进救助任务的圆满完成，成为社会组织当前的使命和责任。

人民群众对美好生活的向往对发展完善社会救助工作的体制机制提出了更高要求。作为一种介入社会救助的创新方式，社会组织聚焦于救助对象困境背后的心理意识及权利能力产生的影响，通过运用个案救助、小组协作等方法，在落实救助政策、帮助困难人群、开展专业服务和链接社会资源等方面发挥积极作用。

一、治理：社会组织参与社会救助的理论依据

"治理"作为一个跨学科的概念，已经被应用于从经济学、公共管理学到国际关系学的一系列学科领域。罗茨（Rhodes）[1]、格里·斯托克（G. Stoker）[2] 认为，"治理"是指负责制定政策的自组织和组织间网络。

---

[1] RHODES R A W. The New Governance: Governing without Government [J]. Political Science, 1996 (44): 652-667.

[2] STOKER G. Governance as theory: five propositions [J]. International Social Science Journal, 1998 (155): 17-28.

乔萃尔（V Chhotray）和格里·斯托克①又认为，任何具有多个行为者且没有正式的控制系统来决定参与者之间关系的设置都是一个治理网络。奥斯特罗姆（Elinor Ostrom）②把"治理"作为个人需要在分析中考虑的通用要素的一个分析框架。该框架可以发展出更为具体的理论，进而可以应用到经验数据的模型之中。有些学者将"治理"作为政府管理方式的重大变化，将其视为政府管理的一个全新时代。琼·皮埃尔（Jon Pierre）和盖伊·彼得斯（Guy Peters）③认为已经出现了一种新的政府治理模式，前者提出管理模式、社团模式、支持增长模式和福利模式④，后者提出治理模式可以分为市场化政府模式、参与型政府模式、灵活性政府模式、解除规制政府模式⑤。马克·怀特黑德（Mark Whitehead）⑥提出"元治理"（Meta-Governance）概念，"元治理"注重保持政府在治理制度中的影响力和控制力，并试图在政府和治理之间建立协商式链接。

社会治理是一项系统工程，我国创新地将"治理理论"应用于社会治理之中。党的十八届三中全会明确提出"国家治理体系和治理能力现代化"，"治理"概念被提到了新的历史高度，重视社会组织在社会治理中的作用，强调"要改进社会治理方式，激发社会组织活力"。党的十九大提出要构建"共建共享共治"的社会治理格局，既明确了社会治理的主要方式，也明确了各主体在社会治理格局中的相互关系和发展前景。这一崭新格局立足于社会治理理论，实现了对多元主体的政治性吸纳和政治参与的有机平衡。可以说，社会组织是社会治理的主体之一，是参与第三次分配、推动共同富裕的重要力量。

---

① CHHOTRAY V, STOKER G. Governance Theory and Practice. A Cross Disciplinary Approach [M]. Basingstoke：Palgrave Macmillan, 2009：3.

② OSTROM E. Understanding Institutional Diversity [M]. Princeton：Princeton University Press, 2005：28.

③ PIERRE J, PETERS G B. Governance, Politics, and the State [M]. New York：St. Martin's Press, 2000：3.

④ PIEER J. Models of Urban governance, the institutional dimensions of Urban politics [J]. Urban Affairs Review, 1999, 34 (3)：372-396.

⑤ B. 盖伊·彼得斯. 政府未来的治理模式 [M]. 吴爱民，等译. 北京：中国人民大学出版社, 2001：5-157.

⑥ WHITEHEAD M. In the shadow of hierarchy：meta governance, policy reform and urban regeneration in the West Midlands [J]. Area, 2003, 35 (1)：6-14.

社会救助的公共物品属性决定了应将其置于一个更为宏观的制度框架中来分析。本杰明·吉德伦（Benjamin Gidron）、罗夫·克莱默（Ralph Kramer）和莱斯特·M. 萨拉蒙（Lester M. Salmon）等[①]对政府和社会组织在提供公共物品中的关系进行分析后，认为所有的福利服务都有两个关键的要素：一是服务的财务与授权，二是服务的实际配送。他们认为两类活动可以由不同的制度来安排实施，于是以这两种要素为核心变量，提出了社会组织与政府关系的四种模式：政府支配模式、双重模式、合作模式、第三部门支配模式（见表3-1）。

表3-1 社会组织与政府关系四种模式

功能	模式			
	政府支配模式	双重模式	合作模式	第三部门支配模式
资金筹措	政府	政府/社会组织	政府	社会组织
服务配送	政府	政府/社会组织	社会组织	社会组织

合作模式是由政府和社会组织共同提供公共服务，但它们不是分离的关系。这种模式的典型例子是由政府提供资金，社会组织配送服务。合作模式具体又分为"合作的卖者"模式和"合作的伙伴"模式。基于此，研究基于社会治理中的政府与社会组织合作模式，构建政府与社会组织在社会救助中的功能定位。

二、赋权机制

（一）赋权的要素

纳拉扬-帕克（Narayan-Parker D）认为[②]，赋权项目中经常出现的四个要素，即：①获得信息。知情的公民能够更好地抓住机会、获得服务、行使权利和有效谈判。②包容和参与。有必要创造适当的空间，让人们讨论影响他们的问题，并参与关于这些问题的决策（确定优先事项、确定

[①] BENJAMIN GIDRON, RALPH KRAMER, LESTER M SALMON. Government and The Third Sector [M]. San Francisco: Josser-Bass Publishers, 1992: 18.

[②] NARAYAN - PARKER D. Empowerment and poverty reduction: A sourcebook [M]. Washington, DC: World Bank Publications, 2002.

预算、界定服务等）。③问责制。可以要求公共部门和私营部门的行动者证明并解释他们的决定和行动。④地方组织能力。这指的是人们一起工作、组织团队和动员资源解决共同关心的问题的能力。因此，赋权框架可以包含以下要素：一是对个人和集体能力以及经济、社会和政治环境现状的认识；二是能力的获得和发展允许个人或集体积极参与重要问题的决策过程；三是发展有利环境，建立正式和非正式机构，确保获得信息，并制定问责程序，以促进参与地方、国家甚至国际一级的决策进程。

很少有实证研究来系统地测试赋权的可操作性，并促进对其在个人和环境中的适用性和有效性的更好理解。这种研究可使实践者能够决定何时以及如何使用赋权干预，理解发展赋权的阶段和机制[1]，以及识别可能有助于赋权的组织特征。

（二）赋权的层面

吉特雷斯（Guiterrez L M）指出[2]，赋权有多层次维度，赋权理论可以应用于个人、组织和社区层面。在组织和社区层面，赋权涉及增加集体或团体的政治权力，而在个人层面，它涉及增加个人的控制感，而不实际影响结构变化。齐默尔曼（Zimmerman）认为[3]，每个层次的赋权都不同于其他层次的赋权，尽管它们是相互影响的，这一区别要求对个人、组织和社区赋权进行单独和不同的操作。

（三）赋权的风险及内在问题

赋权也可能是一个有问题的术语，因为它充满了对权利本质的假设和培养权利的策略。伦纳德（Leonard P）指出，赋权策略的困难可以从实践中的认识论中推断出来，特别是，将权利商品化的现代观点，也就是将知识商品化为可以拥有、给予或接受的东西，往往会回避赋权的目标。在这个框架内，存在着"富人"和"穷人"的二分法；权力成为社会工作

---

[1] ZIMMERMAN M A, ISRAEL, B A, SCHULZ A, CHECKOWAY B. Further explorations in empowerment theory: An empirical analysis of psychological empowerment [J]. American Journal of Community Psychology, 1992, 20 (6), 707-727.

[2] GUITERREZ L M. Working with women of color: An empowerment perspective [J]. Social Work, 1990, 35 (2): 149-153.

[3] ZIMMERMAN M A. Psychological empowerment: Issues and illustrations [J]. American Journal of Community Psychology, 1995, 23 (5): 581-599.

者拥有的东西,并给予无权无势的人①。皮斯(Pease B)认为,这种矛盾倾向于延续服务用户的不平等、压迫和假定的无助,从而否定他们的权利,这是特别危险的,因为"赋权"一词往往通过与解放意图的结合而自我合法化,因此可能掩盖剥削权力关系②。坎贝尔(Campbell C)指出,鉴于社会工作者作为社会控制的代理人和帮助的提供者的双重角色,产生了社会工作者必须与之对抗的问题性矛盾③。

对特权的作用进行调查是必要的,因为当特权被一个占主导地位的群体所拥有,再加上思维偏见,它会导致对少数群体的压迫,一般来说,社会工作者因其专业知识而享有特权,这种特权允许他们行使的权力必须受到审查,以免助长压迫性制度。帕克(Parker L)指出,对特权、权力和偏见的审查可以防范有助于维持主导群体地位的系统性压迫④。卡尼奥(Carniol B)指出,在系统层面上,这种压迫在很大程度上是制度化的,社会工作领域由高度官僚化的机构主导,其服务是在管理背景下提供的,在服务提供系统中,社会工作者也不能幸免于该职业的权力动态,他们可能在高度结构化的、占主导地位的等级制度中受到压迫⑤。宾德休斯(Pinderhughes E)指出,宏观结构中的脆弱感可以成为社会工作者将客户保持在依赖状态的动机:"在任何一个连续压迫中的优越感或自卑感可以诱使人们在其他连续压迫中寻求或保持优势地位"⑥。墨菲(Murphy B)指出,具有讽刺意味的是,赋权实践的一个局限是"一个行动的潜在利益越大,不可避免的风险也越大",从而使个人在最有利于他们的时候

---

① LEONARD P. Knowledge/Power and Postmodernism [J]. Canadian Social Work Review 11, 1994, 11 (1): 11-2.

② PEASE B. Rethinking Empowerment: A Postmodern Reappraisal for Emancipatory Practice [J]. British Journal of Social Work 2002, 32.

③ CAMPBELL C. Anti-Oppressive Theory and Practice as the Organizing Theme for Social Work Education: The Case in Favour [J]. Canadian Social Work Review, 2003, 20 (1): 121-125.

④ PARKER L. A Social Justice Model for Clinical Social Work Practice [J]. Affilia, 2003 (3): 272-288.

⑤ CARNIOL B. Case Critical: Challenging Social Work in Canada [M]. 4th ed. Toronto: Between the Lines, 2000.

⑥ PINDERHUGHES E. Empowerment for our Clients and for Ourselves [J]. Social Casework 1983, 64 (6): 331.

不敢行动①。因此，社会工作者只有在他们自己被赋权的情况下，才能更好地鼓励服务使用者行使权力，赋权存在这样一种风险，即对它的解释和支持方式更多地符合强势行为者的利益或现行规范。赋权的方法是"精选的"，不会威胁到现状，或者工具和方法将会以更加机械和技术的方式进行，与社会变革议程脱节。

三、救助对象类型及其特点

关于贫困区域的界定，我国按照"一高一低一无"三个指标进行确定，分别是贫困发生率、农民人均纯收入和集体经济收入。贫困类型依据社区的不同致贫原因而划分类别。关于贫困社区类型的划分，在政策层面，按照申请评定级别，我国政府将贫困村划分为省级贫困村、市级贫困村、县级贫困村；按照贫困发生率，将贫困村分为一类贫困村、二类贫困村、三类贫困村。我国学者也开展了对贫困社区类型划分的研究，有学者以脱贫潜力为标准，将贫困村划分为优先脱贫型、稳步脱贫型、重点帮扶型三类②；以贫困社区的致贫因素为标准，将贫困划分为单因素主导型、双因素驱动型、三因素支配型、四因素协同型、五因素联合型、六因素综合型六类③。上述分类从不同角度揭示了贫困的经济属性，或基于贫困的经济社会发展状况，或基于贫困的内在结构与外在表象。

相关研究表明，救助对象类型与文化和资源有密切关系，同时也影响到社会救助的路径、模式及潜力，从文化心理和内在资源及其互动关系的视角进行研究有助于揭示贫困产生的原因和特征。我国地域广阔，救助对象困境的形成有其不同的文化和资源背景，未来发展潜力存在较大差异，需要在多元视角下对救助对象类型进行新探索，把握救助对象的现状，使社会救助实现"精准化"。

为比较分析不同类型救助对象在社会救助中的路径与模式，本研究在

---

① MURPHY B. Transforming Ourselves Transforming the World [M]. New York: Zed Books, 1999.
② 朱姝，冯艳芬，王芳，等. 粤北山区相对贫困村的脱贫潜力评价及类型划分：以连州市为例 [J]. 自然资源学报，2018（8）：1304-1316.
③ 陈烨烽，王艳慧，赵文吉，等. 中国贫困村致贫因素分析及贫困类型划分 [J]. 地理学报，2017（10）：1827-1844.

现有救助对象分类的基础上提出新的划分标准和分析框架。根据"社会服务"(服务完善型、服务欠缺型)、"文化心理"(文化积极型、文化被动型)、"内在资源"(内在资源丰富型、内在资源匮乏型)三个指标,在理论上可相应地将救助对象分为六种类型:服务完善型、服务欠缺型、文化积极型、文化被动型、内在资源丰富型、内在资源匮乏型。

贫困类型的划分一般着眼于经济收入、地域范围或致贫原因等,将不同救助对象置于相对应的两端,强调不同类型救助对象的差异性。本研究对救助对象类型的划分,选择了社会服务、文化心理、内在资源三个指标作为主要划分基础。社区的社会服务基于基本公共服务均等化的教育服务、医疗服务、住房保障、助老扶幼等服务事项,分为服务完善型和服务欠缺型两种。社区的文化心理基于当地风俗历史及文化素质的精神风貌、文化氛围、团队合作和参与意识,分为主动型文化心理和被动型文化心理两种。区域的内在资源基于人力和财力的物质资源、社会关系和自然资源,分为资源丰富型和资源匮乏型两种。社会组织基于自身能力和客观现实,重点针对救助对象中的服务欠缺型社区、文化被动型社区和内在资源匮乏型社区给予精准帮扶。

类型Ⅰ:"服务欠缺型"。其指存在社会服务总量供给不足和结构失衡问题的救助对象群体。此类型救助对象群体的市场经营性服务供大于求,而大量公共性和公益性的公共服务机构在乡镇综合配套改革中被撤销或兼并,无利可图的一般公共服务和公益性服务十分欠缺。受地理位置偏僻的影响,其基础条件普遍较差,救助对象群体的居住相对分散,道路基础设施建设落后;人口老龄化情况严重,专业服务设施和服务人员比较短缺,卫生和养老服务极度缺失,服务意识滞后,存在社会服务供需矛盾突出的问题。

类型Ⅱ:"文化被动型"。其指群众参与公共事务的意愿比较薄弱、团体意识不强的救助对象群体。此类型救助对象只是依靠固有的情感习俗来维持内在秩序,救助对象群体的行为方式和生活习惯较为传统,小农意识深厚,多数人的社会参与意识不强、对公共价值观的认同度低,存在着参与社区治理较少、社会互动较弱以及社会资本较低的问题;在村务管理上软弱涣散,未能将当代的社会责任意识融入所在救助对象群体。

类型Ⅲ:"内在资源匮乏型"。其指自然资源、资金资源和社会关系都比较匮乏的救助对象群体。此类型救助对象群体没有好的资源禀赋,呈现出可用土地、水资源都比较缺乏的状态,土地产出率较低;基础设施比较薄弱,交通条件较差;市场信息尤为滞后,缺乏外部的项目资金资源介入,导致居民的纯收入偏低,增产增收较为困难(见表3-2)。

表3-2 救助对象群体类型与特征

	Ⅰ服务欠缺型	Ⅱ文化被动型	Ⅲ内在资源匮乏型
分析视角	社会服务	文化心理	内在资源
发展目标	服务完善型	文化积极型	内在资源丰富型
主要特征	服务供给不足和结构失衡	参与意愿薄弱、团体意识不强	自然资源、资金资源、社会关系匮乏

随着我国社会救助方略的实施,社会救助路径由"大水漫灌"向"精准滴灌"转变,这就要求我们必须明确工作目标,对各类社区给予有针对性的帮扶。相对贫困是多层面和复杂的,容易受到各种内部因素和外在环境的影响。类型Ⅰ在政府推进公共服务均等化的过程中,区域的公共服务将不断完善,救助对象群体的教育、卫生、科技和文化等社会事业不断发展,服务欠缺状况将得到大幅改善。类型Ⅱ在内外部力量的联合作用下,救助对象群体的参与意识将得到唤醒和重生,在救助中的主体意识不断增强,形成多元共治的新局面。类型Ⅲ在政府推动社会救助社会参与的"大救助"格局中,聚合各类救助力量参与进来,搭建救助工作平台,形成具有"造血"和"输血"功能的救助系统,使救助对象群体内在资源匮乏的状况得以缓解。

四、"服务-价值-能力"三维角色:社会组织介入社会救助的功能定位

对社会组织介入社会救助效能的优化建立在解构功能定位的基础上。在赋权视域下,社会组织介入社会救助,既包括在专业层面上对救助对象提供的服务,也包括价值层面上对社会正义的价值维护,同时也强调行动层面上对救助对象能力的增进。

(一) 社会救助专业服务的提供者

提供专业服务是社会组织介入社会救助的直接功能，是决定社会组织作用发挥与效果达成的首要指标。社会组织的介入是基于专业判断对个人、家庭或社区进行干预的动态过程。在把握救助对象服务需求的前提下，社会组织能够利用个案救助、小组协作等专业方法与知识为救助对象提供精细的差异化服务，以提高其生活质量。面对救助对象，社会工作者通过评估其需求、优势和支持网络，以及服务目标确定、服务方案制订和救助服务实施，提供较为完善和规范的救助服务。此时的社会组织介入功能体现为服务提供的专业性和及时性，是首要且关键的介入功能体现。在这一过程中，社会工作者需要通过提高自身能力，担任救助服务的规划者和开发者；非营利组织则需要提供项目管理服务并确保救助服务系统顺利运作，由此成为相关服务、信息和资源提供的主体。因此，能否提升专业服务意识、优化服务机制和组织架构、形成标准化的服务流程以及有效整合社会服务资源，已成为社会组织介入社会救助的明确导向。

(二) 社会正义价值的维护者

价值维护是指社会组织致力于追求社会正义，努力帮助受贫困、残疾等因素影响的人群，包括遵循维护人权和集体责任、尊重多样性等核心原则。价值维护功能往往更具有指引性和带动性。一方面，社会工作者为维护他人的权利而斗争，通过公共倡导、批判反思等方式，使大众认可社会成员的合法需要和权利，特别关注那些容易受到侵害和利益诉求被忽视的个人或群体。另一方面，社会工作者立足于社会组织背后的理论和价值观，对职业价值基础、社会道德规范和国家法律政策高度认同，因此能够在回应被排斥者和边缘化者的各类诉求、解决社会不公正现象及破除偏见、建设更加公平的外部制度环境、改变影响个人和社区健康及福祉的结构性条件等问题的解决中扮演重要的助推角色。这一功能作为社会组织介入社会救助的深层次体现，更强调社会救助的思想价值，社会组织者也在此过程中成为社会正义价值的维护者和倡导者。

(三) 救助对象能力增进的支持者

面对"能力贫困"问题，社会组织的能力支持主要体现在辅助社区参与及加强公众权利方面。削弱权能的社会进程造成了遭受耻辱和歧视的群体成员的无力感。无力感会导致人缺乏自我价值、自责、对环境漠不关心和疏远,此外,还使人无法为自己采取行动,越来越依赖社会服务和专家来解决生活中的问题。

能力支持与社会运动和教育发展密切相关,其目的是增强救助对象自主控制其生活的可能性,这也是存在权能障碍的相对贫困群体和受排斥者的特定需求。在社会救助中,社会工作者将支持自我发展和利用技术促进教育融入对救助对象需求的回应之中,以个性化、创造性的能力支持取代传统的由政府或慈善组织提供直接救助的福利模式,从而扩展了开展社区合作、技能教育和潜力激发的空间,反映了从行政主导、专家驱动转向受助者自我掌控的趋向。能力支持的成效主要由救助对象自我发展能力的增进幅度来体现。能力支持是社会组织促进个人自决、激励培育公民意识、破除个人依赖,在"赋权"与"帮扶"之间实现平衡。要实现这一目标,社会工作者需要获得救助对象(贫困群体)和专业网络(医生、律师等专业人士)的共同配合,使目标群体最大限度地实现脱离伤害和独立自决,促使赋权活动推动救助可持续。从这一点出发,破除救助对象自我解决问题能力障碍、改变其边缘化地位、加强社会公平和关怀及促进社会机会平等程度,成为增进救助对象自身发展能力的重要内容。

综上所述,社会组织介入社会救助的功能定位,不仅体现在为救助对象提供基于特定需求的差异化服务上,也体现在对以公共价值观和职业伦理守则为基础的社会正义价值维护上,还体现在以独立发展为目标的对救助对象的能力支持上(见表3-3)。"服务-价值-能力"三维的社会组织功能定位,证明了其介入社会救助的有效性,不仅凸显了社会组织介入方式的专业化、人性化与柔性化,也反映出社会救助事业发展对社会组织提出的更高要求。

表3-3 社会组织介入社会救助功能定位

功能定位	特征	目标	效果
服务提供者	专业性	差异化服务	生活质量提高
价值维护者	引领性	维护社会正义	社会和谐
能力支持者	辅助性	促进独立发展	自我可持续

五、"服务-使能-激活":社会组织在社会救助中的工作方式

社会组织参与社会救助,并不像简单地挖掘"富人"口袋里的钱那么容易。社会组织是指依据我国法律规定,经各级民政部门登记注册的,纳入登记管理范围的社会团体、民办非企业单位和基金会。笔者根据社会组织的社会救助实践,从服务式救助、使能式救助、激活式救助三方面考察社会组织参与社会救助的方式,分析各种救助方式的形式和效果。

(一)方式Ⅰ:"服务式"救助

社会组织通过服务进行救助是其开展救助工作的主要形式。社会组织能够为基层社区提供各类服务,比如养老服务、文化服务、心理服务、医疗康复服务等,是对现有的政府机制和市场机制服务不足的有效补充。社会组织的服务以社区成员的互助自助为基础,开展具有福利性质的社会服务。需要指出的是,收入是实现美好生活的一种手段,但收入增加并不必然带来救助对象"幸福感"的增加。相同收入增长下,人实现"幸福感"的能力是不同的,这取决于其所在地的服务条件和服务成本。良好的生活应该包括金钱和物质等有形属性,还应包括社会服务和获得尊严等无形属性。

在服务欠缺型区域,针对某些特殊群体的服务未引起足够重视,尤其是对农村留守儿童、老人和妇女的心理慰藉服务严重不足,救助对象缺乏基本的医疗保健常识,慢性疾病得不到重视,欠缺对重疾人员和残疾人的康复服务。社会组织在服务欠缺型区域开展服务式救助项目,通过专业服务改善相对贫困人员的生活状况:一是增加专业服务供给。通过社会组织的专业服务,使区域的空巢老人得到定期开展的生活照料、心理抚慰和文体健身服务,建立交流、倾诉、娱乐的场所,失能失智老人在家可得到必要的照顾;留守儿童在放学后有地方读书、有场地玩耍、有人陪伴、有人引导;留守妇女在农闲时发展各种文体兴趣,能够相互支持。二是完善供给结构。随着贫困人口对社会服务需求的多样化,迫切需要社会组织提供多元化的服务内容。社会组织根据当前相对贫困人口服务需求的变化,相应地增加健康保健服务,开展康复治疗、康复训练、心理疏导、康复知识普及、生活技巧训练和工作技能评估,为相对贫困人员及家庭成员办理住

院治疗，使救助对象得到与城市一样的专业服务。

服务式救助虽然不能直提高相对贫困人口的收入，但是能直接或间接地减少相对贫困人口的支出，比如减少其在子女教育和健康保健方面的花销，从而提高相对贫困人口家庭的纯收入。比如，相对贫困人员经过社会组织的康复治疗服务，大幅减少了医院就诊次数和医疗费支出。而且，服务供给增加和服务结构完善可使贫困户的"幸福感"得到提升。

(二) 方式Ⅱ："使能式"救助

社会组织具有创新性和先进性的社会服务理念。社会组织通过"使能"的方式进行救助，是社会工作"助人自助"理念在救助工作中的应用。贫困的表现不只是"客观的"，也具有"主观性"。"联合国千年发展目标"（MDG）对贫穷的定义不仅是收入不足，还包括"排斥"（Exclusion）和缺乏参与。联合国采用的这种多维概念与"能力贫困"密切相关，"贫困"意味着缺乏实现这些基本需求的"能力"、"机会"或"自由"[1]。"使能"（Enabling）是致力于激发人的发展自由，释放人的全部潜能，使人实现自主进取。"使能式"救助的核心是增进相对贫困人口的能力，它涉及的不是直接"提供"，而是"促进"。相对贫困人员应该能够对这种外部刺激做出反应，激发其"内在力量"（Power Within），从而有更深层次的获得。

文化被动型区域的大多数救助对象对公共事务漠不关心，没有基层社团组织的活动，外出务工人员对家乡的建设缺乏关心，处于居民能力低下的局面。社会组织在文化被动型区域开展使能式救助项目，通过"赋权"和"社会融入"（Social Inclusion）开展救助工作：其一，提高救助对象参与能力和提供公平机会。通过开放空间、村民会议等载体，培育成立相关的村民小组，救助对象被赋予权利并参与可持续发展。重视终身学习对于消除贫困的关键作用，通过基于知识和教育的赋权计划，使年轻人掌握具有竞争力的行业知识和技能，破除贫困的"代际传递"。对"受排斥群体"（如疾病患者和残疾人）实施增能，打破阻碍他们参与发展进程的障碍。其二，动员救助对象参与志愿服务过程。社会组织向救助对象传播志愿服务

---

[1] ROBEYNS I. The capability approach: A theoretical survey [J]. Journal of Human Development, 2005, 6 (1): 93-114.

理念，吸纳救助对象自愿加入志愿服务组织，如乡村义工队、老年服务社、妇女互助会，推动他们在志愿服务中实现规范化和专业化。号召外出务工人员关注家乡变化，推动他们为家乡建设捐款捐物，鼓励他们积极返乡创业。其三，完善村庄内部治理体系。按照"基层问题基层解决、群众矛盾群众化解"的思路，社会组织协助构建党的领导与救助对象自治相统一，将法治德治自治相结合，形成具有地方特色的乡村治理体系。以精神文化生活和救助对象自治能力培养为抓手，使救助对象们实现自我服务、自我管理。

使能式救助是促进相对贫困人口增产增收的一种可持续战略，使其从被动式的外部救济转变为内部自我造血，让救助对象形成一种向上的内聚力。其效果虽然不是立竿见影的，但在一个较长周期内意义深远。

（三）方式Ⅲ："激活式"救助

"激活式"是将不同来源、不同层次、不同价值和不同内容的资源进行识别与激活、选择与融入，并创造出新的资源的动态过程。相较于政府和企业，虽然社会组织自身的规模十分有限，但其强项是整合人、财、物等各类社会资源投入到社会救助中去。社会组织由于具有"非分配约束"（Non-distribution Constraint）的属性，能够无成本或低成本地整合政府项目资金、社会捐赠和志愿者等重要资源。一些影响力大的公募基金会和国际组织在协调社会关系、调动会员参与救助方面能发挥重要作用，可以实施大规模跨区域的救助项目。

某些资源欠缺型群体的自然资源和劳动力资源比较匮乏，但是却有独特的自然风貌和文化底蕴，仍然有重新获得发展的潜力，迫切需要外来资金和项目的进入。社会组织在Ⅲ型地区开展激活式救助项目，通过整合内部资源和外部资源来开展救助工作：其一，挖掘潜在自然资源。通过发展乡村旅游将潜在资源优势转化为市场优势，社会组织协助创新商业模式，完善经营机制，开发公益集市、乡村味道、旅游支持、民俗旅游等项目，吸引海内外游客和爱心企业家到贫困区域旅游，从而促进当地土特产、农家乐的市场营销。其二，协助链接外部资金和项目。社会组织救助项目能申请中央财政补助资金，依托腾讯公益、新浪微公益等互联网公益众筹平台，吸引企业、基金会和社会公众的捐赠，邀请同业社会组织志愿者到村里开展志愿服务。其三,重构内外部社会经济关系。社会组织协助建立区域的社会支持网络,发展区域与外部的社会联络,把资源从事后解决问题转移至防止问题出现。比如,营造感恩和互助的社会氛围,建立"中青年人+老年人"的结对服务帮扶关系;协助搭建农产品销售到城区超市的关系渠道,实现产供销一体化的精准帮扶;通过"互联网+"的方式,建立救助对象通过网络进行销售和品牌打造的渠道。

救助对象群体在接受资源整合之后,其外部边界得以拓展,潜在资源得以挖掘,资源配置得到优化。整合式救助对于改变区域资源匮乏局面的作用显著,这些资金资源、项目资源和关系资源即使在项目结束之后也可以发挥作用,是一种可持续的救助机制。

"精准识别"要识别贫困区域、救助对象的类型与特点,这是开展社会救助工作的最重要一步。研究表明,从社会组织在三类救助对象群体采取的救助方式来看,服务欠缺型救助对象群体适合采取服务式救助方式,文化被动型救助对象群体适合采取使能式救助方式,内在资源匮乏型救助对象群体适合采取整合式救助方式。社会组织根据自身的专业能力和资源条件,对于不同类型救助对象群体要具体问题具体分析,采取相适应的救助方式(见表3-4)。考虑到社会组织自身的优势与局限,其更适于采取服务式、使能式和激活式的方式进行救助,从而实现救助效果的可持续。

表3-4 社会组织社会救助的方式与策略

	Ⅰ服务式	Ⅱ使能式	Ⅲ激活式
救助对象群体类型	服务欠缺型	文化被动型	内在资源匮乏型
救助效果	减少贫困人员支出	形成自我造血功能	持续发挥作用
策略	增加专业服务供给、完善供给结构	培养参与能力、动员救助对象参与、完善治理体系	挖掘潜在资源、链接资金项目、重构社会关系

六、"建设-发展-整合"优势互补:社会组织介入社会救助的模式构建

当代经济学家有一个共识,即通过教育、适当的专业和公民技能"赋权"是任何社会减少贫困的更可持续和更有保证的途径。政策制定者、知

识界和媒体应努力实现政策优先次序的根本转变，更加注重对"人力资本"的投资。受过良好教育和具备足够公民技能的公民是国家安全和发展的可靠保证。

赋权视域下的社会组织介入社会救助呈现出不同的模式，主要是随着"救助需求－救助理念－救助方式"互动关系的不断调整而变化，并使社会组织与公民权利和社会动员的结合日益紧密。对自我评价过低并与主流社会隔绝的救助对象更加强调心理导向的意识建构，对无权或权利被压制的救助对象更多进行权利导向的结构改善，对资源欠缺及整合能力薄弱的救助对象则提供资源导向的资本增进。针对不同背景与需求的救助对象所选择的救助模式具有不同的实践形式与效能显现，它们不是同时并举的并列关系而是不同需求情境下差异化的社会组织介入模式。需要指出的是，这里所指的赋权不意味着对救助对象的直接"给予"，而是一种基于"伙伴式"关系的"指导、帮助"。

（一）建设型：心理导向的意识建构

有效的社会救助方法不是直接的单方面给予，而是潜藏于帮助人们赋权自身的过程之中，这对精神心理上的社会组织介入尤为明显，以心理导向的意识建构为特征的赋权在介入效果上优于单纯的物质性救助，而这种效果的产生主要来自心理建设的赋权模式。随着脱贫攻坚目标任务的完成，原有的单方面物质性给予逐渐转向内在增能与可持续发展机制，加强救助对象的心理意识建设成为优化社会救助机制的重要内容。建设型模式主要通过个人层面的知觉控制、自我效能、控制动机、感知能力和掌握能力的培养，在遵循"案主中心""案主自决"工作原则的基础上，对救助对象的自我能力意识进行发展性和支持性激发，使其增强对自身及周围社会环境的独立性理解和思考。救助对象摆脱困境的关键是内心力量的强化、自我评价的提高及外部依赖的打破，从而破除隔绝感以及阻碍他们进行行为选择的因素，实现其重回主流社会的最终目标。

建设型介入模式强调社会组织作为一种教育性活动，需要重点关注救助对象在赋权过程中的内省与变化，促进积极、主动的心态观念的形成与更新，进而对生活具备可持续的理解力和掌控力。由于心理导向的意识建构承认个体间的"差异"且不以问题视角代入，支持破除污名群体成员的歧视性"标签",因而建设型模式有助于增强救助对象的行动自主性。具体而言,以解决心理问题为基准的社会组织的介入,能够在救助对象层面发挥其探查内心世界、测评心理健康状态、界定心理问题和解决心理问题的优势,在促进救助对象意识觉醒、提高其未来预期和改善情绪管理能力的基础上,鼓励其抛弃内化的压制或挑战,协助其改变旧有思维定式,增强并重构救助对象应对问题和解决问题的经验能力。必须指明的是,由于赋权过程的非标准化,在心理意识建构的同时,社会组织介入也常面临程序不清和效果不明的困境,具体表现在存在意识建构可控性不强,参与赋权的救助对象精神与行动间的因果关系不明确,意识心理建设有失控与无效的介入风险等问题。

(二)发展型:权利导向的结构

救助对象所面临的问题实质上来源于权利获取上的不足,由此形成了社会中的不公、压制等问题,且权利获取的结构性障碍随着时间的延续而不断加深,形成了发展遇阻乃至贫困代际传递等问题。发展型模式在社会分层或等级制度下强调赋权是权利的分享、共同行使和再分配过程,这种权利获取的障碍来自社会体制某些不完善的层面对边缘化群体形成的结构性压制,由此削弱和阻碍了救助对象的利益获取能力,并可能形成延续性的贫困落后。社会工作者在社会正义视角下发现救助对象的权利障碍并协助消除这种障碍,此时的介入既有助于消除因缺乏决策参与而导致的"直接性权利障碍",也有助于消除因处于无权环境中而产生的"间接性权利障碍"。社会组织聚焦于社会结构优化和权利转移,在政社互动合作的推动下,在协同处理权利获取、权利增进、权利使用以及改善边缘化群体的权利状态等方面发挥着重要作用。对救助对象权利获取、权利发展、权利利用的整体介入,可以在权利缺位的情况下逐步予以增权,这种权利的结构优化形成了行之有效的赋权行动模式,对于增进个人权利、人际权利、经济权利、社会权利和政治权利等都具有明显效能。此时,社会组织的介入显示的是对结构性不平等的批判性理解,是促成救助对象自身发展、政策变革和权利重构的重要推动力量。需要注意的是,在这一结构优化中,社会组织的介入更多属于促进者或支持者的角色而非直接促成权利的增进,这可能导致利益冲突、救助遇阻和缺乏保障等问题。

(三) 整合型：资源导向的资本增进

在"服务性救助"重要性日益增长和凸显的情况下，非物质资源尤其是知识资源的横向整合和纵向增进的必要性愈发突出。救助对象普遍存在资源整合能力薄弱的缺点，单纯凭借心理意识建构或破除权利障碍来改善救助对象的境况可能会出现失效问题。面对个人不能脱离必要社会资源而独立存在这一客观事实，社会组织的功能整合与共建互助作用逐渐被纳入社会救助体系空间。在社会救助从行政主导的统一调配式资源配给到社会多元互补的整合式资源供给的转变过程中，社会组织的整合效能也在从物资整合向社会整合发展，并借助互网联打破时空和地域界限，实现了网络和平台系统的整合。社会工作的服务转介机制不仅注重个人或集体摆脱困境所需资源的拓展，还能通过发展救助对象的资源调动技能实现个人或集体目标，凸显出赋权对优化社会资源配置的效果。社会组织的资源整合增进了救助对象的社会资本，将可供开发使用的物质资源、文化资源、知识资源和信息资源等转变为社会资本；通过互动协同和申请资源支持链接必要的外部资源，积极发展救助对象的资源调动技能；从人与社区相结合的角度把握社区资源存量并对现有资源和潜在资源进行分类和整理，以达成资源使用效率高效化、效益最大化和效果清晰化的目标。

比较而言，心理导向的意识建构、权利导向的结构变迁和资源导向的资本增进具有不同的行动目标与推进路径，其对应救助对象的不同带来了不同的介入效能（见表3-5）。在社会组织对社会救助的介入中，多元化的介入模式极大地满足了救助对象的服务需求，并在推动精准救助、柔性救助和协商式服务的过程中给予了救助对象更大的选择空间，从而增强了救助对象摆脱现状的内驱动力。由于救助对象对服务需求的多样性、复杂性和发展性，单一化的介入模式无法完全促成对救助对象的赋权，每种社会组织介入模式都会产生一定的成效；从实践情况来看，这些介入模式也存在一些不足或局限，比如效果不易确定、面临利益冲突、整合力量偏弱等，导致社会组织介入作用的虚化。在不同介入模式之间进行恰当的选择与转换，就是调整社会救助目标与手段关系的过程。不同介入模式之间应该形成各有侧重、互为支撑、优势互补的关系，以实现社会组织专业方法的最优化介入效能。

表 3-5　社会组织介入社会救助的模式

介入模式	行动导向	优势	劣势
建设型模式	心理导向	可持续性强	效果不易确定
发展型模式	权利导向	制度性变革	面临利益冲突
整合型模式	资源导向	资源优化配置	整合力量偏弱

七、"生态-权能"二元框架：社会组织介入社会救助的行动路径

现代社会中，社会组织介入社会救助是在"个体-关系-团体"的生态系统维度上，使用多元策略调动救助对象改变其处境的主动意识，有效提升救助对象内在意志及动力，进而有助于在根本上减少和消除贫困。在对救助对象进行赋权的过程中，社会组织的介入则是从社会权能、经济权能、政治权能角度进行切入。

（一）个体层面：提高实现目标的能力与信心

赋权增能视角下的社会工作救助绝大多数是在个体层面展开的[1]。赋权具有某些共同要素，对于一个人参与决策和就自己的生活采取行动的能力，有一种乐观和积极的看法——个人被视为自己生活中最重要的专家，他们有能力知道什么符合自己的最大利益。个体层面涉及各种活动和过程，目的是增强个体对自己生活的控制，使个体更加自信，对自己有更好的认识，增加知识和技能。被剥夺权利的群体应该摆脱他们被剥夺权利的处境，并能够建立或重建他们作为平等、有能力的公民在社会中的地位。

运用"社会支持理论""危机干预理论"等对个体赋权有助于提高救助对象的自尊、行动能力和决策能力，反过来又能增强其利用内在力量实现目标的信心。首先，提高自我效能。个人必须通过培养自己能够改变环境的信念来建立自己的权能。社会工作者可以使用一定的干预措施如"聚焦创伤的认知行为疗法"（TF-CBT），通过提供替代功能失调和自我挫败的思维模式，改变救助对象的消极态度和懈怠倾向，促使其"调动自己和社区

---

[1] 岳天明，孙祥. 我国受暴女性的赋权增能与社会工作救助 [J]. 学习与实践, 2017（1）: 104-111.

资源解决个人问题"①。其次，赋予生计能力。部分救助对象由于缺乏生计信息和工作技能，在劳动力市场中处于被排斥地位。救助方式应立足于"上游预防"，侧重于"中游增能"，兜底于"下游补救"②，即社会工作者应协助救助对象提高生产技能和工作经验，为救助对象链接工作机会和市场机遇，例如推动以"企业+农民"方式带动救助对象改变市场孤立状态。再次，参与治理结构。救助对象通常存在参与基层治理的需求表达障碍，社会组织的介入主要是建立针对救助对象的社会支持系统和均等化参与机制。推动社区参与式治理，采用独立行动、谈判和合作等技术工具，提高救助对象的环境适应能力和决策行动能力。

（二）关系层面：重塑主体间合作互动关系

对关系层面的社会组织介入，能够使救助对象更加了解与其他主体建立关系的必要性，有助于发展出多样化的关系网络，增强与其他主体的合作、互动和建立伙伴关系的能力。赋权的关系层面涉及破除维持差异和不公正的社会结构、障碍和权力关系，增加个人掌控自己生活的机会。赋权是改变权力关系的一种手段，换句话说，赋权既是一种意识形态，也是一种方法。

首先，组建社会网络。社会网络（如会员型组织或利他型组织），作为一种"自助+互助"机制使救助对象得以组织他们的社会活动。救助对象通过参与地方协会和社群合作，能够逐步提高自身技能、知识和自我认知，进而减少社会疏离和社会排斥。其次，市场伙伴关系。救助对象的市场地位受其个人资产（如土地、资金、住房等）和谈判能力的影响，由于救助对象与营利性组织在经济地位上的不对等，导致双方对利益分配存在较大分歧。应从维护劳动权益的立场出发，推动企业与救助对象建立长期、稳定的市场合作伙伴关系，提高救助对象参与市场竞争的信心。通过契约化治理避免交易过程中的联络障碍，逐步降低交易成本，使更多救助对象有参与市场经济的机会。再次，政治权利平等。要积极探索改变排斥救助对

---

① O.威廉姆·法利，拉里·L.史密斯，斯科特·W.博伊尔.社会工作概论[M].9版.隋玉杰，等译.北京：中国人民大学出版社，2005：12.
② 王晓东.赋权增能视角下农民工社会救助模式转型：呼和浩特市个案研究[J].人口与发展，2013（6）：52-57，99.

象并使他们陷入相对贫困的现实社会关系,在公平平等价值取向下推动"同制同权""男女平权""同城同权"等实践,这是解决由经济地位、身份差异导致的不公正待遇的关键策略。

(三) 团体层面:解决结构性或系统性的障碍

对团体层面的社会组织介入意味着提高团体对自身权利、影响力和资源可得性的认知,解决其必须面对的结构性或系统性的障碍。首先,社会保护干预。针对救助对象的社会保护干预措施能够促进对其人力资本和能力的投资,推动社会包容和公民意识的发展,并通过改变贫困代际传递的进程对减贫事业施加持续作用。其次,增加经济机会。救助对象参加经济生活往往受到各种正式或非正式的限制,他们面临着体制性障碍以及社会关系中呈现出的"相对剥夺"。增强救助对象的经济权能是为了使救助对象超越对生存状态的直接考虑,并对他们的资源行使更大的控制权。增强经济权能的措施集中在增进私人财产、链接就业机会、辅助小额贷款和农业技能培训等领域。再次,集体行动能力。某些群体由于社会管理体制的不完善而处于社会体系之外,成为被排斥的边缘化群体;缺乏集体行动能力使这些群体的合法权益遭到侵害。推动完善救助对象的集体行动规则,有助于推动获取政治资源的集体决策和共享领导过程。要打破基层政府"话语霸权"和草根农民"政治冷漠"的结构性困境,强调农户的话语权回归[①];建立救助对象互相交流的网络平台,为保障救助对象的合法权益开展"预防性"救助工作。

总体而言,在社会组织介入机制中引入"生态"和"权能"两个维度,实际上分别对应了"救助目标对象层面"和"救助需求满足类型"两个要素,从而为研究社会组织介入社会救助的行动路径提供了一个分析框架(见表3-6)。在赋权理论下,增强救助对象的权利能力是社会组织介入社会救助的根本目的。通过构建"生态-权能"二元框架,阐释"社会""经济""政治"赋权的不同侧重,明确了社会组织对于救助对象、救助需求和救助手段的方法和策略。这一分析框架的建立有助于以多元赋权方式扩大

---

① 胡卫卫,于水,杜焱强. 赋权理论视域下乡村公共能量场建构的三重维度 [J]. 华中农业大学学报,2019 (4):98-104,174.

救助对象的选择与行动自由，使救助对象获得更多样化的掌控自身发展的资源及手段，既为社会组织的行为策略研究提供了新的研究视角，也发展了分析赋权具体实施机制的新思路。

表3-6 "生态-权能"二元框架下的社会组织介入社会救助行动路径

生态系统	社会权能	经济权能	政治权能
个体层面	提高自我效能	赋予生计能力	参与治理结构
关系层面	组建社会网络	市场伙伴关系	政治权利平等
团体层面	社会保护干预	增加经济机会	集体行动能力

第四章
社会组织参与社会救助的政策与实践探索

一、我国社会组织参与社会救助的发展现状

(一) 我国社会救助事业的发展

党的十八大以来,面对艰巨繁重的改革发展稳定任务,社会救助围绕"应保尽保、应兜尽兜"开拓创新,实现了重大制度突破。在全面建成小康社会过程中,勇担历史重任,兜底保障近 1/5 贫困人口。2012 年,国务院印发《关于进一步加强和改进最低生活保障工作的意见》,明确要求"加快建立跨部门、多层次、信息共享的救助申请家庭经济状况核对机制,健全完善工作机构和信息核对平台"。2012 年,民政部低收入家庭认定指导中心成立,负责全国低收入家庭经济状况信息数据库的建立和维护、经济状况信息查询与核对、低收入家庭政策研究等工作。

2014 年,国务院颁布《社会救助暂行办法》,第一次以行政法规的形式规定了"8+1"社会救助体系,即以最低生活保障、特困人员供养、受灾人员救助、医疗救助、教育救助、住房救助、就业救助、临时救助等八项社会救助制度为主体,社会力量参与为补充。《社会救助暂行办法》出台后,我国社会救助体系化建设开始迈入新的发展阶段,突出表现为临时救助全面建立以及城市"三无"人员救助和农村五保供养制度整合为特困人员供养制度。

2014 年 10 月,国务院印发《关于全面建立临时救助制度的通知》,部署在全国范围内全面建立临时救助制度,进一步发挥社会救助"托底线、救急难"作用。2015 年,党中央召开扶贫开发会议,发出打赢脱贫攻坚战

的总攻令。同年中共中央、国务院印发的《关于打赢脱贫攻坚战的决定》明确提出，实行农村最低生活保障制度兜底脱贫，对无法依靠产业扶持和就业帮助脱贫的家庭实行政策性保障兜底。2016年2月，国务院印发《关于进一步健全特困人员救助供养制度的意见》，将农村五保供养制度和城市"三无"人员救助制度统一为特困人员救助供养制度。2016年10月，民政部印发《特困人员认定办法》，对特困人员的认定条件、认定程序、生活自理能力评估等作出明确规定。2016年，民政部、原国务院扶贫办等六部门报请国务院办公厅转发《关于做好农村最低生活保障制度与扶贫开发政策有效衔接的指导意见》，提出了政策衔接、对象衔接、标准衔接和管理衔接四项重点任务。①

2017年，民政部联合住房和城乡建设部等12部门印发《关于进一步加强基层社会救助部门协同的意见》，强化基层部门协同，共同做好社会救助管理服务工作。2017年1月，国务院办公厅印发《关于加强困难群众基本生活保障有关工作的通知》，要求全国各县（市、区）都要建立健全由政府负责人牵头、民政部门负责、有关部门和单位参加的困难群众基本生活保障工作协调机制，定期研究解决本地区困难群众基本生活保障问题。2018年，民政部、财政部、原国务院扶贫办印发《关于在脱贫攻坚三年行动中切实做好社会救助兜底保障工作的实施意见》，要求对未脱贫建档立卡贫困户中靠家庭供养且无法单独立户的重度残疾人、重病患者等完全丧失劳动能力和部分丧失劳动能力的贫困人口，经个人申请，可参照单人户纳入农村低保范围。2018年，民政部联合财政部印发《关于进一步加强和改进临时救助工作的意见》，细化实化临时救助对象、程序、标准和救助方式等，进一步简化审核审批程序，积极开展"先行救助"。2018年，民政部党组、中央纪委国家监委驻民政部纪检监察组联合部署在全国范围内开展为期三年的农村低保专项治理，坚决查处农村低保领域腐败和作风问题，切实发挥农村低保在打赢脱贫攻坚战中的兜底保障作用。②

---

① 李雪. 与时代同行与民心同向：社会救助工作十年创新发展综述 [J]. 中国民政，2022 (15)：19-24.
② 李雪. 与时代同行与民心同向：社会救助工作十年创新发展综述 [J]. 中国民政，2022 (15)：19-24.

2019年，民政部联合财政部、原国务院扶贫办出台《关于在脱贫攻坚兜底保障中充分发挥临时救助作用的意见》，进一步明确发挥临时救助在解决"两不愁"问题中的兜底作用和"三保障"方面的支持作用。2020年4月，中办、国办印发《关于改革完善社会救助制度的意见》，对当前和今后一个时期推进社会救助制度改革创新、建立健全分层分类的社会救助体系作出总体设计和系统规划。2020年，民政部、财政部联合印发《关于进一步做好困难群众基本生活保障工作的通知》，在中央层面的文件中明确了"低收入家庭"的界定。2021年，民政部对《特困人员认定办法》进行了修订，进一步提高特困人员救助供养制度的可及性，将更多符合条件的事实"三无人员"纳入救助供养范围；印发了《最低生活保障审核确认办法》，对低保工作申请、受理、审核确认、资金发放等流程作出明确规定。

2021年，民政部制订《全国农村低保专项治理巩固提升行动方案》，开展巩固社会救助兜底脱贫成果"回头看"，指导各地集中整治低保金等社会救助资金管理发放不规范问题，对发放台账进行梳理排查，规范发放程序，打通发放堵点，集中排查"关系保""人情保"等问题。民政部、财政部在2020年、2022年分别印发《关于进一步做好困难群众基本生活保障工作的通知》《关于切实保障好困难群众基本生活的通知》，提出适度扩大最低生活保障覆盖范围，加强对未参加失业保险的无生活来源失业人员的救助帮扶。2021年，民政部全面启动低收入人口动态监测及常态化救助帮扶机制建设工作。制订《全国低收入人口动态监测信息平台总体建设方案》，建立健全低收入人口动态监测机制。同年，民政部研究制定常态化救助帮扶举措，编写《低收入人口动态监测和常态化救助帮扶工作指南（第一版）》，部署各地全面摸排核实低收入人口。①

针对困难群体，我国政府加大救助力度。首先，在最低生活保障方面，截至2021年底，全国共有城市低保对象454.9万户、737.8万人。全国城市低保平均保障标准711.4元/（人·月），比上年增长5.0%，全年支出城市低保资金484.1亿元；有农村低保对象1 945.0万户、3 474.5万人。全国农村低保平均保障标准6 362.2元/（人·年），比上年增长6.7%，全年

---

① 李雪. 与时代同行与民心同向：社会救助工作十年创新发展综述［J］. 中国民政，2022（15）：19-24.

支出农村低保资金 1 349.0 亿元。其次，在特困人员救助供养方面。截至 2021 年底，全国共有农村特困人员 437.3 万人，全年支出农村特困人员救助供养资金 429.4 亿元；全国共有城市特困人员 32.8 万人，全年支出城市特困人员救助供养资金 49.7 亿元。最后，在临时救助方面。2021 年全年共实施临时救助 1 198.6 万人次，其中救助非本地户籍对象 6.2 万人次。全年支出临时救助资金 138.4 亿元，平均救助水平 1 154.9 元/人次。[①]

（二）我国社会组织参与社会救助的发展

美国约翰·霍普金斯大学教授莱斯特·M. 萨拉蒙（Lester M. Salamon）在 1981 年采用"结构-运作式"的建构方式，将非营利组织的基本特征归纳为五个方面：组织性、民间性、非营利性、自治性、志愿性。这五个特征是非营利组织区别于政府和企业的根本属性。

近年来，我国社会组织行业进一步发展。截至 2021 年底，我国社会组织数量达 901 870 个，比 2020 年增加了 7 708 个。其中，教育领域和社会服务领域的社会组织数量占了近一半。数据显示，我国教育领域社会组织有 288 341 个，占社会组织总数量的 31.97%；社会服务领域社会组织有 137 475 个，占 15.24%。此外，文化领域社会组织 76 635 个，占 8.50%；体育领域社会组织 60 176 个，占 6.67%；工商服务业领域社会组织 53 093 个，占 5.89%；农业及农村发展领域社会组织 47 467 个，占 5.26%。另外在卫生、科研、宗教、生态环境、法律、国际组织等领域的社会组织占比从 4.75% 到 0.06% 不等[②]。社会工作服务机构是社会组织中的重要组成。2021 年，全国共有 5.3 万人通过助理社会工作师考试，1.6 万人通过社会工作师考试。截至 2021 年底，全国持证社会工作者共计 73.7 万人，其中助理社会工作师 55.9 万人，社会工作师 17.7 万人[③]。

我国社会组织是助力社会发展的重要力量，在实现产业兴旺、生态宜居、乡风文明、治理有效、生活富裕等方面具有独特的价值。人民群众的

---

① 2021 年民政事业发展统计公报 . https：//images3.mca.gov.cn/www2017/file/202208/2021mzsyfztjgb.pdf.

② 我国社会组织数量超 90 万个，教育和社会服务领域占近一半 . https：//export.shobserver.com/baijiahao/html/550518.html.

③ 2021 年民政事业发展统计公报 . https：//images3.mca.gov.cn/www2017/file/202208/2021mzsyfztjgb.pdf.

需求日益多元化、个性化，要求社会组织更加专业，为社会公众提供更多种类、更高质量、更高水平的公共服务。

在社会救助领域，社会组织能够发挥独特的作用。我国的社会救助工作包括经常性救助（如最低生活保障制度）、专项分类救助（如医疗救助、法律援助等）和临时性救助三部分。在临时性救助方面，比如群众面临突发性、紧急性、临时性生活困难的时候，社会组织能够动员志愿者力量和社会捐赠进行救助。在2008年汶川地震后，很多社会组织踊跃参与救援工作，改变了过去单一政府力量进行救灾的格局。很多社会组织在各大城市设立了社会捐助站点，募集资金和衣被，帮助社会弱势人群。社会组织的这些工作，使慈善事业与国家保障救助制度形成互补衔接。社会救助领域的知名社会组织如：中华慈善总会、中国红十字基金会、中国扶贫基金会、深圳壹基金公益基金会、中华社会救助基金会、香江社会救助基金会等。

可以说，社会组织凭借其专业的服务理念和工作方法，已经成为我国实施社会救助的一支重要力量，有效地弥补了政府在社会救助工作中存在的不足。

（三）我国政府购买社会救助服务的发展

政府购买服务是西方行政制度改革中的重要制度创新，发端于欧美国家在20世纪70年代末出现的新公共管理运动，此后在各国得到普遍应用。美国学者戴维·奥斯本和特德·盖布勒在《改革政府——企业精神如何改革着公营部门》一书中指出，政府不应是庞大低效的机构，而是可以摆脱传统的政府思维，通过改革、公共参与和自由市场的力量，来实现高效运作。E. S. 萨瓦斯认为民营化是政府公共行政改革的方向，他倡导政府建立公私部门之间的伙伴关系。莱斯特·M. 萨拉蒙更进一步提出，政府与非营利组织应在公共服务改革中建立伙伴关系。

根据《政府购买服务管理办法》，政府购买服务是指"各级国家机关将属于自身职责范围且适合通过市场化方式提供的服务事项，按照政府采购方式和程序，交由符合条件的服务供应商承担，并根据服务数量和质量等因素向其支付费用的行为"。政府购买服务中的"服务"指的是公共服务。公共服务是指政府运用公共权利和公共资源向公民提供的各项服务，公共服务既包括基础设施、运动场馆等有形产品，也包括科学、文化、教育、卫生等无形产品。

"十三五"以来,各地开始探索政府购买社会组织社会救助服务。北京、福建、天津、上海等地方政府相继出台文件,明确提出推行政府购买社会救助服务,加强基层社会救助服务能力。我国的政府购买服务开始于20世纪90年代,目前已成为公共服务供给的重要方式。中央政府高度重视,各级地方政府普遍大力推行政府购买服务。2007年,深圳市培育鹏星社会工作服务社、社联社会工作服务中心、深圳慈善公益网等三家社会组织,在社区建设、社会福利与救助、青少年教育、医疗卫生、社会矫正等领域购买服务。政府之所以要将一些公共服务事项交给社会组织来承担,其原因在于人们的需求越来越多元化,政府现有的服务模式无法满足群众日益增长的需求。政府购买服务可以整合社会资源投入社会服务,实现公共服务的多元供给。通过实施政府购买服务,可以提升公共服务质量,解决民生问题和实现社会公平,使民众获得真正实惠。

政府购买服务属于政府采购的组成部分,同样遵守政府采购的流程和制度。政府购买服务是一种"政府承担、定向委托、合同管理、评估兑现"的新型政府提供公共服务的方式。政府购买服务的特点主要包括两个方面:第一,机制以公开竞争为原则。政府购买服务不同于财政拨款,项目资金不是无条件拨付的,它的机制以公开竞争为原则,筛选过程往往是差额的,所以并不能确保肯定得到项目。其程序通常是,政府在确定服务需求的数量和质量标准之后,有意向的服务提供方设计有针对性的项目实施方案,参与公开的竞争评选。而且,承接方必须通过项目的各阶段评估才能给付所有资金。第二,政府购买服务是公共服务的市场化提供机制。政府购买服务既不是行政指令式的要求承担,也不是政府建立新的机构或雇佣新的人员来提供服务。政府通过签订购买合同的方式,把项目资金交给社会力量用于提供公共服务,依靠合同来规范双方行为。

在政府购买服务的制度建设方面,近年来我国中央和地方层面陆续出台了一系列法规政策。党的十六届三中全会指出,要允许非公资本进入法律法规没有禁止进入的基础设施、公用事业等领域。2005年,国务院出台政策鼓励和支持民间资本参与经营性的基础设施和公益事业项目建设。2007年5月13日,国务院办公厅发布《关于加快推进行业协会商会改革和发展的若干意见》(国办发〔2007〕36号),要求各级人民政府及其部门要进一步转变职能,建立政府购买行业协会服务的制度,把适合行业协会行使的职能委托或转移给行业协会。2012年3月,时任国务院总理温家宝在第十三次全国民政会议上指出:"政府的事务性管理工作、适合通过市场和社会提供的公共服务,可以以适当的方式交给社会组织、中介机构、社区等基层组织承担,降低服务成本,提高服务效率和质量。"

2013年7月31日,时在国务院总理李克强主持召开国务院常务会议,专题研究推进政府向社会力量购买公共服务事宜,明确将适合市场化方式提供的公共服务事项,交由具备条件、信誉良好的社会组织、企业和机构等承担。2013年9月26日,国务院办公厅发布《关于政府向社会力量购买服务的指导意见》(国办发〔2013〕96号)规定:"地方各级人民政府要结合当地经济社会发展状况和人民群众的实际需求,因地制宜、积极稳妥地推进政府向社会力量购买服务工作,不断创新和完善公共服务供给模式,加快建设服务型政府。"2013年11月12日,党的十八届三中全会通过的《中共中央关于全面深化改革若干重大问题的决定》中明确指出,"激发社会组织活力,正确处理政府和社会关系,加快政社分开,推进社会组织明确责权、依法自治、发挥作用,适合由社会组织提供的公共服务和解决的事项,交由社会组织承担,推进有条件的事业单位转为企业或社会组织"。2016年6月,国务院成立政府购买服务改革工作领导小组。领导小组负责统筹协调政府购买服务改革,组织拟订政府购买服务改革重要政策措施,指导各地区、各部门制定改革方案、明确改革目标任务、推进改革工作,研究解决跨部门、跨领域的改革重点、难点问题,督促检查重要改革事项的落实情况。

政府购买服务的相关法规主要是《中华人民共和国政府采购法实施条例》。2015年1月30日,国务院颁布了《中华人民共和国政府采购法实施条例》,这部新修订的条例明确提出"政府采购法第二条所称服务,包括政府自身需要的服务和政府向社会公众提供的公共服务"。这就明确将政府购买服务纳入了政府采购的范围。政府购买服务的相关规章主要包括:《政府购买服务管理办法》《政府采购合同监督暂行办法》。在2014年12月15日财政部、民政部、工商总局联合印发的《政府购买服务管理办法(暂行)》

基础上，2020年1月3日，财政部印发《政府购买服务管理办法》，从2020年3月1日起施行，是我国关于政府购买服务的首个章条式结构的部门规章。其明确规定了政府购买服务的购买主体和承接主体、购买内容及指导目录、购买方式及程序、预算及财务管理、绩效和监督管理等具体内容。

2016年10月，司法部、中央综治办、民政部、财政部下发的《关于社会组织参与帮教刑满释放人员工作的意见》（司发〔2016〕14号）规定："财政部门要会同民政等相关部门，依据政府购买服务相关规定，将属于政府职责范围、适合市场化方式提供、社会力量能够承担的刑满释放人员帮教服务，纳入政府购买服务指导性目录。"该文件指出，在以下六个方面发挥社会组织参与帮教刑满释放人员工作的积极作用：做好帮教准备工作、开展思想道德教育、开展社会适应性帮扶、开展心理健康教育、参与困难救助、协助解决就业问题。

2017年9月15日，民政部、中央编办、财政部、人力资源和社会保障部下发的《关于积极推行政府购买服务，加强基层社会救助经办服务能力的意见》（民发〔2017〕153号）规定："向社会力量购买的社会救助服务主要包括事务性工作和服务性工作两类。事务性工作主要是指基层经办最低生活保障、特困人员救助供养、医疗救助、临时救助等服务时的对象排查、家计调查、业务培训、政策宣传、绩效评价等工作；服务性工作主要是指对社会救助对象开展的照料护理、康复训练、送医陪护、社会融入、能力提升、心理疏导、资源链接等服务。"

二、北京市社会组织参与社会救助的发展现状

北京市作为首都、超大型城市，人口超过2 300万人。虽然贫困发生率较低，没有扶贫的任务，但是救助工作是一项动态化、常态化的民生工程。北京市如何兜住底、保底线，实现应救尽救，应保尽保，在2020年已经全面实现小康这个时代大背景下，不断地满足人民生活个性化服务，不断满足人民对美好生活追求，实现有尊严的生活，已成为重要的主题。

2000年以来，北京市多次提高城乡低保标准，从生活救助向综合救助转变、从维持型救助向发展型救助的转型与发展，为保障困难群众基本生

活、促进社会公平正义、维护社会和谐稳定发挥了重要的作用。经过社会救助，北京市的困难群众生活得到一定的保障（包括最低生活保障、特困人员供养、医疗救助、教育救助、住房救助、就业救助、临时救助），基本保证了困难家庭的基本生活。

（一）在社会组织发展方面

北京社会组织总量从2011年底的7 589家增长为2019年底的13 409家，增长率71.5%。2022年，在评估有效期内（2016年至2020年参加评估）的5A级市级社会组织211个，4A级市级社会组织502个，3A级市级社会组织600个。3A及以上社会组织的数量占市级社会组织的32.39%。北京社会组织整体规模和发展质量处于全国先进水平。[①]

根据2019年度年检数据统计，北京市社会组织共拥有从业人员22万人，占全市从业人员的比重为1.73%。其中，教育领域从业人员占全部从业人员总数接近一半。积极投入脱贫攻坚和乡村振兴战略，截至2022年底，北京市基金会在教育、卫生、文化、救助等领域支持乡村振兴，捐助现金及物资价值共计9 200余万元。[②]

新冠疫情以来，北京市基金会累计募捐资金14.8亿元；募集物资折价3.99亿元，慈善中国累计发布疫情防控公开募捐备案40项。在2021年夏季的河南洪灾救援中，基金会向灾区捐款6.7亿元、物资41.5万件。"十三五"时期，北京市取得社会工作职业水平证书人员总数达3.9万人，万人拥有社工数量居于全国首位。[③]

（二）在社会救助政策的制定方面

2018年5月4日，北京市政府印发了《北京市社会救助实施办法》，构建了日常救助体系、临时救助体系和标准制定体系，与国务院《社会救助暂行办法》相比，《北京市社会救助实施办法》在救助事项方面，增加了采

---

① 温育梁，许泉，张英姬，等. 促进北京社会组织高质量发展研究［EB/OL］. https：// mp. weixin. qq. com/s/RwFDKf_ E0ZEbWPPz3AwCUA.

② 温育梁，许泉，张英姬，等. 促进北京社会组织高质量发展研究［EB/OL］. https：// mp. weixin. qq. com/s/RwFDKf_ E0ZEbWPPz3AwCUA.

③ 温育梁，许泉，张英姬，等. 促进北京社会组织高质量发展研究［EB/OL］. https：// mp. weixin. qq. com/s/RwFDKf_ E0ZEbWPPz3AwCUA.

暖救助以及教育救助的部分事项①。2019年1月1日，北京市正式施行《关于进一步加强社会救助家庭经济状况认定工作的指导意见》和《北京市城乡居民最低生活保障及低收入家庭救助制度实施细则》。两项政策进一步扩大北京市社会救助工作覆盖面、降低准入门槛，受益人群将从原来的13万人扩展到20万人以上②。

2020年7月15日，北京市民政局印发《北京市社会救助审批制度改革工作方案》，提出在全市范围内将区民政局负责的城乡特困人员供养、城乡居民最低生活保障、领取生活困难补助人员、城乡低收入家庭救助、高等教育新生入学救助、采暖救助、临时救助的审核确认权限委托街道（乡镇）具体实施。

2021年12月，北京市印发《北京市"十四五"时期民政事业发展规划》，规划提出，本市将积极推动开展社会救助地方立法，建立解决相对贫困的长效机制，健全完善以最低生活保障为基础，医疗、教育、住房、就业、采暖等专项救助和临时救助相结合的"北京版"社会救助制度体系。为适应人户分离实际，打破户籍限制，北京市将全面实施社会救助"跨区申请、一网通办、全城通办、掌上办理"制度，方便群众快捷办理③。

（三）在推动社会组织参与社会救助的政策制定方面

2013年12月2日，北京市民政局印发《关于推进全市流浪乞讨人员救助服务社会化的实施意见》，提出推进流浪乞讨人员救助服务社会化，将更多的力量吸引进入救助管理工作中来。未成年人社会保护、街面救助发现、响应与劝导、机构内专业社会工作服务、跨省救助、长期滞留人员安置等项目都将纳入政府购买服务目录，政府会通过购买服务、项目合作、经费补贴、以奖代补等形式，合理使用救助资金，解决流浪乞讨人员生活照料、

---

① 北京社会救助实施办法7月施行 困难家庭可申请救助．http：//bj．news．163．com/18/0425/14/DG8BCB8604388CSB．html．
② 北京明年起将进一步降低社会救助政策门槛．http：//www．gov．cn/xinwen/2018-12/28/content_5353009．htm．
③ 北京将健全完善社会救助制度体系，实现"一网通办""全城通办"．https：//baijiahao．baidu．com/s？id=1717998942724898661&wfr=spider&for=pc．

医疗救治等服务需求①。

2017年,北京市民政局联合北京市财政局印发了《关于社会工作参与精准救助的实施意见》,旨在建立健全社会工作参与精准救助的工作机制,形成完善、可持续发展的支持保障体系。该文件规定,社会工作助力扶贫济困的服务对象和服务内容包括:社会救助家庭社会工作服务、老年人社会工作服务、流浪乞讨人员社会工作服务、留守人员社会工作服务。为确保落实,北京市提出实施社会工作助力扶贫济困行动计划,通过"三社联动"服务机制和方式,开展"社会救助家庭增能计划、特殊老人照料计划、流浪乞讨人员社会融入计划、困境未成年人和留守儿童关爱成长计划、失独失能家庭支持计划"五大行动计划。文件要求,通过建立健全服务的"需求发现与报告、服务评估、服务承接、服务转介、服务协同"五大机制;建立健全服务的工作体系,将社会工作服务嵌入现有社会救助、困难帮扶等工作体系。该文件提出通过建立"政策帮扶+专业服务"的新型扶贫济困模式,将政策支持、物质援助与社会工作服务相结合,及时有效满足社会救助对象在获得政策帮扶之外的服务需求,解决其生存、发展问题,逐渐摆脱政策依赖。通过社会组织的专业服务和引领带动,建立物质资金帮扶与心理社会支持相结合、政策救助与专业化服务相补充、政府主导与社会参与相衔接的现代社会救助服务模式。

(四)在培育社会组织、社会工作发展方面

北京市优化社会组织登记管理和培育扶持机制,统筹推进"一中心、多基地"孵化体系建设,在2021年11月制订出台《北京市培育发展社区社会组织专项行动实施方案》,重点发展扎根基层的社区社会组织。

北京市社会建设工作领导小组在2021年11月发布的《北京市"十四五"时期社会治理规划》提出:制定社会组织培育孵化中心运营规范和服务标准;鼓励发展应急类社会组织,优先发展行业协会商会类以及社区类、社会服务类、公益慈善类社会组织;加强社区社会组织联合会建设。"十四五"期末,街道(乡镇)社会组织孵化服务机构覆盖率达到70%以上。四

---

① 北京将委托社会机构救助流乞者,让社会力量参与救助定期进行评估考核. https://www.bjwmb.gov.cn/zxgc/wmsj/t20131203_550948.htm.

类社会组织占全市社会组织总量的75%以上，街道（乡镇）社会组织联合会覆盖率达到80%以上。

《北京市"十四五"时期社会治理规划》提出，重点推动民政、卫生、教育、禁毒、司法、城乡社区和农村等领域社会工作发展。实施社会工作"优才计划"，到"十四五"期末，选拔培养不少于600名优秀社区社会工作专业人才。在街道（乡镇）层面建立社会工作服务站，设立专业社会工作岗位、配备专业社工人才，统筹整合救助、心理、儿童等社会工作服务项目、资金、人才队伍等，为困难群众和特殊群体提供社会工作服务，力争在"十四五"时期实现街道（乡镇）社工站全覆盖[1]。

（五）在政府向社会力量购买社会救助服务方面

2014年7月4日，北京市人民政府办公厅印发《关于政府向社会力量购买服务的实施意见》，加大政府向社会力量购买服务的力度，积极构建公平、优质、高效的公共服务体系。2014年8月6日，北京市财政局印发《北京市市级政府向社会力量购买服务预算管理暂行办法》，加强政府购买服务项目预算管理，提高财政资金使用效益。2015年7月6日，北京市民政局印发了《北京市承接政府购买服务社会组织资质管理办法》，规范了承接政府购买服务社会组织的资质管理。2021年7月9日，中共北京市委社会工作委员会、北京市民政局、北京市财政局印发了《关于印发政府购买服务指导性目录（2021年修订版）的通知》，明确将社会救助列为购买事项，具体包括：社会救助对象的信息采集、家计调查、医疗照护、心理疏导、助学帮扶等服务；流浪乞讨救助对象信息收集核查、护送返家等服务；家暴受害人、拐卖受害人心理疏导、法律援助等庇护服务；儿童福利和维权服务、儿童福利基础调查、评估监管、能力提升指导等服务[2]。

北京市民政局从2017年开始通过政府购买服务形式，在全市范围内推动社会组织承接精准救助项目，目前有近100家社会组织参与。从作用发挥上看，社会组织以专业化和人性化的工作方法，及时发现陷入困境的高

---

[1] 北京："十四五"期末，全市社工专业服务机构将达到1 200家，社工人才总量达10万人．https://mp.weixin.qq.com/s/g7wyoye0d9Tn_ YesRj_ XQg.

[2] 中共北京市委社会工作委员会、北京市民政局、北京市财政局《关于印发政府购买服务指导性目录（2021年修订版）的通知》（京社委计发〔2021〕43号）。

危家庭和个人，提供政府刚性政策能力之外的柔性服务。北京市社会组织积极整合利用社会各方资源投入救助工作，覆盖了北京十余万低保、低收入人口。从救助领域上看，社会组织参与社会救助的领域逐年扩展。社会组织的参与模式从简单的维持型救助转型为系统的发展型救助，从单一的志愿救助扩展到包括物质救助、教育培训、产业救助、就业帮扶、健康救助、心理疏导和社会融合在内的综合帮扶救助。

2017年，北京市"三社联动"开始进行市级招标，2018年改为"精准救助"，下放到区级进行招标，工作内容与2017年的基本相同。2016年，北京市民政局在东城区利用市级福彩公益金资金，采用"三社联动"模式采购了四家社工机构的服务，对东城区8 600多户的低保家庭全面入户调研走访、核查，一户一策一档，精准调研需求和评估贫困原因等，摸清了底数和需求，做到了东城区低保家庭入户的全覆盖。2017年，在此基础上，东城区民政局深化精准救助的探索，开始拿出一个街道做试点，采购一家社工机构的精准帮扶个案的服务，提高精准救助的精准度，不断地瞄准靶心，精准施策，同时全街道的低保家庭档案按照专业防治理念开始分类建档，根据分类给予不同程度的关注和服务。这是精准施策，专业个案跟进阶段。同时，北京市民政局利用福彩公益金、专项财政资金在全市五个区采购了40多家社工机构的服务做了精准识别的工作。2018年，北京市民政局根据三年规划将采购近100余家社工机构对其余10个区的全部低保、低收入、特困家庭进行入户核查。

我国的社会救助政策特别是北京市的政策比较完善、优越，现有的救助政策可以用"兜住了底"来形容。根据《北京市民政局关于加快"三社联动"推动基层社会治理创新的意见》（京民社工发〔2015〕458号）的规定，北京市要在各街道、社区建立社会工作事务室。根据《北京市民政局关于成立困难群众救助服务指导中心开展精准救助试点的意见》（京民社救发〔2017〕156号）的规定，北京市建立市、区、街道三级救助网络和体系建设，各街道都要建立街道层面的困难群众救助服务所。根据北京市民政局福利处政策文件的规定，在各街道、社区都要建一家养老照料中心或驿站，农村要设立农村幸福老年驿站。2017年，北京市由从事救助工作多年的民政局副局长牵头，外加市救助处、低保核查处多方参与开展调研，形成"搭建北京市困难群众救助的三级体系和网络"新思路,北京市民政局及各区级低保核查处更名为困难群众救助指导中心,街道级更名为困难群众救助服务所(以下简称"困服所"),开始注重服务职能。

为了落实民政部等四部委联合印发的《关于积极推进政府购买服务 加强基层社会救助经办服务能力的意见》(民发〔2017〕153号),北京市开始购买社工机构服务在街道层面建立困难群众救助服务指导中心,在不增加人员编制的情况下,把救助工作延伸到街道、社区,将规范化、标准化的工作变成常态化、日常化的救助资源协调平台和救助服务中心。2017年底东城区政府承担经费,委托BJXH事务所在安定门街道,另一个机构在北新桥街道做试点。2018年开始在安定门、东华门(BJXH)和交道口街道建立困服所,两家机构三家街道困服所开始在东城试点,之后逐步分开实现全覆盖。在每个镇街都成立了困难救助服务所,项目都是结合困服所运营进行。此外,在社区建立志愿服务队,例如,北京市东城区搭建了困难群众自主服务体系,每个社区组建立了社会救助志愿服务队。

至少100多家的社工机构开始承担街道乡镇层面的救助服务指导中心的日常工作,改变了以往一年一招标、时间短,社会成效显现慢,不专业、不持续的问题。改变了基层救助力量薄弱、专业服务不足、不能满足个性化服务等突出问题,成为全国落实四部委文件最快、最坚决、最彻底的地区。经过三年的不断改革与探索,北京走出了一条具有中国特色的超大城市精准救助创新之路。

从笔者调研情况来看,受访者普遍认为救助政策完善程度越来越高。

TZCX项目主管认为,"在2018年之前,政策确实不太完善,现在已经得到改善了。例如,有的服务对象已经移居国外了,但他每个月还在领低保金。后来每年政府救助项目会有社会组织介入进行核查,经过几轮核查后现在已经没有这种情况了"。(J-23)

XJD负责人谈到,关于聋儿的政策非常好,如聋儿可以免费佩戴助听器;免费做耳蜗;免费康复。"助听器、耳蜗方面,现在绝大部分省市可以得到政府支持,对聋儿已实现全方位的救助政策覆盖,并且耳蜗和助听器的落实没有问题,都比较顺畅。"(J-1)

PAFJ项目主管谈到,从国家层面而言,"困难群众有了基础的、普惠

的保障，是最大的政策"。(J-20)

从街道采购的困服项目而言，"有很多困难群众，患有孤独、精神疾病等障碍的，社会系统方面偏弱，需要社会工作者服务，所以这样的项目是非常重要的，应该给予特殊人群以特殊服务，给他们一定的支持和温暖"。(J-20)

BJCM副秘书长谈到，"救助政策本身越来越好。随着政策及更多的资源进入促使基金会从纯救助方式转型，以福利池、多种资源匹配、链接其他机构等综合性形式降低资金对基金会项目的影响"。(J-19)

三、社会组织参与社会救助取得的成效

（一）救助工作走向专业化，救助类组织得到成长

1. 救助工作走向专业化

例如，中国社会工作联合会在2003年10月成立救助委员会，中国社会工作联合会下属儿童社会救助工作委员会专门针对儿童的社会工作以及社会救助开展了脑瘫、先天病、困难家庭儿童以及一些留守儿童助学的救助工作。从2011年开始和基金会合作，比较成规模、成体系的开始做先天病、白血病的两病救助工作。

ZGET负责人谈到，"当时国家提出大病救助，所以民政部对联合会有一些要求，希望联合会积极参与社会救助工作，因此2003年救助委员会成立。民政部的基金会管理处要求联合会对接一些大型的基金会，开始开展相关救助工作"。(J-11)

BJXH负责人谈到，"正值三年脱贫攻坚开始，由于北京没有脱贫任务，为了响应脱贫攻坚政策，将救助重点放在了低保低收入特困人群上，给各个区、乡镇、街道建困服所拨专款，并以户为单位进行发放。此外，还制定了个案、建档、回访等一系列标准"。(J-5)

2. 救助类社会组织得到了成长

（1）培养了在地化社会组织。例如，BJXH负责人谈到，"大部分机构只坚持在一个区做，像BJXH既有远郊区（怀柔），也有城市核心区（东城），且坚持很长时间的机构基本没有的"。(J-5)

如MYXM服务于密云区的一个乡镇。"项目落地难只是开始的时候，目前的社会救助发展迅猛，现在每个镇街基本都有自己认可的社会组织，所以社会救助落地难这个问题现在不是很大。"（J-2）

促进远郊区社会组织成长。MYXM负责人谈到，"我们的服务与报告跟市里比更接地气。为提升专业性也曾向老师请教，有的需要进行较专业的需求调研，有的侧重成效评估"。（J-2）

（2）从草根组织不断发展壮大。例如，BJCM在2005—2006年是志愿者团体，两位创始人已经开始参加志愿者服务，其中包括一部分的孤儿救助。2011年正式开始以项目的形式，比较有规模地做社会救助工作。XCMY于2009年成立，最初属于西城社会工作者联合会一个下属部门，2014年独立以机构形式存在开始参与社会救助工作。

（3）社会组织的工作得到政府的认可。例如，BJXH负责人谈到，"现在我们在东华门和朝阳门两个困服所做的都不错，去年两个结项都是优秀，今年也都正常"。（J-5）

社会组织与政府建立合作关系，如ZGHQ捐建北川中学、地震救援的资金支持、疫情等的社会救助属于政府委托；该基金会根据各地侨联项目申报情况，进行匹配捐助救助（大部分），ZGHQ负责人谈到，"海外华侨包括一些侨资企业主动找到基金会要求捐赠，我们根据各地侨联的项目申报情况进行匹配捐助救助"。（J-14）

促进服务活动范围扩大。如某机构的救助对象由青少年扩大至青少年和特困群体等。MYXM负责人谈到，"最早想主要服务青少年群体，但随着社会的发展，一方面社会竞争大，另一方面近两年财政资金少，所以我们就扩大了服务群体"。（J-2）

（二）多种类型组织参与社会救助

社会力量包括社会团体、社工机构、基金会、医院等各种类型组织都参与了社会救助工作。

1. 社工机构发挥了专业服务作用

如BJHF、BJXH、JYRX、BJZQ、MYYB、CSDY、CYQCY、BJRY等。

有些社工机构的负责人创办了多家机构，形成协同发展效应。据受访者介绍①，PAFJ 在 2021 年成立，主要进行社会救助项目，为困难群众提供精准政策和社会服务；2020 年开始做社会救助，在各街道简称"困服所"，2020—2021 年，该机构在东城区景山、建国门、北新桥、安定门等街道运营大约 3、4 个困服所。与此同时，该机构法人还成立了北京市东城区心世纪残疾人心理行为康复训练中心，机构创始人从残联成立，至今大概 10 年时间，主要工作项目包括残联、教委委托的融合教育项目。2020 年，他们用北京市东城区心世纪残疾人心理行为康复训练中心的名义接受项目，后来续签可能是用 PAFJ 的名义。

2. 社会团体发挥了引领、带动作用

如 ZGET 作为国家级社会团体的分会参与了社会救助工作，"救助过程既有政府的推动，也有基金会的参与；执行时各地民政和慈善也会参与一些"。（J-11）

医疗救助需要和当地医院合作。ZGET 负责人谈到，"当地市民政和省级慈善会向联合会推荐市省三甲医院（合作医院大多为各地的人民医院、儿童医院、三甲级专科医院等），医院通过日常的问诊、门诊、住院等进行医疗诊断，确定医疗性质，获取患儿的基础救助需求，再由当地民政或村委会开具困境家庭或低收入证明，最终进入联合会的救助序列"。（J-11）

FTJWL 同时在丰台区运营社会组织联合会，这个联合会是丰台区社会组织的一个枢纽型平台，发起单位有 15 家，会员单位涵盖丰台区所有的社会组织跟社团，联合会当时也承接了一些救助类的项目。

3. 基金会发挥了资金筹集和支持作用

如 BJZA 于 2010 年开始参与社会救助，2020 年开始介入助医工作，该基金会是地方性公募基金会，成立于 2010 年，注册资金 400 万元。BJZA 负责人谈到，"2018 年前，我们是北京市民政局的基金会，由民政局主导，有点像民政局三产。2018 年后，政企有脱钩政策要求，基金会彻底与民政局分开，保留全部业务范围，只是重新选举和调整了人员构架和理事班子"。（J-13）

ZGHQ 成立于 1982 年，从成立起即开始从事社会救助工作，该基金会

---

① 受访者于 2020 年到 PAFJ 工作，受访者目前主要参与融合教育项目：针对自闭症、孤独症、阿斯伯格症、多动症、精神发育迟滞等孩子融入学校。

隶属于中国侨联（其下有各地侨联），是民间非营利组织，是华侨领域唯一的国家基金会。

BJCM 于 2010 年成立。2018 年前是儿童救助基金会（非公募），2018 年后改成慈善基金会（公募）。我国民办机构的公募基金会不多，该慈善基金会从非公募转公募时很顺利。

表 4-1 为调查案例的机构类型情况。

表 4-1 调查案例的机构类型情况

编号	机构名称	机构类型
J-1	XJD	民办非企业单位
J-2	MYXM	民办非企业单位
J-3	江苏省 WXTD	民办非企业单位
J-4	BJHF	民办非企业单位
J-5	BJXH	民办非企业单位
J-6	JYRX	民办非企业单位
J-7	BJZQ	民办非企业单位
J-8	MYYB	民办非企业单位
J-9	湖南省 CSDY	民办非企业单位
J-10	CYQCY	民办非企业单位
J-11	ZGET	社会团体
J-12	BJRY	民办非企业单位
J-13	BJZA	地方性公募基金会
J-14	ZGHQ	全国性公募基金会
J-15	HZHL	民办非企业单位
J-16	BCXY	民办非企业单位
J-17	HDTCL	社会团体
J-18	FSNY	民办非企业单位
J-19	BJCM	地方性公募基金会
J-20	PAFJ	民办非企业单位
J-21	SJSMD	民办非企业单位
J-22	XCMY	民办非企业单位
J-23	TZCX	民办非企业单位
J-24	FTJWL	民办非企业单位

(三) 政府发挥了重要的支持作用

调研发现，政府在很多工作上会对社会组织给予支持和帮助，目前政府的帮助基本能满足社会组织的发展需求。例如，HDTCL 负责人谈到，"在项目执行过程中，政府给予的支持还是不错的"。(J-17)

BJZQ 负责人谈到，"我觉得政府现在对我们的支持是非常大的。想要敲开困难群众的门，如果没有政府的支持是寸步难行。现在政府给了我们一个平台，也是帮我们打开了一条路和一个门"。(J-7)

MYYB 负责人谈到，"各村、镇政府、民政局给予的支持很大"。(J-8)

ZGET 负责人谈到，"我觉得整个政策支持对于我们来说还是很不错的。各地的政府、相关的部门，包括各级医院和我们配合度都很高。政府的支持对我们来说还是比较满意的"。(J-11)

FSNY 负责人谈到，"对于社工委最早成立的社会组织，民政局给予的支持更多，他们往往具有更多优惠和优质的资源，比如房屋、人员，甚至一些政策资金的倾斜都比较多。据我观察，全房山区的这些组织在基金或者救助方面得到的支持很少，都是政府通过项目对机构人员进行帮扶"。(J-18)

1. 资金支持

例如，FSNY 负责人谈到，政府提供社工人员工资，减轻社会组织负担，"民政给我们派了两个社工，工资由民政出，我们只是按项目给予一定奖励，每月按标准给一定的津贴，不需要支出太多。如果民政局不支持这两个专业的社工，要我们自己请社工，工资、保险、住房公积金等的支出让机构在经济承受方面就比较困难"。(J-18)

政府对社会救助项目的支持力度，相对于其他项目支持力度较大，从上到下政策支持力度挺大。BCXY 负责人谈到，"从机构承接项目来说，困服所的项目每年会持续申请，但之前市区支持的党建类或其他服务类的经费会有一些缩减，所以在资金方面的支持力度还算比较可以"。(J-16)

SJSMD 则 99% 来自石景山区政府的民政系统（救助站+街道）购买。

2. 业务指导

北京市市级政策制度逐渐完善，对社会组织给予一定支持。民政局会派区级社会指导中心和机构完成对接、培训。比如密云区在项目启动前，集中培训镇街和机构人员，明确服务内容、工作计划，如何建立关系，后期会请专业督导团队全程检测、督导。JYRX负责人谈到，"按以往经验政府会举行动员大会和业务能力培训，在项目中期实施监管和中期业务培训等，整体支持力度挺好的"。（J-6）

BJCM副秘书长谈到，"政府给予更多的是业务层面的一些指引"。（J-19）

"发展以来，只有三年接受了政府采购，是中央财政购买，50万每年。但我们项目部整个盘是3 000万，多的时候是6 000万，所以50万在其中只占很少比例。"（J-19）

"我们从最开始到现在，一直坚持自主的项目设计、服务设计、人才培养及非常重要的自主筹资。因此，政购不关乎我们项目的生存。"（J-19）

3. 信息支持

信息就是力量。知情的公民能够更好地利用机会、获得服务、行使其权利、有效地进行谈判以及追究公权力行使者的责任。没有相关的、及时的、以易于理解的形式呈现的信息，救助对象就不可能采取有效的行动。信息传播并不仅限于书面文字，还包括其他适合文化的形式并使用各种媒体，如广播、电视和互联网。例如，WXTD将信息汇总上报后得到市发展资助中心的指导，通过本地民政获得具体名单，根据名单在长泾镇进行救助，此项工作持续进行至今。PAFJ项目主管谈到，"社区非常支持，服务对象的名单会及时给到机构。"（J-20）

4. 关系支持

（1）与机构共同协商救助工作，协调政府与机构间关系。例如，HDTCL负责人谈到，"我们历任领导是主责科室的负责人，我们每年都是共同商议。比如今年我们共同商议明年主要做哪些固定工作，哪些新增，哪些有改善。在整个过程中主责科长会帮我们协调政府与我们之间的关系，包括有些培训，我们也要共同参与；主要的事情我们也共同商量，共同应对，发现问题及时沟通解决等"。（J-17）

(2) 动员社救干事协助机构工作。例如，HDTCL 负责人谈到，"主责科长会动员各社区的社救干事和我们共同协作工作。比如最近疫情起来了，会跟社救干事发通知：如果有封控社区中有困服人员第一时间联系我们，我们探清服务对象的需求，给予其支持。在服务范围内，我们会有一定的应急基金，能够最起码保证他们的日常生活"。(J-17)

TZCX 项目主管谈到，"从科室业务人员、社区相关工作人员来讲，政府的支持力度是相对较大的。我们入户或是帮助救助对象寻求协助时候他们都会进行配合"。(J-23)

5. 服务支持

例如，ZGET 对困境家庭的认定以及走访、随访、回访得到当地政府大力支持，"联合会认定贫困境家庭时，能有相关地方一些政府的支持；做相关走访、随访、回访时，当地政府也能给予联合会非常大的支持"。(J-11)

(四) 救助项目向各地扩展，拓展救助领域

1. 从一个区向多个区扩展

某些机构只是服务于一个街道，如 HDTCL 服务于北京市海淀区田村路街道。TZCX 的服务范围主要在通州区，从 2019 年开始增加了潞县、玉桥、台湖、永顺等街道。BCXY 的服务区域是海淀区。FSNY 的服务区域是房山区。HZHL 的服务区域是密云区。FTJWL 的服务区域是延庆、丰台。BJXH 负责人谈到，"2016 年在东城，2017 年在怀柔，2018 年在昌平，2019 年和 2020 年在顺义，从 2016 年至今一直在东城"。(J-5)

PAFJ 主要服务于东城区，同时辐射一些其他区。

SJSMD 服务于石景山区，"当前一个街道有一个困服所，覆盖街道所有在册人员。我们机构去年服务 1 个街道，今年服务 2 个街道"。(J-21)

XCMY 的服务区域在海淀区的 4 个街镇。

2. 逐步覆盖农村和城市社区

例如，北京市密云家业如心社会工作事务所的项目主要是农村地区的两个乡镇及街道，城区也有。MYYB 的救助对象位于密云的山区。ZGET 在全国范围内开展救助工作，"由于合作的动态性，现在大概累计和 29 个省有合作"。(J-11)

3. 服务全国，部分组织将救助项目拓展到海外

例如，FTJWL参与了民政部社会工作服务机构"牵手计划"，服务对象是张家口崇礼县的社会组织。XJD的服务对象来自于全国各地。

ZGHQ的服务区域包括海内外。"这两年云贵地区较多，北京生源大概达到20~30人吧。今年孩子会少一些，全园120~130人。各地收费标准不同，北京3 600元/（月·人）；外地纯学费在1 000~2 000元/（月·人）不等，最高3 000元/（月·人）。像上其他幼儿园一样，早上送，晚上接。目前，作为教学的一线老师有37个。"（J-1）

BJCM的救助工作立足于北京，在北京提供最核心的服务，同时辐射全国的大病救助人群。"在北京注册的基金会，做的是大病救助，最开始主要在北京，但通过服务热线求助的患者全国都有。我们统计过，除少数几个省没有我们的患者，其他省都有我们的患者，现已形成全国小网络。"（J-19）

4. 服务多种人群，拓展新的救助领域

一些社会组织只针对某一类救助对象开展服务，还有一些社会组织是针对多类救助对象开展服务。例如，BJXH的救助对象包括：一部分低保低收入特困人群，还有临时陷入困境的流浪乞讨人员和失独家庭；一小部分长期空巢独居老人。密云家业如心社会工作事务所的救助对象包括：老人、低收入、残疾人、患病人群、流浪人群、特困群体、低保家庭、困境未成年人、留守儿童、失独失能的老人。BJZQ救助对象是困难群众，即只要是困境边缘的人群，不考虑年龄、性别、致贫致困原因等因素，都是救助对象。CYQCY的救助对象包括低保低收入群体、困境老年人、困境儿童、两劳人员、残疾人、流浪乞讨人员。ZGHQ的服务对象包括老人、低收入、残疾人、患病群体、流浪人群。

ZGET负责人谈到，"新病种方面，我们在不断尝试以及拓展。除了先心病（先天性心脏病，简称"先心病"）、白血病和新生儿筛查外，我们也在拓展一些新的合作项目，如自闭症。但国内在自闭症的政策层面的推动或支持可能会弱一些，所以我们也在寻求开展一些新的病种"。（J-11）

从调研的24家社会组织来看，社会组织的服务区域情况如表4-2所示。

表 4-2 社会组织的服务区域

序号	区域	序号	区域
J-1	全国各地	J-13	全国范围
J-2	密云区的一个乡镇	J-14	海内外
J-3	长泾镇20户困境未成年家庭,并补缺政府惠普性政策覆盖不到的人群	J-15	密云区
J-4	北京市	J-16	海淀区
J-5	2022年困服所社会救助项目固定在东城区	J-17	海淀区田村路街道
J-6	主要是农村地区2个乡镇及街道,也涵盖城区	J-18	房山区
J-7	北京市	J-19	全国范围
J-8	密云山区	J-20	东城区
J-9	长沙市	J-21	石景山区
J-10	北京市	J-22	海淀的4个街镇
J-11	全国范围	J-23	主要在通州区
J-12	全国范围（流浪精神病人员）,门头沟全区、部分朝阳区街道及团委（困境儿童）	J-24	延庆区、丰台区

四、社会组织参与社会救助的优势

在政府购买服务中，社会组织作为主要的项目承接方，与其他组织相比具有独特优势：

第一，社会组织具有非营利性，它不以营利为目的，不能把利润分配给创始人及组织成员，从而抑制了机会主义行为的可能性。

第二，与政府机关及事业单位相比，社会组织更加贴近基层群众，而且社会组织更适合做服务人（尤其是弱势人群）的工作，例如空巢老人服务、残疾人服务、自闭症儿童康复等。

第三，社会组织能够通过接受社会捐赠、招募志愿者等方式，动员更多的社会资源参与社会建设，从而降低公共服务的成本。政府购买服务也反过来促进了社会组织的发展：承接政府购买服务的项目，可以为社会组织提供更多的资金，拓宽社会组织的筹款渠道；为了获得政府的项目资金以及达到政府购买服务的质量标准,社会组织需要不断进行内部治理体系的完善,使其能提供优质和高效服务。

社会救助工作的重心在基层、政策落实在基层、成效体现在基层。专业的社会组织可以在价值理念、理论模式、实务技巧及救助效果等方面,为社会救助服务的开展提供有益经验,并能使社会救助制度更有实效。

从问卷调查情况来看,选择频次最高的为"专业优势"229次,其次是"理念优势"和"资源优势","管理优势"选择频次最低,113次(见表4-3)。这表明七成左右的社会组织参与社会救助工作时拥有专业的人员、专业的方法。大部分的社会组织也拥有好的救助理念、在救助工作开展时可以调动较多的社会资源。但是,从组织管理的角度来看,认为自身拥有管理优势的社会组织较少,这表明大部分社会组织在管理方面需要加强。

表4-3 社会组织参与社会救助的优势

分类统计	选择频次(由高到低)	分类统计	选择频次(由高到低)
专业优势	229	资源优势	177
理念优势	185	管理优势	113

(一)理念优势:以人为本,包容对方

社会工作就是争取人心的工作,是一项"民心工程",是我们党新形势下思想政治工作和群众工作在理念、手段、方法方面的重大创新,是从"大水漫灌式"到"滴灌式"方式的根本转变,这种转变是不以人的意志为转移的。

1. 秉承社会包容理念

社会组织介入扶贫开发有三个亮点:社会资本、能力建设、社会排斥与包容,这些都是与以往企业或其他社会组织介入扶贫开发有所不同的。采纳"发展性社会工作"等理论视角的社会工作还可以将其他社会力量的长处结合起来,同时避免其不足。根本上,它是从当地困难人群和社区的主体性出发,注重他们的参与、共享,高度重视组织化的社会过程,同时追求经济、社会、文化、生态等目标的一种综合性介入,因而可确保实现更好的、有持续性的效果。

社会组织使服务更精细、更贴心,更有温度。例如,XJD 负责人谈到,"听障孩子的语言、认知恢复后,大多是不能融入正常幼儿园的。因此我们有一个融合园,园中绝大部分是正常孩子,每个班以 5∶1 的比例融入听障孩子,我们还有一些资源、老师去支持聋儿,帮助恢复后的孩子实现初步融合"。(J-1)

TZCX 的服务理念比较关注于家庭,"虽然服务对象是个人享受服务,但我们会从家庭的整体看待其困境"。(J-23)

BJCM 本身从机构使命愿景、价值观及资源、能力契合的方面确定救助工作项目。"2010 年在社会救助中,中国的重大心脏病出生缺陷儿童的救助是一个很重要的议题。此外,基金会创始人之一刘东医生,本身是心脏外科医生,且儿童的先心也算外科。所以,基金会在选择人群时确定第一是重症,第二要做心脏,这是我们最开始定的来源。"(J-19)

在服务对象个人层面,社工解决一些实际困难,使服务对象生活上有所改善,自信心有所提升,生活态度有所转变,实现增能;在家庭层面,通过家庭关系的改善,家庭功能得到恢复与增强;在社区层面,产生了良好的氛围、志愿者队伍及服务资源。

2. 致力于提高救助对象解决问题的能力

社会组织的救助通常是也有物质,但不特别注重,主要注重赋能和陪伴。如 BJXH 采取分层分类的方式,根据被救助者的具体需求和情况,第一步先链接资源和政策 [如特困人员免费入住养老院、申请临时救助(教育、医疗救助)等],之后通过陪伴、赋能、生活照料等实施帮助;MYXM 的理念是"亲民亲人,助人自助";WXTD 的理念是"重情怀,轻经济"。

社会组织通常秉承"助人自助"的社会工作理念,让救助对象建立和增强面对家庭困境的信心和能力,包括解决问题的能力。如 CYQCY 的理念是以人为本。

CSDY 的理念是:"希望有一天这个世界上出现的不是流浪者,而是艺术家。即使这个工作特别难做,很容易疲倦,产生职业倦怠,但对我们来讲,哪怕只能救助一个人,工作就是有意义的。我们认为每一种生命都是了不起的存在,基于这样的理念,接纳是团队准入的基本要求。"(J-9)

SJSMD 负责人认为,该机构的优势是理念、方法,更倾向赋权增能,而不是简单的帮助。

BJCM 尊重救助对象，与其协同解决困难。"最开始我们社工的角色定位就不是施与受，而是协同者。我们觉得大部分家庭本身是有能力的，案主只是偶尔陷入困境。你不小心到一个坑里面了，这时正好我们在旁边，我们跟你一起想办法爬出这个坑。"（J-19）

"因为我们一直都认为他们本身就有能力，所以我们只是做到尊重、协同，我们喜欢用的方式方法是我们是平等的，甚至我们只是给你一些支持和帮助，看到他们的优势即可，没有所谓的高低上下之分。绝对不是说我们手握生杀大权，你这个钱批不批怎么样不是这样子。"（J-19）

"警惕自己的角色带来的权利优势，是我们日常工作当中特别谨慎的要求。"（J-19）

SJSMD 负责人谈到，在经济方面，会给一些家庭链接工作机会，但有一定难度，困难原因有二：一是本身现在缺乏工作机会，难以匹配到合适岗位。二是低保低收入家庭就业意愿相对来说不强：就业后的收入对其享受低保政策有影响。（他们做的会少一些）

XCMY 的成员基本都来自社会工作专业，在专业方法及社工理念的认同上比较好。

第一，重视增能减少依赖，引进持续支持的资源，教会服务对象使用资源。"服务对象本身的增能很重要，我们也不希望服务对象对我们有过多的依赖。"（J-22）

"希望给服务对象更多增能的部分，让他们未来自己能够应对生活很多的挑战。"（J-22）

第二，重视心理、家庭关系、社区、社会关系问题的处理，减少物质的支持。"我们认为物质的救助不应该成为社会工作的重点。在我们面对的个案中，物质需求不是关键，因为北京的政策保障很好，服务对象的基本生活不会有特别大的威胁。"（J-22）

"服务中的重点应该是处理，如心理认知问题、家庭关系问题，他跟整个社区的关系网络问题等。这是我们在具体救助时比较重视的部分。"（J-22）

总体来说，社会组织介入社会救助有一套完整的体系。传统企业、公益组织和国际发展机构在社会救助上取得了客观的成效，但较为粗放，缺乏规范，容易出现扶贫资源和需求的错配，忽视贫困群体和社区的能力、积极性和主体性，容易形成越扶越贫的恶性循环。而社会组织有一套较为系统和规范的专业价值观、专业干预策略和细致的工作方法，可以针对贫困群体在个人、家庭和社区层面进行干预，提高其解决问题的能力。只有在建立贫困群体主体性的基础上，才能充分实现与外部资源的对接，带来可持续的动力，满足贫困群体脱贫和发展的愿望。

3. 创新服务模式，契合救助对象需求，注重维护救助对象利益

BJCM采用"救助+服务"模式，很多其他机构以项目形式"设立救助项目—审批—你来求助我，递交材料—我来审核—给你筹钱"进行大病救助，但BJCM在做大病救助时，倡导服务，采用"救助+服务"模式。

BJCM将医务社工岗位及机制嵌入大病救助工作，将医务社工的岗位及其他相应专业嵌入到救助中。BJCM认为"福利会带来陷阱"，因此采用医务社工的模式进行救助工作而非单纯给钱。热线接进来—匹配社工（因为社工手里永远有个案，有些个案结案后才可以挪出工夫接新案）—社工按内部标准社工服务流程和档案开始救助：社工以其受训能力及机构已有的各类救助项目（有给医疗费的、有给康复费的、有给生活费的，有给免费餐的等等）去匹配家庭不同的需求。

BJCM认为，社工是服务者，更是设计者。BJCM认为医务社工不仅仅是做服务的，其本身还是项目的设计者。"我们希望社工去发现、去设计家庭的细小需求，并去完成一个服务设计的递送。"（J-19）

"譬如关于就医带来的非医疗性经济负担。一线社工发现家长舍不得吃，可能三顿只吃馒头，因此，社工自己做了爱心餐的小项目，筹集资金为家庭设计免费餐，每个家庭只有200元8餐，可能都不能涵盖所有餐，但至少一天有一顿免费餐可以吃好，所以这对家长是一个莫大的支持。家长给我们的反馈是他们觉得受益特别大，所受的人文关怀特别大，是我们意料之外的。"（J-19）

"社工在项目设计上做出过一个很有意思的举措，即帮家长找附近最便宜的住宿、理发、购买必需品的店，为家长列出其所在社区周边的资源清单，家长就可以知道附近哪些是我可以买到的非常便宜的店。譬如一般北京的店剪个头发至少需要30块钱以上，我们能帮他找到一个15块钱的，家

长就觉得这个很重要。"（J-19）

BJCM重视资源的匹配及使用效率。"如果我们没有一分钱，我们的社工是不是有能力帮孩子？我们发现还是可以的，帮助家长及时找到其所需的资源，用好医保政策，并帮助他们找到非常多的省钱方法，这也是种做法。"（J-19）

BJCM认为，医务社工一方面要整合、筹集资源，建立相应的救助项目。另一方面，社工既要量入，还要为出，更好匹配资源，真正用好资源。

BJCM注重解决患者及时就医问题，而非资金救助问题。BJCM对社工的定位：一方面帮助家长跟孩子及时得到医疗干预；另一方面尽可能减少患病对家庭及孩子的负面影响。"就医中，钱只是其中一个最普遍、最广泛的问题，还会有家长不能及时做医疗决定（即使我们跟他说医院很好，即使他可能有钱，家长就觉得还要再等等）；入院后，由于孩子抗拒治疗，家长无奈出院；家庭内部无法做出一致医疗决定；如何完成从外省到北京的转院工作等其他很多问题，都会妨碍基金会帮助重症儿童及时得到治疗。"（J-19）

例如，FSNY通过前期调研关注服务对象需求。"我认为我们给予的应该都是他们最需要的。像我们前期对80岁以上的空巢老人进行上门探访、帮扶，有的老年人儿女不在身边，我们就定期和他聊半小时天。这个项目特别受老年人欢迎，有时我们打电话询问老人是否在家，老人会说：'我现在回家等您，您一定得来啊！'我们觉得这方面需求是最突出的。这些老年人，尤其是空巢老人，行动不便，特别需要关注，我们去做也会感觉自己有价值。"（J-18）

社会组织关注救助对象切身利益，即生存权和发展权。例如，BJHF负责人谈到，"2016年市民政局面向全市各个区县购买流浪乞讨人员服务。2016年底曾组织过一次各县区交流会。从中发现我们机构更多关注救助对象切身的权益，即救助对象作为一个人的生存权和发展权，我们会在这两个权上面去做工作。而其他的机构更多关注甲方的诉求，如让流浪乞讨的人变得更少等"。（J-4）

在服务过程中，避免标签化，服务对象灵活。如WXTD的活动虽然针对困境家庭未成年，但活动横幅是"青少年成长公益课程或夏令营"，帮助他们感受来自社会的关爱。

据 FTJWL 项目主管介绍，该机构从 2013 年开始一直承接项目到去年，在此期间经历了政策、人员、领导、服务群体等方面的变动，在服务方面也不停变换，救助模式及关爱模式依旧在一点一点升级。"对比新参与进来的机构我们还是有点优势的，毕竟做的时间长，非常了解民政想要什么，这些儿童有什么需求，这个就是我们的优势。"(J-24)

4. 严格执行规章制度

如 BJHF 认为自身比较教条，严格执行规章制度。"会严格按照民政部发布的社会工作的个案、工作意见等实施工作计划，很少因为实际情况妥协，比较轴。"(J-4)

XCMY 有单独的社会救助项目组，制定内部规范指引。2017 年主要是结合项目的核查规范，包括摸排、台账的建立等；2019 年针对入户有内部的规范管理，包括入户探访、服务用语、打卡、同事的风险管理等。

（二）专业优势：经验丰富，服务专业

在强调"精准救助"的大背景下，社会组织在介入社会救助上具有不可替代的专业优势。

1. 有社工专业人员和背景，经验充足

随着扶贫政策执行方法的多元化以及扶贫对象需求的多样化、扶贫成效的精准化，社会组织凭借其更加专业的工作方法，成为扶贫事业中新的手段和重要补充。社会上做好事的人很多，有活雷锋做好事的，有邻里之间关爱和照顾做好事的，但不是制度化的安排，而专业社工是一种制度化的安排，它有很多其他人才不具有的专业优势。BJZA 负责人谈到，"现在还能存活下来、能做事的公益组织，在理念、方法、资源，例如筹款、动员、建立持续性、综合性的立体化的帮扶上，都是一样的"。(J-13)

XJD 对教师有明确的资质要求，"通过正规渠道招聘教师或幼师专业人员，不强求特殊教育背景"。(J-1)

上岗前培训，"人员入职后必须经过机构培训，经过不断的培训考核达到上岗要求后才准许其独立带孩子。所以招聘的人员需要经过一段时间才能成为一个非常有经验的老师"。(J-1)

BCXY 负责人谈到，其人才队伍有保障，员工有社工专业的背景。部分社工机构是依托高校力量成立的，如 BCXY 依托于北京城市学院，学子及高校老师资源多，力量较强。HDTCL 有 6 个专职人员，都是政府购买的岗位，还有外部资源，居委会的社救干事配合他们工作。

据 PAFJ 项目主管介绍，该中心有三个优势：一是对残疾人的了解和关怀更专业，"机构最早是服务于残疾人的，所以对这类特殊人群有比较好的了解和关怀"。(J-20)

二是对服务对象有较好的了解，"机构同步进行残疾人救助相关项目，困服所的服务对象会和残疾人救助项目的服务对象重叠，彼此之间比较熟悉，会对该服务对象有较好的了解和照顾"。(J-20)

三是有专业的心理咨询受训背景，"机构领导和大部分同事都有心理咨询受训背景，能较好地从心理角度进行救助，同理心、服务的温暖度非常好"。(J-20)

BJCM 的人员经验充足，BJCM 内部有督导和研发团队。"我们的社工在很多其他机构年资都算长的，高级督导是 20 年的社工；项目总监是十六七年的社工；主管基本是五年及以上的社会服务或社工的工作经验，甚至还有十几年的；一线社工基本年资在 1~3 年及以上。"(J-19)

BJCM 的人员流动率不大，可保证人力。"我们的流动率不是很大，所以整体人力能得到保证，社工有意愿参与我们对他们的能力建设。"(J-19)

北京市西城区 XCMY 社会工作事务使用社会工作专业方法，比如老年人个案管理——根据案主遇到的困难协调不同的资源，进行定期跟踪，利用社会工作专业的个案技巧协调、用好资源，进行个案管理。"比如老人因与家人的赡养问题没有解决导致其流浪街头，开始时，社工每周去他流浪的地方给他送食物、棉被等物资，后来与镇里的救助站协调，让他能住进去并定期探望他，同时链接公益律师处理其赡养的法律问题，并跟其家人积极联系，希望他们能承担起赡养责任。这个案子，我们做了一年半，现在我们给他联系了养老院，但他的孩子还是不愿意履行赡养责任，所以我们也去跟派出所、法院进行沟通，运用法律手段促进家庭责任的履行。"(J-22)

2. 能够综合解决家庭和个人的复合型问题

社会组织承接申请最低生活保障的居民家庭经济状况核查工作与传统的社区低保核查工作不同，除了能够发现陷入困境和危机中的高危家庭和个人，及时上报，寻求政府的救助，缓解其经济困难以外，最重要的是其可以发挥自身的专业优势通过专业的需求评估，系统、及时地开展个案管理服务，组建由多方参与的跨专业团队，通过预估、计划，整合与链接资源，综合解决家庭和个人的复合型问题，发挥社区居委会和专业社工机构两个服务传递平台的功能，为救助家庭提供多元化服务。

3. 形成服务特色，服务领域多元

例如，TZCX 将心理＋社会工作专业相结合。BJXH 提供救助的领域有场所安置、就业培训、健康照顾、法律援助、文化输入和心理治疗等。ZGHQ 的特色是"以侨为本，为侨服务"，注重"侨"的特色。在捐赠人方面，大部分来自大的侨资企业和爱心华侨人士。为侨服务方面，项目是为海内外的华侨服务，如光明行项目与爱尔眼科合作的服务必须针对困难的侨眷、侨属；基金会设计的文化项目，如国家大剧院音乐艺术总监在 ZGHQ 设了吕嘉全球华人艺术发展基金，加强国际文化交流，比较注重"侨"的特色。

CYQCY 自 2011 年 4 月成立以来一直从事救助工作，积累了丰富的工作经验。BJZQ 负责人谈到，"看重专业背景，经验的总结或案例的梳理，需要专业理论的支持"。(J-7)

BJZA 在日常的公益实践中积累了经验，"比如生命救援、紧急救助，包括教大家一些安全方面的知识等，基金会给它切成三个维度：①家中日常发生的（如火灾），从各方面应该如何防范；②如果出现了一些紧急状况（如有大面积创口，被卡住，噎住，老人突发心梗，老人发生心卒、脑卒前兆），应怎样进行自救互救。③流浪动物的救助，基金会总结以往经验，专业老师和经过培训的动物来到社区现场，除号召大家文明养犬外，还给大家介绍人宠和谐相处的方法，在家里家外怎样跟动物友好相处不受意外伤害"。(J-13)

BJZQ 也不排斥非专业人员，"非专业人员和社工互为补充，有时可以帮助社工打开很多思路，提供经验。我们承接了牛街和什刹海两个街道。这两个街道对专业的要求差别就很大。牛街非常注重专业背景出身；而什刹海不是很在意专业背景，更关注工作人员是否成熟，能否和别人打交道，能否应对困难群众，是否有足够的人生阅历等"。(J-7)

HZHL 探索"12345"模式开展个案服务试点项目。"1"个中心——强化党建引领个案服务试点项目的开展;"2"个聚焦——突出民生服务和特色帮扶两个着力点,提供需求最迫切、最直接的社会工作专业服务;"3"个建设——夯实项目组织制度建设、资源整合平台建设、项目人才培养建设;"4"类人群——重点服务失能、失智、失独、高龄、独居的困境老年人,生活困难的重度残疾人,罹患大病或因遭遇重大变故生活陷入困境人群,困境儿童和留守儿童;"5"五步工作机制——前期专业人才培养、综合研判确立困难群众、任务分解设立小组机制、全面开展入户个案服务、总结经验,促进个案服务试点项目可持续发展。

BJCM 的团队定位是逐步明确的,"最开始内部团队对自己的救助定位还没有想清楚,会有困惑,比如我们是不是应该筹更多的钱等等"。(J-19)

"随着这些年的发展,我们内部的定位越来越明确:现在缺的问题在慢慢地得到解决,而如何更有效地使用资源、更高效地配置资源成为一个问题。我们真正要解决的是帮助患者配置合适的已有的资源,包括医保的资源。"(J-19)

4. 提供服务的形式多样化

调查发现,社会组织通过多种形式提供服务。例如,JYRX 负责人谈到,"通过个案和小组形式,针对不同群体的需求为救助对象提供上述服务"。(J-6)

其一,个案服务。MYYB 负责人谈到,"每个个案情形不同。有精神方面的,有事务所链接资源的,有给捐款的"。(J-8)

CYQCY 负责人谈到,"救助时更多以个案形式开展,一般在救助前后要有一个可见或可测量的成效对比"。(J-10)

其二,小组活动。MYYB 负责人谈到,"如组织留守儿童学习"。(J-8)

其三,社区活动。MYYB 负责人谈到,"如宣传民政政策"。(J-8)

其四,链接资源。MYYB 负责人谈到,"链接原来村里的邻里互助队志愿者;社工专业程度不太够的方面链接其他专业服务机构,如心理咨询类等;链接社会爱心企业及人士"。(J-8)

ZGHQ 负责人谈到,"江西上饶是中国侨联的扶贫点,中国侨联旗下有一个由大侨商组成的中国侨商联合会,每年向 ZGHQ 捐一笔钱,专门用于江西上饶的扶贫赋能。除了购买农产品外,还用来修路、建学校、培训困

难人群等"。(J-14)

5. 服务规范标准化

问卷调查发现，关于救助工作操作的规范程度，选择规范度 4 分（满分 5 分）的频次最高（153 次），通过计算得出社会组织参与社会救助过程中，救助工作操作规范程度的平均值为 4.38，说明规范程度处于较高水平。关于救助工作的完成度，选择完成度 4 分（满分 5 分）的频次最高（170 次），通过计算得出社会组织参与社会救助工作完成度的平均值为 4.22，说明救助工作完成度同样也处于较高水平。详见表 4-4。

表 4-4 社会组织参与社会救助工作的规范度和完成度

题目	贵机构在社会救助工作过程中，救助工作操作的规范程度如何？				
规范度（从低到高）	1	2	3	4	5
选择人数	1	3	15	153	143
规范度平均值	4.38				
题目	贵机构社会救助工作项目的完成程度如何？				
完成度（从低到高）	1	2	3	4	5
选择人数	1	3	32	170	109
完成度平均值	4.22				

社会组织自身探索与官方标准相结合，会有一定的标准。例如，BJRY 根据自身摸索的经验对流浪精神病人员进行救助，遵循民政部门的困境帮扶标准对困境儿童执行救助工作。MYYB 负责人谈到，"有具体的操作规范，具体的个案、小组、社区有规定的流程。一方面事务所会从自身的专业角度规范，另一方面甲方也有明确的规定"。(J-8)

FTJWL 有专门的入户管理规范，"不管是志愿者还是新来的社工都要学习入户管理规范。比如入户必须是一个社工加一个志愿者，或是两个社工，不允许单独入户。对家人及服务对象，应当如何说话，说哪方面，都会提前进行培训"。(J-24)

PAFJ 有相应的规范，"比如打电话要询问哪些问题，需要了解救助对象的哪些情况。入户拜访时要佩戴工作卡，提供的物资需要签收、拍照等"。(J-20)

北京市西城区 XCMY 社会工作事务参与制定了北京市 2017 年公布的个

案服务指导，机构按照个案的操作规范完成。

规范主要来自两个方面：

（1）政府（主要是民政部门）的规定。例如，FSNY负责人谈到，"每个活动、项目的运行步骤政府都有要求，做的项目，包括基金或其他途径，从资金的审核到项目的运行都有比较严格的要求"。（J-18）

对于ZGHQ而言，民政部有一系列规定，ZGHQ负责人谈到，"一些大项目除了我们自己的理事长、理事会审核外，中国侨联也需要进一步审核"。（J-14）

政府对承接困服所的项目都提出了标准化的要求。据BJZQ负责人介绍，"西城区今年有一个专门的督导，对救助工作提出了明确的规范，督导规范不到的地方，机构自身也会有标准"。（J-7）

BCXY负责人则谈到，"比如个案要达到12次，每次要两小时。在实际操作中，我们肯定比他要求的多一点。区级会有困服所的指引"。（J-16）

HDTCL负责人谈到，"北京市民政局有《个案管理指南》，每年会有明确的工作指向，包括：困服群体类型、需要如何对待、每年至少提供的服务次数、服务的内容、在什么界限范围内等，政府都是有指导手册的"。（J-17）

TZCX使用的规范如下：

一是通州区民政局精准救助的实施方案。"实施方案每年会有细微调整，其中要求街道的精准社会救助科室要写明购买第三方项目的服务内容，我们会参照实施方案中的项目要求进行工作。项目一般属于入户，主要包括台账系统的录入和剔除。"（J-23）

二是北京市民政局个案工作、小组工作和社区社会工作的服务指南。"政府部门比较重视个案工作，所以在精准救助中个案服务一般也会有要求。"（J-23）

SJSMD负责人负责人谈到，"区里有社会救助的相关政策和标准，必须严格遵守。比如，《北京市城乡居民最低生活保障及低收入家庭救助制度实施细则》的小册子，共有15部分，每部分都有很详细的制度要求的解析。机构人员每年都会学习并同步更新"。（J-21）

（2）机构自身制定的管理规则、项目流程。例如，ZGHQ内部有制定的规章制度标准。JYRX负责人谈到，"机构自己出台了专门的运营管理手

册，手册内有明确的操作规范和服务规范"。(J-6)

XJD作为一所学校，自己有开发规则、流程，"比如集体课、感统训练室的规则、要求、流程是什么，学校会有明确的规定"。(J-1)

SJSMD内部有服务内控制度和个案的救助程序。

HZHL在开展正式工作前会对工作人员进行培训，培训内容包括：讲解、研讨《密云区2021年度精准帮扶个案服务试点项目实施方案》《接案预估表》等。培训中，充分调动社工积极性，让他们结合实际发表意见、交流经验，对培训合格的人员发放证件、服装。

BJCM的救助、档案、表格实现标准化。"我们有一个大病救助手册，还有一个绿色小本子（关于如何使用表格，如何按标准规范填写）。我们要求救助标准必须是标准化的；表格的撰写是非常规范化的。"(J-19)

基金会有社工相关能力框架及培训的课程，包括热线如何接听和回答等。"社工的能力上，从项目层面，包括如何让社工及时发现需求，及时设计出服务，及时做递送。在做一对一个案时，既能及时与重症患者建立支持性的专业关系，又能及时发现个体非常具体化的需求。"(J-19)

"我们会对上述能力进行能力框架的设定，以及相应课程、督导制度的建立。"(J-19)

从调研的24家社会组织情况来看，社会救助操作规范、标准的情况如表4-5所示。

表4-5 社会救助操作规范、标准的情况

序号	操作规范、标准	序号	操作规范、标准
J-1	学校有自己的开发规则、流程，有明确的规定	J-7	有明确的规范和标准
J-2	缺乏统一的成效评估标准	J-8	有具体的操作规范，具体的个案、小组、社区有规定的流程
J-3	—	J-9	—
J-4	严格按照民政部发布的规章制度	J-10	
J-5	没有统一的评估标准	J-11	联合会制定了先心病和白血病救助的管理方案
J-6	机构自己出台了专门的运营管理手册，包括明确的操作规范和服务标准	J-12	困境儿童遵循民政部门制定的困境帮扶标准执行、流浪精神病人员依据自身经验进行救助

续表

序号	操作规范、标准	序号	操作规范、标准
J-13	—	J-19	完全标准化（制定救助手册和标准化表格）
J-14	基金会内部制定有规章制度标准	J-20	有相应的规范
J-15	—	J-21	严格遵守区里面社会救助方面相关政策和标准，机构内部有服务内控制度和个案救助程序
J-16	有一定的标准	J-22	政府个案服务指导规范和机构内部规范指引
J-17	依据北京市民政局《个案管理指南》	J-23	参照通州区民政局精准救助实施方案，结合街道科室相关工作作细微调整
J-18	有明确的操作规范、标准	J-24	—

（三）管理优势：机构管理及运作规范

1. 内部治理有序

例如，BJZQ 负责人谈到，"原来我们有三个工作组，一个综合评估工作组，一个社会救助政策支持工作组，一个社会服务组（社工的直接服务及资源链接）。后来发现综合评估和政策支持有紧密联系，于是将两组合为一组。目前我们设置两个工作组，两组之间保持非常密切的配合"。(J-7)

2. 项目推进与执行优势

(1) 综合运用政策及资源。例如，BJZQ 负责人谈到，"第一，政策的综合运用。若一个救助对象适合两种不能同时兼容的政策，我们会选择最优的搭配。第二，资源的综合利用。如遇到我们不擅长的多动症小朋友，会帮他介绍专门服务多动症的基金会，帮他做医疗上的救助，在此基础上我们也帮他链接到了另外一家专门负责其康复和矫正"。(J-7)

(2) 形成联动机制。例如，MYYB 负责人谈到，"健全困服所规章制度；以困服所为平台，与各村民政专干形成联动机制"。(J-8)

(3) 利用相关渠道推进工作。ZGHQ 对海内外侨联、侨团、侨领、侨商等的调动能力强,项目执行力强,救助项目进展迅速、深入。在国内主要是各地侨联,ZGHQ 负责人谈到,"像光明行项目甚至能深入到县乡镇一级,有些县里、镇上、村里的老人都能覆盖到;像应急教育进社区,就真的能把这个活动伸展到社区"。(J-14)

在海外,主要是各个侨团、侨领、侨商等,ZGHQ 负责人谈到,"只要是为祖国做事,全世界各地的侨团、侨领、侨商都很积极、热情。我们承接国家项目,给一带一路国家学校安光伏发电板,我们的光伏发电的物资到了缅甸港口后,海外的侨团、侨领及其公司会自发组织免费把这个东西运过去,给搭建等"。(J-14)

3. 有筹款渠道优势

例如,ZGHQ 在筹款方面有四个优势:

(1) 举办公募活动。ZGHQ 负责人谈到,"每年会跟腾讯的九九公益日一起搞一些公募,今年战绩还挺好的"。(J-14)

(2) 侨资企业捐赠(全世界各个国家都可以捐赠)。例如,ZGHQ 负责人谈到,"侨基会是老牌基金会,基本都是侨联设定一些项目,一些侨资企业进行捐赠。项目主要是一些大项目,如建冬奥华侨冰雪博物馆,上级要求中国侨联筹款。六七家大单位一共筹了大概 1.4 个亿,还有海外华侨、华人零碎的捐款大概 2 000 多万建了华侨博物馆"。(J-14)

(3) 专项基金进账。例如,ZGHQ 负责人谈到,"专项基金项目大部分是民间企业、个体自发设立,少部分是基金会觉得好的推荐给侨商侨企做的一些事。专项基金都是他们愿意、自己想做的项目,分为医疗救助、助学、文化艺术等,都分的很清,每年会有一些进账,有的专项基金会有结余。民间企业、个体自发捐赠,如谭淑兰爱心基金专门用来助学,以其名字命名;朱嘉莹摄影基金专门做摄影文化"。(J-14)

(4) 网络筹款。ZGHQ 负责人谈到,"从去年开始,慢慢开始转型,注重网络筹款"。(J-14)

(四) 资源优势:服务平台,链接资源

1. 形成综合服务平台

例如,HDTCL 负责人谈到,"以联合会的形式运营社会服务平台——一个集文化、社会救助、心理服务、自组织孵化、人才培养和党群服务为一

体的综合服务平台"。(J-17)

2. 政社企三方联动,资源链接便捷

例如,HDTCL为困境儿童链接"珍珠生"团队。"珍珠生"团队成员都是被政府救助成长起来的,在服务时,一方面他们可以回馈政府对他的支持,另一方面他们可以感同身受地引导和救助困境儿童。机构救助的困境儿童年龄段在7~18岁,不同年龄段会有不同年龄段的支持和辅导。对这些孩子的服务,"珍珠生"团队比其他大学生更有针对性和同理心。

FTJWL项目主管谈到,"我们好多资源是通过一些企业链接到的。企业通过民政及机构的宣传了解服务对象的资源需求,联系机构进行捐物、有针对性的捐助等"。(J-24)

"企业通过机构及民政的宣传得到需要救助的信息,会及时联系我们进行资金及物资方面的捐赠,包括学费、生活费、一些孩子们的必需品等;还有对特殊儿童的针对性捐助,比如有一些孩子是糖尿病患儿,他们会每月给孩子提供他们所需的一些糖尿病相关的材料。"(J-24)

同时,倡导社会力量积极参与,链接不同的资源。XCMY负责人谈到,"不是只依靠社工单一的力量,企业等社会力量通过捐服务也让我们的一些服务更丰富"。(J-22)

"每场公益集市会联系不同的企业和地区的商家,提供公益体验的服务,部分企业会有资金的捐赠或提供专场活动。"(J-22)

3. 与政府合作融洽

例如,HDTCL与街道各科室关系融洽,联动整合资源。"我们从2016年开始就与街道合作,和街道各个科室的关系都比较融洽,经常有信息的互通。对我们困服工作有价值的信息,我们会联动起来整合利用,不是单独科室去做这个事情。"(J-17)

4. 利用合作单位资源

例如,HDTCL与慈善基金会合作专门救助政策边缘的老人与困难家庭。"针对不符合政府规定救助条件的困难人群,我们做了链接资源的帮扶。"(J-17)

从调研的24家社会组织情况来看,社会组织的优势如表4-6、表4-7所示。

表 4-6　社会组织的优势

序号	优势	序号	优势
J-1	幼小衔接的支持（融合园）	J-13	筹款渠道多样（不同互联网生态研究、线上线下相结合）
J-2	针对需求评估，根据不同需求将服务群体分类，提供不同的服务方向	J-14	筹资优势、项目推进与执行优势
J-3	服务对象灵活、尽力融合社会资源、营造社群，提高社会参与度，以常态化志愿服务为主、关注每个家庭个性化需求	J-15	探索以"12345"的模式开展个案服务试点项目
J-4	严格执行规章制度	J-16	人才队伍有保障，学子及高校老师资源多
J-5	社会救助领域的"8+2"评估法，依此实施分类救助，并不断升级；搭建困难群众自主体系；梳理社会救助方面的理论	J-17	有综合性服务平台；可利用资源丰富（特色资源链接：珍珠生团队、与慈善基金会合作、与街道各科室联动）
J-6	依照社会工作的方法和服务模式	J-18	针对具体需求提供相应服务
J-7	机构分工明确，密切配合、综合运用政策及资源	J-19	采用医务社工的工作方法
J-8	在每个镇街都成立了困难群众救助服务所，项目均结合困服所运营进行	J-20	机构领导和大部分同事有心理咨询受训背景，服务温暖度有保证
J-9	接纳是团队准入的基本要求	J-21	倾向于赋权增能，更多的是提高救助对象自力更生能力
J-10	提供实物服务	J-22	运用社会工作专业方法
J-11	有非常好的民政和慈善资源；政府的大力支持；救助模式的创新	J-23	心理+社会工作专业相结合
J-12	—	J-24	政社企三方联动

表 4-7 社会组织参与社会救助的优势

序号	优势	具体内容
1	理念优势	● 秉承社会包容理念 ● 致力于提高救助对象解决问题的能力 ● 契合救助对象需求，注重维护救助对象利益 ● 严格执行规章制度
2	专业优势	● 有专业人员和背景，有专业方法 ● 能够综合解决家庭和个人的复合型问题 ● 形成服务特色，服务领域多元 ● 提供服务的形式多样化 ● 服务规范标准化
3	管理优势	● 内部治理有序 ● 项目推进与执行优势 ● 有筹款渠道优势
4	资源优势	● 形成综合服务平台 ● 政社企三方联动，资源链接便捷 ● 与政府合作融洽 ● 利用合作单位资源

五、对救助对象情况的前期了解

（一）救助对象名单来源

救助对象有三个来源：民政部门和街道民政科提供、走访服务过程发现、社会求助、合作单位上报。例如，CYQCY 的救助对象一半来自主动发现，一半来自政府提供；HZHL 与密云区大城子镇社会救助管理部门对接，征求镇社会救助部门及困难群体所属村委会意见，同时通过入户走访，综合研判、确立个案服务对象。

1. 民政部门、街道民政科提供

因为是"三社联动"，所以救助对象名单由政府下达给镇街，再给社区，三方相互协调。WXTD 的救助对象名单来自街道民政科。BJXH 负责人介绍，"已建立困服所的，困服所会提供整个街道已在档名单。由于存在信息不共享、不对称的问题，需要机构对救助对象建立系统台账"。（J-5）

JYRX 的救助对象主要来源于民政部门。在困服所项目中，BJZQ 负责人介绍，"以什刹海为例，困服所承担来访人员的接待工作，在接待时会评

估是否为困难群众,根据其评估情况,考虑是否将其纳入服务范围"。(J-7)

根据对 BCXY、TZCX、HDTCL 等承接"困服所"项目机构的访谈,低保、低收入群体名单由街道民政科和社保所统一后下发。BJRY 的救助对象基于区县政府下发的低保名单筛选,如从低保名单中筛选出孤儿、留守儿童、残疾儿童等。ZGET 的救助对象由当地民政部门、慈善会推荐,省市三甲医院获取患儿基础救助需求,并由当地民政部门或村委会开具困境家庭或低收入证明,最终进入联合会救助名单。FTJWL 的救助对象名单来自民政部门社救科,"我们也承接了社救科的一些行政性的工作,儿童主任每一季度会给我们报困境儿童的增减,由我们来做汇总工作"。(J-24)

PAFJ 的救助对象根据街道的台账确定。SJSMD 服务的低保低收入家庭,救助名单来自系统内在册人员。XCMY 依托台账系统,并每年与社区沟通联络进行新增。

另外还有社区推荐。XCMY 负责人介绍,"我们会对社区的专干进行培训,告诉他们符合困难群众救助的条件,他们会给我们推荐"。(J-22)

2. 走访服务过程中发现

边缘群体名单是社会组织到社区与各个社区居委会社救干事沟通挖掘出来的,由机构联系街道、社区进行推荐或转介。例如,密云家业如心社会工作事务所、WXTD 的救助对象部分来自走访服务过程中发现。MYYB 负责人谈到,"根据政府提供本项目范围内乡镇所提供的低保低收入及特困人员名单并通过多次摸排走访,评估人员配合度、需求、能提供的资源等,最终与民政专干共同确定个案名单。每个项目有个案帮扶的任务,有一年是 10 个,有一年是 15 个。不在名单内的属于项目外人员,为公益服务"。(J-8)

CSDY 通过外展获得个案。FSNY 的服务对象名单来自与社区的沟通、调研。SJSMD 对于流浪人群是主动发现、救助、服务。

3. 社会求助

一类是直接向社会组织求助的人员。BJZA 负责人谈到,"公益基金会,会有非公募组织、社团、个案(患者的困难求助),患者通过网站上公布的联系方式联系基金会,提出自己的具体困难及诉求,基金会根据患者提出的具体困难和诉求建立链接,找手段帮他解决问题"。(J-13)

XJD 的救助对象更多是家长互相介绍,还有耳蜗公司的引荐。

以 BJCM 为例,患者可以通过基金会内部设立的热线求助,同时会给合作医院开辟绿色通道,医生可以通过绿色通道求助:

一是复杂先天性心脏病。合作医院的医生及患者向基金会发起求助。二是早产儿。合作医院的医生及患者向基金会发起求助,其中患者群体发起的求助更多。三是肿瘤。作为基金会医务社工服务的一部分,偏重于儿童发展工作,不涉及大病救助。

另一类是街道相关科室或社区转介的求助人员。例如,居民主动求助,社区转介。BJZQ 负责人谈到,"只要有实际的困难,即使不是低保人,也会提供帮助"。(J-7)

XCMY 负责人谈到,"一些居民主动找政府求助,比如社区居委会、街道;街道和社区会转介给社工机构"。(J-22)

4. 合作单位上报

如 ZGHQ 的主营业务是地方侨联项目和专项基金,其服务对象名单来源于地方侨联上报的项目,这些项目需要 ZGHQ 支持。

此外,还有一些是分支机构上报。例如,ZGHQ 有 74 支专项基金,其中救助类项目比较广泛,专项基金根据情况上报救助名单,用专项基金进行救助。

(二)救助对象的类型

在问卷调查中,"困境儿童、留守儿童"选择频数最高,为 227 次,"低保、低收入、特困供养人群"次之,为 198 次,其他服务对象的选择频数依次为"失智、失能、高龄等困境老人"175 次、"困境残疾人"176 次、"患病或遭遇生活变故陷入困境的人员"158 次。可以看出,无论是享受政策福利群体还是政策边缘困难群体,都是社会组织在社会救助项目中主要的服务对象。详见表 4-8。

表 4-8 救助对象的类型

分类统计	选择频次(由高到低)
困境儿童、留守儿童	227
低保、低收入、特困供养人群	198

续表

分类统计	选择频次（由高到低）
困境残疾人	176
失智、失能、高龄等困境老人	175
患病或遭遇生活变故陷入困境的人员	158

在访谈中，根据救助对象是否在低保范畴之内，可以将救助对象分为两种类型。

1. 符合政策要求的低保、低收入及特困人群

作为精准救助项目，主要服务的人群是低保人群和特困人群。WXTD定向服务长泾镇20户困境未成年家庭，同时覆盖对活动有需求的人群。"政府普惠性政策覆盖不到的人群，我们进行补缺工作，如一些只比低保标准收入高一点点的家庭无法享受低保政策。"（J-3）

一些社工机构承接的街道"困服所"项目主要面向低保、低收入，服务于在街道社会救助系统台账中有记录、有档案的人员，即已经在享受福利政策的群体。例如BCXY、TZCX的救助对象为低保、低收入和特困供养人员。SJSMD的救助对象是低保低收入家庭，其中会有老人、患病群体和残疾人。据北京市西城区XCMY社会工作事务负责人介绍，"从整体比例来看，现在各街镇台账系统的困难群众中老年人占比最大，其次是残疾人"。（J-22）

根据《北京市民政局关于建立困难群众精准救助帮扶台账的实施办法（试行）》的规定，凡符合下列条件之一的，纳入困难群众精准救助帮扶台账范围（见表4-9）：

表4-9 北京市划定的五类救助人群

序号	人群
1	享受城乡居民最低生活保障、低收入救助、特困供养的社会救助人员
2	失能、失智、失独、高龄、独居等困境老年人
3	困境儿童、留守儿童，以及需要紧急庇护的未成年人
4	生活困难的重度残疾人
5	罹患大病或因遭遇重大变故生活陷入困境的人员
6	其他需要救助帮扶的困难群众

2. 政策边缘外的困难群体

政策边缘外的困难群体主要是指家中有困难但又不满足申请低保、低收入的条件，如残疾人、空巢老人、困境老人或儿童这类群体。BCXY 负责人谈到，"从 2020 年开始，区级希望扩大社会救助受益群体。机构会关注到一些政策边缘外的群体，他们的需求很明显，而且也希望得到帮助。但社区福利主任及相关负责人（如老龄、残联、儿童福利主任等）觉得我们帮扶完撤出后，他们后续的工作不太好开展，所以有的福利组织可能不愿意给机构对接困难群体。但是边缘外群体的需求更多"。（J-16）

FTJWL 服务于困境、留守儿童。

调研发现，这种情况主要包括以下七类人员：

（1）失独家庭。

（2）空巢独居老人。例如，JYRX 负责人谈到，"老人的需求主要是陪伴、外出就医、喘息服务"。（J-6）

FSNY 负责人谈到，"这几年重点服务社区的老年人，其中空巢老人居多"。（J-18）

（3）患病人群。如 ZGET 的救助对象为 0~18 岁困境家庭患有先天性心脏病和白血病的儿童。BJCM 的救助对象范围如下：一是复杂先天性心脏病；二是早产儿；三是肿瘤。大部分家庭是县城、农村的普通家庭，并不是绝对贫困。救助核心是因病致困或因病返贫的家庭（70% 以上）；本身贫困的家庭，十年前占比更高，现在越来越少。

（4）残疾人。如 ZGHQ 的救助对象主要为残疾的英烈。XJD 主要服务于 0~12 岁的聋儿，0~9 岁的居多；现在也有一些聋人。

（5）困境儿童。例如，BJRY 负责人谈到，"其下有很多小项分类，如低保、残疾等，每年选择帮扶的方向侧重不同"。（J-12）

BJRY 根据儿童需求及入户家庭情况对困境儿童进行分类，提供课业辅导、组织活动（参观、学习等）、资源链接等服务，"门头沟区困境儿童项目给予事务所 500 个困境儿童名单，项目规定有入户、个案、活动数量及内容，事务所按项目规定执行"。（J-12）

FSNY 主要服务特困青少年和儿童。

(6) 流浪乞讨人员。一类是流浪露宿人员，属于救助中临时救助板块下的人群。例如，BJHF 负责人谈到，"当时在范老师的救助机构做青少年的外展。实际上在做青少年外展时发现了有夜不归宿的人，当时想将夜不归宿的未成年人作为目标群体。但实际上走完之后，发现夜不归宿（无家可归）的成年人是更多的，所以当时就开始慢慢去做了。从 2012 年 2 月到 2014 年机构成立前，都在跟着做社工"。(J-4)

以 BJHF 为例，自机构成立到 2020 年，累计纳入个案体系共 173 人，累计一般探访每年约 2 800 人次。CSDY 负责人谈到，"流浪人员分很多类型，我们以流浪时间为划分依据，流浪时间在 10 年以上的属于真正的流浪人员，即职业流浪人员。他们需要发展性的服务，如就业援助和社会融入"。(J-9)

另一类是流浪精神病人员。如 BJRY 服务于流浪精神病人员，是否属于精神病人由医院出具鉴定报告。

(7) 遭遇困境的海外留学生。例如，ZGHQ 负责人谈到，"海外留学生生病或遇到困难无法回国，向专项基金求助，专项基金给其资金支持"。(J-14)

需要指出的是，社会组织可能会服务于多种人群。如 HZHL 的服务对象包括：罹患大病或因遭遇重大变故生活陷入困境的人员；失能、失智、失独、高龄、独居的困境老年人；生活困难的重度残疾人；困境儿童和留守儿童。

社会组织会为救助对象设置一定的条件。例如，在 BJZA 的救助项目中，成为救助对象需要三个条件："第一，患者生活确实比较困难；第二，病情比较严重；第三，能够提供要求的反馈资料，并且接受监督。" (J-13)

"我们会去挑选还有自强不息精神的人作为救助对象，通过我们的帮助，最终他们自己可以更好地生活，而不是就一直依靠着帮助甚至希望我们多帮他找几家机构一直帮助他而他自己躺着不动。" (J-13)

从被调研的 24 家社会组织来看，救助对象的类型的情况如表 4-10 所示。

表 4-10　救助对象的类型

序号	类型	序号	类型
J-1	0~12岁聋儿（0~9岁居多）	J-13	生活比较困难、病情比较严重，能提供要求的反馈资料并接受监督的社会求助人员
J-2	低保人群和特困人群	J-14	老人、低收入、残疾人、患病群体、流浪人群
J-3	困境人群	J-15	患大病或因遭遇重大变故生活陷入困境的人员；失能、失智、失独、高龄、独居的困境老人；重度残疾人；困境留守儿童
J-4	流浪露宿人员	J-16	低保、低收入、特困供养及政策边缘外的困难群体（残疾人、空巢老人等）
J-5	低保低收入特困人群、临时陷入困境的流浪乞讨人员和失独家庭、长期空巢独居老人	J-17	低保、低收入、在社救平台上有记录、有档案人员
J-6	老人、低收入、残疾人、患病人群、流浪人群、特困群体、低保家庭、困境未成年人、留守儿童、失独失能老人	J-18	青少年儿童、社区老年人（空巢老人居多）
J-7	困难群众（处于困境边缘的人群也是服务对象）	J-19	复杂先天性心脏病、早产儿、肿瘤
J-8	低保、低收入以及特困人群	J-20	老年人、残疾人，患病者，主要是低保人群，还有针对自闭症、孤独症、多动症、发育迟缓等孩子
J-9	职业流浪人员（流浪时间在10年以上）	J-21	老人、患病群体、残疾人、流浪群体
J-10	低保/低收入群体、困境老年人、困境儿童、两劳人员、残疾人、流浪乞讨人员	J-22	老人、低收入、残疾人、患病群体、流浪人群、困境儿童
J-11	0~18岁困境家庭患有先心病和白血病儿童	J-23	享受福利政策群体（低保低收入群体），边缘群体（困境老人或儿童群体）
J-12	流浪精神病人员、困境儿童	J-24	困境留守儿童

(三) 救助对象的需求

问卷调查发现，救助对象的需求主要为资金及物质、精神等，选择频次分别为210次和209次。此外，照料、医疗、社会、教育也是救助对象的主要需求（见表4-11）。

表4-11　救助对象的需求

分类	选择频次（由高到低）	分类	选择频次（由高到低）
资金及物质需求	210	医疗需求	175
精神需求	209	社会需求	167
照料需求	187	教育需求	158

访谈发现，不同的家庭和个体有不同的需求。通过对社会组织的调研，如JYRX通过电话、走访等形式摸排他们真正的需求。CYQCY负责人谈到，询问需求得到的回复是只有资金需求；服务发现需求主要是社会交往、支持网络。

调研发现，救助对象的需求主要包括以下四种。

1. 资金及物质需求

例如，FTJWL项目主管谈到，"每一个困境儿童主要的问题源于原生家庭，其家庭存在的各种问题包括：①文化程度不高；②经济实力过低，……但归根结底，我觉得还是资金方面很欠缺"。(J-24)

ZGHQ负责人谈到，"家庭困难无法上学"。(J-14)

TZCX项目主管谈到，"几乎每一个低保、低收入家庭首先提出的都是物质方面的需求，如家中的医疗用品、生活用品等方面的需求"。在经济上，"想再多提供一些费用"。(J-23)

2. 医疗需求

多位受访人提到，特困群体（主要是老年人和儿童）在医疗上（主要是手术）的需求是最迫切的。

（1）救助对象无法负担高额医疗费，需要资金支持。例如，ZGET负责人谈到，"0~18岁先心病的高发期在3~6岁，很多家庭即使发现孩子有先心病，但高昂的治疗费让他们束手无策。2008年刚定义几个大病种，社会对大病关注度高。2011年联合会开始制定并实施儿童医疗救助项目，了解到很多家庭发现孩子出现如胸闷气短、发育明显比同龄孩子慢，以及一些其他病症时，会带孩子去医院检查，确诊为先心病，但由于手术及治疗金额较大，并且当时的医疗技术还没有特别完善。对于困境家庭，先心病的医疗手术费用是一个非常大的负担，尤其家里有2~3个孩子，可能两个孩子都有先心病，这对一个家庭尤其是农村家庭，是无法想象的天文数字。所以对于他们来说，首先是因病致贫"。（J-11）

"先心病或白血病对家庭和社会是一个比较大的负担。因为身体状况导致患儿无法正常上学，无法为家里分担家务。同时，由于需要看护患儿，家中至少一至两个成年人定期守在孩子身边，关注其身体状态。对家庭来说，基本就失去了50%的经济来源。此外，外出务工的家长心中也会时刻惦记患儿。"（J-11）

BJZA秘书长认为求助者无法负担高额医疗费主要有两个原因："一是目前医疗费用较高。二是国内医保覆盖不全面。如果真得了较严重的病，需要一些好的专项治疗，绝大部分的治疗条件和药品都是医保覆盖不住的，而且治疗的资金需求量都挺大的。"（J-13）

BJCM副秘书长认为，疾病给家庭带来的，有直接的医疗性经济负担，还有因就医带来的非医疗性的经济负担，如异地就医带来的交通、食宿等费用，这些都会对家庭经济造成压力。"我们最近做的早产儿的调研，发现北京很多的重症医院90%以上是异地就医，全国来看早产儿人群至少60%以上是异地就医。复杂先心病医疗资源更集中于'北上广'这样的大城市，所以在复杂先心病领域的异地就医情况更集中。"（J-19）

（2）地区间医疗资源不平衡，需要更好的医疗资源。例如，BJZA负责人谈到，"第一，医疗设备差距大。医疗设备上跟一线城市有很大距离。现在有很多三、四线城市的硬件条件逐渐赶上来了。但没有会操作的人，即便买了高端医疗设备，也发挥不了作用。第二，缺少、留不住好医生。由于没有好的学术氛围和医疗环境，好医生不会在比较落后的地区待着。由于落后地区留不住人才，也引进不了人才，医生的治疗水平有待考量，造成现在治病还是扎堆跑到一线大城市"。（J-13）

（3）大病治疗衍生的其他需求。一是非医疗性的家庭困境。因大病及相应的治疗给家庭带来很多非医疗性的困境，譬如家庭关系、经济压力、情绪压力、亲属关系、家庭功能和结构的挑战，就医的困难，儿童个人成长等。二是社会资源的使用。"我们在调查中发现，家长非常不善于使用已有的医保政策和社会救助资源。"（J-19）

"在我们2016年做的调研中发现，受访家长说他们需要救助资金，但其中近85%的家长不知道如何寻求社会资源的帮助，但明明他们所在的阜外医院的小儿心脏中心就有八家基金会。"（J-19）

"有些家长本身就是医生或护士，大家都会认为他们对医疗系统很熟悉，应该知道医保如何报销，但他们并不知道医保怎么走。"（J-19）

3. 精神需求

（1）心理需求。例如，MYXM负责人谈到，"残疾人有相关部门的救助政策，儿童的低保政策也在各个层面（如学校、镇街、社区）都能享受到，但他们最缺乏的肯定还是物质，其次是精神层面"。（J-2）

BJZQ负责人谈到，"有一些青少年会有一些心理需求，或家庭关系调节"。（J-7）

CYQCY负责人谈到，"救助对象不怎么与外界交流，亲戚朋友很少，来自家人的支持极少"。（J-10）

社区融入需求是一种重要需求。JYRX负责人谈到，"残疾人的需求是社区融入为主"。（J-6）

FTJWL项目主管谈到，"有抑郁的，有焦虑的，有狂躁症的，有精神失常的，这种孩子有好多，还有好多女孩遭强暴未婚先孕，这方面的办法①只能是对孩子的关怀、爱护、帮扶"。（J-24）

（2）文化需求。例如，MYXM负责人谈到，"比如其他孩子大都上课外班、兴趣班，树立一定的自信心，但低保人群可能没有资金学习这方面课程，所以文化方面，低保人群肯定也有需求"。（J-2）

（3）社会融入需求。例如，XJD负责人谈到，其救助对象的需求是语言恢复后的社会融入。

4. 照料需求

例如，BJZQ负责人谈到，"寻求敬老院或养老院帮助，解放照料人

---

① 括号内文字由编者按语意添加。下同。

员"。(J-7)

需要指出的是，不同群体有不同的需求：

（1）空巢老年人需要的是陪伴。一些空巢老人需要夜间陪伴；助医取药（定期看病和取药）。例如，HDTCL负责人谈到，"我们有一个五保户分散供养的老人，无儿无女无工作，老伴儿去世了，他明确提出需要有个人晚上陪他，至少睡觉时可以有人陪"。(J-17)

（2）困境儿童需要的是教育资源对接和社会融入。有些因为重病，如白血病、自闭症，没有办法上学，有康复及社会融入的需求。例如，HDTCL负责人谈到，"困境儿童要么是孤儿，要么是事实孤儿，还有一种是户籍下只有孩子。他由监护人或隔辈亲戚代养时，他们对教育的需求还是蛮大的，而且不完全是孩子自己的需求"。(J-17)

"北京特殊教育学校提供的资源还是很有限的，家庭条件和环境也不同。对于家庭资源有限的孩子来说，融入和教育的需求相对来说是很大的。"(J-17)

（3）精神方面有问题的人需要的是康复训练、社群支持、子女教育、老人帮扶、就业培训。例如，HDTCL负责人谈到，"①重度残疾群体：需要一些康复训练，如脑瘫、智障等。②用药物能有效控制的群体：用药物能有效控制，且在2~3年正常服药，按期复查，这类人在正常情况下和普通人没有太大区别，只不过他们目前没有行为能力，更多需要大家平等看待他们，不再另眼看待，甚至恐惧；对家人也有需求，比如有孩子的有教育需求，因为他自己没这个能力；有老人的有对老人的专业帮扶需求。③有人有就业的需求：能够控制自己但又没有什么技能，不知道自己能干什么，也不能明确想参与哪方面的培训"。(J-17)

（4）劳改释放人员需要的是经济收入、就业。例如，HDTCL负责人谈到，"有过劳教经历的人觉得什么服务都不如给他钱最有效"。(J-17)

"只靠打零工，很难满足其稳定的就业需求，不能长期有效地在一个地方待着。"(J-17)

详见表4-12。

表 4-12 不同群体的救助需求

序号	群体	救助需求
1	空巢老人	需要夜间陪伴、助医取药（定期看病和取药）
2	困境儿童	教育资源对接、社会融入
3	精神方面有问题的人	康复训练、社群支持、子女教育、老人帮扶、就业培训
4	劳改释放人员	经济收入、就业

另外，调研发现救助对象的需求可以分为显性需求、隐性需求两种。显性需求更多在经济上，例如很多低收入家庭说缺钱。SJSMD 负责人谈到，"一些人一开始就说缺钱；一些转给我们的个案本身是长期的上访户，通过闹来要钱"。（J-22）

隐性需求更多是社会资源的缺乏，主要是家庭关系+社会系统的支持。SJSMD 负责人谈到，"像老人的个案，通常他跟家人的关系会存在着各种各样的问题，比如有些是历史原因导致儿女放弃赡养；有些其孩子本身有特殊情况没有办法给其提供支持；还有一些是家庭成员的关系紧张"。（J-22）

SJSMD 负责人谈到，"比如社会融入、精神状态、有陪同就医需求时需要人/钱，陪同就医算额外的开销，且目前政策中不能报销"。（J-21）

此外，还包括知识需求，例如帮忙上诉、医疗问题。

救助对象的需求存在一个逐渐被发现的过程。如 BCXY 负责人谈到，刚开始接触时，主要是一般的显性需求，如生活困难、就医困难、没有住所，孩子教育等困难；深入接触后，则是深层次的需求，如对政策了解不太清晰，个人内生动力不足，家庭互动，与邻里、社会的关系搭建等。

救助对象的需求是相伴而生的。例如，FSNY 负责人谈到，"有一部分特困家庭，他们的生活特困与心理特困，往往是相伴而生的。我们经常做活动的永宁达社区有一个家庭，父母离异，两个孩子跟着母亲生活，一双儿女如今都已成年，但突然两个孩子都肾衰需要换肾"。（J-18）

从调研的 24 家社会组织来看，救助对象的主要需求如表 4-13 所示。

表 4-13　救助对象的需求

序号	需求	序号	需求
J-1	语言恢复后的社会融入	J-13	—
J-2	经济、物质、精神、文化需求	J-14	需要医疗费用和医疗资源
J-3	提升社会能力	J-15	医疗需求、资金需求
J-4	物质生活需求	J-16	
J-5	陪伴、生活照料、赋能	J-17	显性需求（生活、就医、住所、教育）、深层次需求（内生动力、社会关系搭建等）
J-6	陪伴、社区融入、课业辅导、心理疏导、家庭教育	J-18	老年人（陪伴、助医取药）、困境儿童（资源对接、社会融入）、精神存在问题的人（康复训练、社群支持、子女教育、老人帮扶、就业培训）
J-7	医疗需求、经济需求、照料需求、就业需求	J-19	生活物质需求、精神需求
J-8	—	J-20	医疗需求、经济需求、情绪压力、儿童成长、亲属关系、就医困难、家庭功能和结构挑战
J-9	就业援助、社会融入	J-21	
J-10	经济需求、社会交往、支持网络	J-22	经济需求、社会资源需求
J-11	防止因病致贫	J-23	家庭支持、物质需求、心理情绪支持
J-12	语言恢复后的社会融入	J-24	物质需求（医疗用品、生活用品）、经济需求

（四）救助对象及合作单位配合度

根据某些受访人介绍，救助对象及合作单位配合度主要有三种情况："①有一些完全不配合，连基本的入户调查都不愿意接受，不配合原因是不信任第三方机构；②有部分配合的，基础的调查可以接受，但当提到为他提供深度服务的时候，他表示不需要；③有一些主动提出需求的。"（J-23）

1. 配合度高的情况

调研发现，多数救助对象对救助项目的配合程度较高。例如，HDTCL负责人谈到，"大多数我们能做起来的服务配合度还是挺高的，也愿意跟你探讨一些事情，会把我们当作家人"。（J-17）

XCMY 负责人谈到,"整体配合度较高,大部分愿意接受社工提供帮助"。(J-22)

HZHL 负责人谈到,"近几年配合程度高。近几年精准救助工作的持续开展,让受访和受助的困境群众看到社会工作者很亲切,很热情,大事小情都愿意和社会工作者倾诉,吐露心声,谈其具体需求"。(J-15)

"困境群众认为我们的调查了解细致、全面,能够客观、全面地展现涉救家庭的情况和需求,后续的服务切实有效,因此给予我们较高的评价。"(J-15)

"疫情期间对涉救群众的防疫宣传和心理疏导服务,困境群众非常感激,感谢政府的关注和关心"。(J-15)

"通过困境群众的满意度调查结果反应,救助对象对项目的服务非常满意,认为服务很真诚,符合实际,实时了解他们的需求,精准、真实的服务让他们感受到了社会的温暖,感受到了国家对困难群众的关怀;个案服务带给他们很多收获;随时可以与社会工作者电话交谈,盼望疫情快点过去,欢迎社会工作者的到访。"(J-15)

(1)对救助有依赖的人的配合程度较高。"我们有一个分散供养的五保户,无儿无女。当第三方调查时,他会说困服所的某某,我有他的电话,他们的服务可好了,经常和我们打电话。他其实对我们是有依赖的,他会主动和你说很多,心理对服务有依赖。"(J-17)

(2)急迫需要医疗救助的人员配合程度较高。如 ZGET 的救助项目,家属对参加项目的积极程度、配合程度超出预期。ZGET 负责人谈到,"基本上我们接触到的,包括从医院反馈过来的信息都是比较正向的。家属都希望能够参与到基金救助的序列当中。比如让他们提供家庭的困境证明,包括低收入证明等资料共计七项左右,家属的配合程度都比较高。当时做困境家庭儿童医疗救助的基金组织并不多,红会,我们,后来还有爱佑,这三家做的比较靠前"。(J-11)

"一般情况下能来到北京的家长,配合程度都很高。"(J-1)

"社救对象是低保、低收入、特困等群体,他们享受国家的福利政策保障,所以我们在入户的过程中,他们的配合度也是可以的。"(J-16)

医院由于有医务社工的介入,各科室以及管理层对项目支持力度较大。

例如，ZGET 负责人谈到，"推进救助项目的同时推动中国医务社会工作领域相关工作。如现在所有三甲医院都要设立社工部。最开始我们是和河南胸科医院做的试点，和北京人民医院做了相关课题推动医院设立医务社会工作部门。设立医务社会工作部门的原因：一是解决医院内部问题，二是更好地协助联合会为需要申请救助的患者家属提供信息解答，及相关资料的准备、收集"。(J-11)

BJRY 负责人谈到，"困境儿童的配合情况良好"。(J-12)

(3) 贫困青少年由于摆脱困境的意愿更高，配合度相对较高。例如，ZGHQ 项目主管谈到，"主要为资金支持，配合挺好的。救助对象都很愿意摆脱困境。每年侨基会快开学时都会走访树人班级，由地方侨联牵线，让捐赠人、侨基会、受助人、学校一起会面，会与学生一对一交流，学生都挺愿意摆脱困境考出来"。(J-14)

2. 配合度低的情况

但同时，调研也发现部分人群的配合程度不高。例如，HZHL 谈到，"部分服务对象不信任救助项目，可能救助对象不重视，比如在创收过程中，他们会不信任这个事儿"。(J-15)

配合度低的情况主要存在于以下群体。

(1) 只需要钱的人。例如，HDTCL 负责人提到，少数只接受经济补偿，拒绝接受救助服务。"有的觉得我就不需要服务，我只需要钱……如住房、看病、经济补偿等，我不想和你有接触，打电话都会挨骂，但这种情况是少数。"(J-17)

(2) 困境、留守儿童家庭。例如，FTJWL 负责人谈到，"困境、留守儿童大多是没有父母的，一般事实无人抚养的儿童居多，要不就是爷爷、奶奶、姑姑等作为其监护人。他们认为抚养一个孩子对他们来说已经是一个负担了，他们把这个孩子抚养到成年，他们的任务就完成了，不希望社工再来介入，影响自己家庭的正常生活"。(J-24)

"这样的家庭，是很难沟通的。民政如果说有一些任务需要到这些家庭，人家可能会勉强配合，如果社工每周去，每月去，人家是非常不欢迎的。"(J-24)

(3) 要求过高的人。例如，HDTCL 负责人提到，少数人认为服务与自己需求不符，则停止接受服务。"40多个案例，大概有四五个，接触一两次后拒绝服务了；还有的做了大概五六次后终止服务。我们开始定好的诉求他是接受的，但做着做着，他发现这个诉求不是他主要的目标，又提出了新的目标，但新目标不在我们的权利范围内，他又很希望按自己的方式，就不想我们再给他服务了，觉得我们不能帮他解决他想要的东西。"（J-17）

（4）流浪精神病人员。例如，BJRY负责人谈到，"流浪精神病人员的情况复杂，配合情况不好说"。（J-12）

"第一，流浪精神病类人员复杂，有精神病、智障、精神分裂等多种情况。目前北京有800多人委托在河北省张家口市，其中400多人是精神病患者，400多人属于智障人群。第二，遣送途中病情发作。如果在回家的火车上病情突然发作，一般以安抚为主；产生暴力抗击行为的需要使用约束带（目前不超过4例）。第三，重复救助比例高。一方面，遣送后部分地方政府不能支持流浪精神病人员的安置，另一方面不能限制其人身自由，该群体可能会重新流浪；甚至会有返京回医院的人员，产生重复救助每年200~300人。重复救助率高的地区第一河南，第二山东，第三东北。从医院出来的方式有三种：家属接领；当地救助站接领；民政遣返。"（J-12）

（5）被调查的群体。例如，BCXY负责人谈到，"在救助的过程中，需要一些关系建立。他们属于被调查的群体，所以他可能不太会主动表达自己的真实困境，需要联合社区居委会或者福利主任做一些他们的需求甄别来增加配合度"。（J-16）

表4-14为救助对象配合情况。

表4-14　救助对象配合情况

序号	配合程度	救助对象类型
1	配合程度高的情况	对救助有依赖的人
		急迫需要医疗救助的人员
		贫困青少年
2	配合程度低的情况	只需要钱的人
		困境、留守儿童家庭
		要求过高的人
		流浪精神病人员
		被调查的群体

从调研的 24 家社会组织情况来看，救助对象的配合程度如表 4-15 所示。

表 4-15 救助对象的配合程度

序号	配合程度	序号	配合程度
J-1	配合度很高	J-13	—
J-2	配合度低	J-14	配合度高
J-3	愿意配合	J-15	从不信任到主动配合
J-4	配合度高	J-16	配合度高
J-5	愿意配合	J-17	多数配合度高
J-6	配合度高	J-18	从不配合到配合
J-7	大部分愿意配合	J-19	配合度高
J-8	配合度高	J-20	—
J-9	—	J-21	配合度较高
J-10	从抵触到配合	J-22	配合度高
J-11	配合度很高	J-23	部分配合度高
J-12	困境儿童配合情况良好	J-24	配合度不高

调研也发现，救助对象的配合度还取决于活动的设计及群体的素质。例如，FSNY 负责人谈到，"比如想给 60 岁以上的老年人开展一些活动，不是所有人都积极主动参加，甚至得有物质的刺激，如给一些小礼品，他们才会来。但我们培育社区社会组织中的老年人，由于他们有自身发展的需求，所以举办的活动，比如找专业的老师给他们进行业务辅导，像诗歌朗诵等，他们觉得很需要，参加得很踊跃，就不用非有纪念品或其他刺激"。（J-18）

为了提高配合度，社会组织在选择救助对象时往往有筛选和过滤机制。"如果需要做个案，在筛选救助家庭时会把配合度作为一个重要因素考虑在内，因此，能成为个案帮扶的服务对象，就说明其配合程度较高（如果按满分 10 分计算，不是每一户都能配合到 10 分，但 8、9 分是可以的）。"（J-21）

"对于不做个案的家庭,有可能只是回访做信息的更新。回访的配合度都很高。"(J-21)

六、社会组织参与社会救助项目的机制

(一)社会组织社会救助项目的来源

问卷调查发现,"政府购买服务"选择频数最高,达210次,占比66.67%,远远高于其他来源形式,由此可以看出社会组织项目大部分都来源于政府购买服务(见表4-16)。

表4-16 社会组织社会救助项目的来源

分类统计	选择频次(由高到低)	分类统计	选择频次(由高到低)
政府购买服务	210	基金会资助	68
企业或个人资助	91	无资助,纯志愿服务	63

访谈调研发现,社会组织的社会救助项目主要来源于四个方面。

1. 政府购买

在北京市,社会组织的社会救助项目大多来自政府购买。例如,XCMY的项目主要来自政府,少部分来自基金会、个人、企业,在项目执行过程中,遇到特殊情况时,基金会、个人、企业会进行捐赠(非项目形式的捐赠)。

调研发现,政府购买机制有以下几个特点:

(1)以民政部门的购买为主。例如,BJHF的救助工作基本都是政府委托的项目,主要委托方包括:西城区民政局,市民政局、西城区社工委(原来的民政和社工委没合并),从市里和区里也拿到过一些项目,都是在做流浪乞讨、露宿人员的救助。

JYRX的项目是密云区民政局委托。BJZQ的资金来自街道的西城区民生保障办公室、团委、海淀区社区建设办公室。BJRY的救助项目主要来自市、区、县民政局委托(原来叫救助中心,现更名为接济救助管理事务中心),也有一部分项目来自市、区团委委托,如北京团市委、门头沟团区委。BCXY的社会救助项目均为政府购买,由海淀区民政局社会救助科统一规划,各个街道购买。FSNY的救助项目来源于房山区民政局的政府购买,

从2017年开始至今每年都有1~2个民政局的购买项目。FTJWL的救助项目最早来自社工委，现在来自民政局。

（2）购买主体逐渐向街道下放。2017年精准救助项目是市级政府委托，2018年改为区级政府委托。例如，BJXH负责人谈到，"起初由区级政府拨专项款，今年区里不再拨款，由街道纳入自己的财政采购"。（J-5）

HDTCL的项目主要来自田村路街道办事处的政府购买（一年一个周期、一个主题、一个目标达成）。PAFJ的项目来自街道。

（3）购买过程使用申请制。政府购买服务初期有一定的延续性，而近年来则每年申请。BJHF负责人谈到，"西城区民政局在2018年时和我们签过一份三年的项目合作框架，其他都靠逐年的项目申报来延续"。（J-4）

（4）资助额度起伏较大。在资金额度方面，BJHF负责人谈到，"政府公开购买的项目，比如从市民政局拿福彩的资金、拿市社工委的社建资金、拿西城区的社建资金，平均每一个项目在12万~15万左右。与西城区民政局的合作，从2015年开始，2015—2017年三年平均每年是30万~50万不等。从2018年开始，每一年差不多是在80万~100万"。（J-4）

（5）部分项目的财务预算可以列支人员工资。例如，BJXH负责人谈到，"2017/2018年开始财务结算可以对人员工资进行列报；目前人员工资可以达到75%（包括社工专业人士、志愿者补贴、专家督导费等）；朝阳区政策无明显变化，其他各地区的街道、民政采购等均可列支；残联基本不允许，少数可以"。（J-5）

2. 基金会资助

例如，BJZQ的一部分救助项目的资金来自基金会。CYQCY负责人谈到，"基金会通过申请项目方式经过沟通后提供支持"。（J-10）

ZGET负责人谈到，"从2003年到2011年一直处在摸索过程中，2011年与神华公益基金会（现更名为国家能源基金会）合作开展爱心行动"。（J-11）

3. 企业资助

例如，CYQCY负责人谈到，"企业是主动支持"。（J-10）

WXTD的项目来源是企业，而非市政府部门委托。WXTD负责人谈到，"我们第一个'泽润春芽'项目，是在公众号推广过程中长泾镇一家民营企业主动联系的。地方性企业在做帮扶活动中发现政府救助活动不精准的问题，希望通过与社会组织合作，组织依据被救助者或企业的救助需求，可以实施更精准的救助。在交流过程中，企业萌生'关爱困境未成年家庭'的想法，我们依据企业的想法和需求为其量身定做活动，与企业签订了每年由企业提供3万元工作资金的协议，并成立了泽润春芽关爱基金"。（J-3）

4. 服务收费

如XJD的项目是自发的，不属于政府也不属于基金会。由康复的聋儿家长最初成立学校，逐渐发展为现有规模。其资金最初来源于创始人全程投入（后来出国），现在一部分资金来源于收费，一部分来源于基金会。由于民办非企业没有募集资金资质，所以企业捐赠会转到基金会，基金会再对民办非企业进行定向拨款。

总体来看，社会组织的项目来源趋向多元化。如CYQCY的项目来源：政府占90%左右，企业和基金会等占10%左右。

（二）社会救助项目运作管理的环节

调研发现，社会组织在社会救助项目中的运作管理主要包括以下四个环节。

1. 项目设计环节

社会救助项目工作方案计划来源于自己设计或政府给定方向。一种情况是政府的公开项目，需要由社会组织自己设计，即需要自己先写项目书，把想做的事情写进项目书中；另一种情况是"自己设计+政府要求"，以BJHF在西城区的社会救助项目为例，"从2018年开始，与西城区民政局签的2018、2019、2020年三年的合同中，有机构自己设计的部分（街面上的救助）；同时也有政府要求的（临时救助机构中的一些服务）"。（J-4）

2. 项目立项环节

社会组织通过向政府部门申报项目的方式获得项目。例如，BJZA负责人谈到，"看哪里有需要，政府招标，评标，社会组织去应标"。（J-13）

如BJZA申报对接的政府部门主要是民政局和应急管理局，"2018年前应急救灾归民政局管，2018年后，由于业务划分把应急救灾归到了应急局，但实际真有灾情发生时物资筹备还是在民政局，所以现在两边都参与，但

管理单位是民政局"。(J-13)

3. 项目实施环节

调研发现,社会组织在社会救助项目实施环节的主要工作如下:

(1) 明确项目实施工作流程。以 BJXH 的社会救助项目为例,其项目流程分为四个阶段:①机构实际入户完善信息,对街道范围内低保低收入人群建档。②要求(困服所)3 个月回访一次,通过电话或亲自入户方式。③做个案。有社区、街道推荐的,也有机构自主发现的。④若特困人群死亡需要消除贫困档;同时存在申请加入低保的人群,均需困服所入户摸排实际情况,并形成入户探访报告。从 2019 年开始,凡新申请加入低保的,在街道审批前,均需要困服所(拍照片、写入户探访报告,包括实际情况、住房、收入、子女等),街道根据入户探访报告进行审批和公示。困服所实际入户探访、拍照、写报告这一步尤其重要,就东城而言,随着城市人口的向外疏解,人户分离率非常高,需要机构先区分是否存在人户分离情况,包括后续回访,困服所要掌握各户情况。

(2) 细化救助实施方案。如 ZGET 细化并制定先心病与白血病的可救助病种,全面考虑患儿疗愈效果。ZGET 负责人谈到,"由三甲医院进行初筛、定义患者病种。在病种的制定上摸索先心病中什么样的病种可以纳入救助的范畴内,包括白血病也会分成三个类型。因为我们是在做公益,并不是单纯地做医疗的治疗,所以我们要考虑救助要有一个比较好的预后效果,所以我们在这些方面也做了很多工作"。(J-11)

(3) 明确管理方案。例如,ZGET 制定了先心病和白血病救助的管理方案。ZGET 负责人谈到,"从申请、救助、诊断入院到出院,所有医疗明细及各方领导签字,包括新生儿筛查,是和当地县级卫生局、人民医院以及妇幼保健院、中医院合在一起办理的,材料的签字、盖章也都是层层核定,以此来保证我们的救助是真实且科学有效的"。(J-11)

(4) 开展常态化服务。如 WXTD,在常态化的服务中不断提升服务质量,积极回应救助对象需求,从 2018 年开始,中间经历了疫情,该机构将 3 万元作为启动资金衔接其他社会资源,以这 3 万元为核心用到 2022 年 2 月左右,现在第二阶段也签了协议,3 万元也已到位,目标是做常态化。

4. 项目终止环节

项目终止的原因有两种情况：

（1）政府政策发生变化。如 BJRY 的流浪精神病人员救助项目在 2021 年 12 月底结束，其原因是政策发生变化，原由政府遣送，现由各区县自己遣送，有个别区县（如昌平）会选择委托事务所遣送。

（2）疫情影响。如 BJRY 的困境儿童救助项目中断，其原因是救助工作需要入户，疫情防控期间被迫中断。

（三）救助项目中提供服务的类型

问卷调查发现，选择"精神文化服务"和"物质帮扶"的服务类型最多，分别为 247 次和 235 次，其他服务类型选择频数依次是"生活改善服务" 198 次、"能力建设" 152 次、"应急介入" 128 次、"医疗救助" 122 次（见表 4-17）。

表 4-17　救助项目中提供服务的类型

分类统计	选择频次（由高到低）	分类统计	选择频次（由高到低）
精神文化服务	247	能力建设	152
物质帮扶	235	应急介入	128
生活改善服务	198	医疗救助	122

访谈发现，社会组织在社会救助项目中提供服务主要是针对服务对象提出的一些显性需求。现阶段主要是"物质+心理"的综合性服务，给他们的更多是家庭关系和社会关系的支持服务，心理层面服务居多。例如，北京市西城区 XCMY 社会工作事务负责人谈到，不倾向一味给物资或钱的原因是（送东西时会判断给的必要性和给予的程度）："第一，如果不是特别特殊的情况，从政策保障来说，物质差不多是够的；第二，一部分服务对象会认为社会救助就是给钱的，我就是要物。但拿到钱后，并没有用到恰当的地方，对于改善家庭环境和困难情况没有帮助；一部分人会产生理所应当的心理。"（J-22）

表 4-18、表 4-19 为 XCMY 提供的服务情况。

表4-18 XCMY提供的服务（按服务内容划分）

序号	服务内容	具体提供服务
1	家庭支持方面的服务	家庭关系支持需求提供的服务。处理家庭关系：家人把他的银行卡等资金都收走了，暂时没有住处，与他和他的家人沟通，处理这些关系
2	陪伴（就医等）	陪同就医。"我们还送终过一个老人。他当时诊断是癌症，我们差不多陪了他8~9个月，直到他过世。"
3	链接资源	①有法律援助需要：联系律师等资源为其提供服务；②就业资源；③大学生资源：为孩子提供免费的课业辅导
4	社会融入	基于社区组织社会融入的活动，如公益集市，带儿童去博物馆、公园等活动

表4-19 XCMY提供的服务（按服务人群划分）

序号	服务人群	具体提供服务
1	老人	除了提供相应的资金保障，重点放在对于独居老人的关怀与情感支撑
2	低收入人群	提供基础的物质保障，以及相应的技能课程，以方便融入社会
3	儿童	免费的大学生家庭辅导，基于社区的公益活动，博物馆参观等
4	患病人群、残疾人	给予生活所需物质，定期的医疗帮助（伴随就医），改善心理问题，沟通交流，帮忙打扫卫生
5	维权人员	联系相关律师资源，帮助困难人口提出法律诉求

从调研的24家社会组织情况来看，按照服务内容划分，救助项目中提供服务的类型主要包括以下五种。

1. 物质及医疗帮扶型服务

满足服务对象的物质性需求，也可称为经济型服务，如医疗用品、生活用品等的帮助，协助残疾人服务对象申请轮椅、拐杖等。

（1）物质帮助。例如，TZCX项目主管谈到，"出于项目管理的角度考虑，不会直接提供现金支持，只能转换成物品。如果符合其他福利政策的条件，机构会向社区和街道沟通、咨询，然后协助服务对象进行其他福利政策的申请"。（J-23）

ZGHQ提供的服务主要是物质上的。ZGHQ负责人谈到，"目前阶段主要是物质上的服务。精神上的没有，但我们正在筹划一只给城市中老人做

心理疏导的专项基金"。(J-14)

针对低收入人群，ZGHQ 负责人谈到，"树人班项目是一些企业和华侨的爱心人士给困难的高中生捐助三年的费用，一般都是以班级为单位进行捐助"。"突发事件需要用钱解决：上报主责科室，由主责科室中的专用救助基金解决"。(J-14)

（2）协助申请低保。例如，HDTCL 负责人谈到，"符合条件协助其按规定程序申请低保、低收入"。(J-17)

PAFJ 负责救助对象与街道间的协调工作，"有一个'两劳'人员出来后，街道认为他应该找他女儿，不承认其服务对象的身份，实际他女儿在他进去前就不认他了，他就没有保障了，于是就上访12345，机构和街道反复协调沟通，同时在协调成功前一直进行资助，以保障其基本生活"。(J-20)

（3）医疗帮助。例如，TZCX 为救助对象提供陪同就医服务。ZGHQ 负责人谈到，"基金会与爱尔眼科医院合作光明行项目，给老人免费做白内障手术"。(J-14)

BJZQ 负责人谈到，"有的困难群众没钱了，我们会提供物质上的帮助（如专项救助基金会的资源链接）；寻找有无医疗救助政策可以帮助他们"。(J-7)

ZGET 帮助解决困境家庭儿童医疗负担，防止因病致贫，"一开始的工作是先解决困境家庭由于孩子生病而产生的很大的医疗负担。然后在生活方面为困境家庭儿童提供帮助，在做社会救助时，会有一些个性化的延展：和当地的民政、慈善、医院共同合作，一起推进救助工作。如父母精神上有些问题，甚至无法独自生活的极其贫困的家庭，我们会对他的孩子以及家庭在生活、学习、未来工作上提供帮助"。(J-11)

XJD 帮助聋儿恢复听力和语言，达到融入社会的目的。

BJCM 帮助家长解决资金救助问题，"我们设立不同的救助项目，同时提供咨询或一对一个案工作，帮助家长知道哪里有资源，并帮助他们匹配资源"。(J-19)

另外，帮助家长解决除经济压力外的其他部分问题，譬如家庭关系、情绪压力、亲属关系、家庭功能和结构的挑战、就医的困难，还有儿童的个人成长，等等。

2. 生活改善型服务

（1）提升生活品质上的服务。例如，CYQCY负责人谈到，"解决日常生活的不便，如出行、交友、住房、就医、生活必需品、吃饭、孩子的课业辅导、残疾人及定期服药人员的取药吃药等，只要能帮助到救助对象，对其生活有所改善的服务事务，所都提供。事务所提供钱财较少，通过募捐形式（获取）的资金和物资有时会有"。（J-10）

TZCX提供就餐配送服务，"对于独居高龄老人会联系社区的养老驿站，为他们联系午餐配送"。（J-23）

（2）帮助流浪乞讨人员脱离露宿状态。一方面，提供生活服务。如BJHF有两个核心救助目标：能够脱离露宿状态的，帮助其脱离露宿状态；由于各种原因无法脱离露宿状态的，提高和改善其在露宿生活中的境遇。具体措施包括：物质救助与资源链接；针对救助对象过往事件与相关政府部门进行协调；与救助对象亲戚朋友沟通等；面向更多社会公众倡导、呼吁大家关注流浪露宿人员（2014—2015年）。BJRY为流浪精神病人员进行心理疏导，组织其开展活动，在昌平中西医结合医院分院。另一方面，提供遣送服务。BJRY服务的流浪精神病人员来源于全国，其遣送服务只负责非京籍无人接的人员。其任务是陪同遣送病情基本稳定的非京籍人员返回原籍的对应救助站（到2021年底共送回2 800多人）。BJRY负责人谈到，"过去流浪精神病群体归公安部门负责，戴着手铐遣送回去；取消收容后该部分人群归民政负责，定性为流浪精神病群体，遣返时更加人性化：政府联系精神病人员对应救助站，给予社工事务所项目资金（由于涉及政治、风险等因素，目前仅我们社会工作事务所一家负责该类群体），事务所全程陪同直至与其对应政府人员完成交接。京籍人员各区救助站自己接；非京籍人员，其家人、地方政府优先负责接回，剩余未返各地区县人员由委托的社工事务所陪同送回救助站。五六年内只有2~3例送回家"。（J-12）

3. 精神文化型服务

精神文化型服务多数是给予心灵慰藉，上门服务包括资源链接、心理减压、社会融入。

（1）心理疏导。例如，TZCX项目主管谈到，"面对丧亲或家庭矛盾的

人群,我们会提供心理疏导和调解"。(J-23)

FSNY负责人谈到,"受房山区经济条件的限制,对特殊群体,物质方面有所欠缺,主要是从精神、心理层面给予支持帮助,从服务方面给予救助"。(J-18)

(2)情感支持,陪伴服务。例如,FTJWL为留守儿童提供陪伴服务,"根据孩子年龄段的不同,我们每周会有不同的社工去孩子的家庭陪着孩子们,基本上能待半天,陪着玩,陪着学习,等等"。(J-24)

"有好多我们陪伴了两三年的孩子他会形成习惯,每个月都在门口等着,他知道今天周末了,社工机构的叔叔阿姨们要过来看我了,他很期待。"(J-24)

HZHL通过专业社工提供针对性的入户服务,给予困难群众相应的情感支持。

(3)青少年作业辅导、社会实践服务。例如,JYRX负责人谈到,"儿童的需求主要包括课业辅导、心理疏导、家庭青春期教育、社区融合"。(J-6)

如WXTD提供四个方面的服务:

一是节假日暖心小礼品。

二是作业辅导。WXTD负责人谈到,"我们观察到大多乡镇学校周六不放假,因此我们设立站点开展星期六课堂,进行作业辅导"。(J-3)

三是社会实践活动——社会融入与参与社会的机会。每月提供社会实践活动帮助青少年寻求参与社会、融入社会的机会。

四是公益课程——儿童成长和青少年课程。每月提供美德教育等公益课程,让困境家庭青少年享有平等获得教育资源的机会。

(4)文化服务。例如,ZGHQ开展了两项文化服务:

一是资助活动费用。给农村演唱团、合唱团的小孩捐衣服、化材等。ZGHQ负责人谈到,"我们今年给富平县马兰艺术团捐了1万块钱,因为他们去县里参加活动资金不足,我们下面一只专项基金捐了1万块钱,包括演出服、大巴费"。(J-14)

二是在乡村学校开设美誉课程。ZGHQ负责人谈到,"基金会与河北省教育厅合作,由基金会出钱让邢台英华教育集团(民非,主要教授美育课

程）为河北县里的孩子开设美术的课程"。(J-14)

4. 能力建设型服务

（1）技能培训。例如，MYXM 负责人谈到，"比如最早服务特困群体时提供家政催乳师培训，可以让他们掌握一些技能，拥有自己的额外收入，会有更多人愿意参加"。(J-2)

（2）资源链接。这包括救助政策链接、社会资源链接等。例如，BJZQ 项目主管谈到，"评估来访人实际情况与社会救助政策的匹配程度，如果符合救助政策标准，帮他链接一些救助的政策；对于救助政策依旧无法解决或不符合政策标准的人员，会帮他链接到一些资源"。(J-7)

PAFJ 提供两个方面的资源链接：

一是招工信息的链接。"个别服务对象明确提出想找工作的需求。但实际上其自身条件想找到工作有很大困难，所以我们会给他提供一些招工信息等进行资源链接。"(J-20)

二是集中供养所的链接。"我们有很好的链接海淀、延庆几个地方的集中供养所，一些年龄较大的人，会将他送到集中供养所，让他们有一个比较稳定的生活环境。"(J-20)

HZHL 提供两个方面的资源链接：

一是福利政策链接。"为入户发现的困难群众链接镇社会事务管理科，确保其享受相关保障待遇。"(J-15)

二是社会资源链接。"对已享受政策待遇但生活仍存在一定困难的，根据困境情况和实际需求，链接对应的社会资源。"(J-15)

（3）政策咨询，提高对流程的认知。例如，TZCX 项目主管谈到，"在我们走访的过程中，会简单地向服务对象传递社会救助政策，解答他们的疑问，比如他们目前的条件是否满足当前某些福利性政策的要求；残联的平台可以让残疾人申请轮椅、拐杖等，机构会帮服务对象解答如何申请"。(J-23)

HDTCL 负责人谈到，"每年可能会有因病致贫或突发意外等经济出现问题而新增的困境家庭，我们发现（后）会主动跟社区沟通联系，协助需要救助的家庭，告诉他怎么跑流程，如果他不方便，我们可以帮他递交手续"。(J-17)

5. 应急介入型服务

（1）危机介入。例如，CYQCY 负责人谈到，"例如生命危急需看病帮助，

无法正常自理需照顾，解除危机"。(J-10)

(2) 应急救灾。例如，BJZA 参与的应急救灾活动，"灾害包括自然灾害（如河南、山西的水灾，新冠疫情）和人为灾害（如山火、大红门火灾），我们的救灾既是国家安全的补充，应急救灾安全体系的建设和能力的提升，也是国内遇灾时的救助。我们的救灾理念是让发生的灾情有一个延续性的承接，把平常的物资采购能力、物资储备、能力建设和社会化服务形成体系，提高大家防灾避险能力"。(J-13)

表4-20为救助项目提供服务的类型。

表4-20 救助项目提供服务的类型

序号	服务类型	具体服务内容
1	物质及医疗帮扶型服务	• 物质帮助 • 协助申请低保 • 医疗帮助
2	生活改善型服务	• 提升生活品质上的服务 • 照料服务 • 帮助流浪乞讨人员脱离露宿状态
3	精神文化型服务	• 心理疏导 • 陪伴 • 青少年作业辅导、社会实践服务 • 文化服务
4	能力建设型服务	• 技能培训 • 资源链接 • 政策咨询，提高对流程的认知
5	应急介入型服务	• 危机介入 • 应急救灾

从调研的24家社会组织来看，提供的服务类型情况如表4-21所示。

表 4-21 提供的服务类型

序号	服务类型	序号	服务类型
J-1	帮助聋儿恢复语言和听力	J-13	应急救灾、助医工作（资金、助学、就业）
J-2	技能培训	J-14	以物质服务为主
J-3	提供社会实践活动和教育资源	J-15	联系社会资源、入户服务、情感支持、健康服务、社会支持网络
J-4	物质救助与资源链接（帮助脱离露宿状态或改善露宿生活条件）	J-16	主要针对显性需求链接资源、陪伴服务、搭建社会关系
J-5	身体方面（针灸治疗、康复训练）、心理方面（文化输入、家庭教育）	J-17	服务型服务（心灵慰藉、上门服务），经济型服务（申请低保、专用救助基金），主动帮助型服务（主动沟通、跑流程等）
J-6	陪伴、课业辅导、社区融入活动、心理疏导、家庭教育	J-18	心理帮扶为主，进行资源对接或低保
J-7	根据救助对象实际情况和社会救助政策的匹配程度进行资源链接	J-19	资金救助、社会资源救助（帮助匹配资源）
J-8	精神救助、经济救助、链接资源、技能培训	J-20	依据项目要求提供相应服务（如电话问候、上门慰问、提供慰问品、了解情况等）
J-9	政府兜底性服务、自筹项目（就业援助）	J-21	陪同就医、组织并鼓励参加社区活动、链接资源、技巧训练
J-10	危机介入、帮助提升当前生活质量，以实物服务为主	J-22	物质+心理的综合性服务（陪伴服务、链接资源、社会融入、处理关系等）
J-11	医疗方面（解决医疗负担）、生活方面（提供困境家庭帮助）	J-23	提供物质帮助、政策咨询、心理疏导和调解
J-12	流浪精神病人员（组织活动、心理疏导、陪同遣送）、困境儿童（课业辅导、组织活动、链接资源）	J-24	陪伴服务

需要指出的是：首先，各社会组织通常是根据项目的要求提供相应的服务。如PAFJ的救助项目内容包括：季度性打电话问候，了解服务对象生活情况，提醒其关注如疫情、疫苗等信息；上门慰问；入户拜访，了解情况，提供慰问品等。其次，针对群体不同，社会组织介入的服务会有所不

同。如 BCXY 针对孩子，主要是教育方面链接大学生等资源，先进行课业辅导，然后深入挖掘服务，如孩子行为、习惯的改善；与家长、同学等关系的处理；针对独居老人需要有人陪同聊天，则深入挖掘的服务为搭建邻里、家庭、子女关系；整合资源解决老人生活上的一些困难。再次，提供的服务趋于个性化。HZHL 根据困难群众的不同需求提供个性化服务，包括健康服务、与健康照顾有关的服务、认知和情绪问题的处理、精神问题的解决、社会支持网络的建立等，以提高社会救助家庭生活质量，促进困难群众享受幸福生活。SJSMD 针对不同的家庭会有个性化服务。"比如，联系大学生、企业、社区等志愿者（经过培训）陪同就医、代取药；在社会融入方面有障碍的人，我们会针对他做一些社区活动，帮他建立信心，鼓励他参加，认识更多的人；联系街道和区里的资源。"（J-21）

七、社会组织在社会救助项目中的策略

调研发现，为了更好地推进实施社会救助项目，社会组织主要采取了以下几方面策略。

（一）科学评估，促进分类救助

例如，BJXH 创立了社会救助领域的"8+2"评估法，依此法实施分类救助。"8+2"评估法中"8"指 8 个维度，身体、精神健康、日常生活、工作学习、经济、居住、家庭、社会交往；"2"指两个维度：①扶贫扶志，对被救助者自主改变能力强弱作评估；②扶贫扶智，对被救助者技能作评估，如驾驶技能或者虽然残疾但会画画或者会乐器等。"8+2"评估法也在不断升级，不断细化，BJXH 负责人谈到，"1.0 版。一个档分三项，有五分的、有两分的，有十分的。2.0 版。一个档分五项，一小项两分。该方法针对老年人可以，但针对青少年不是特别适合。3.0 版本。针对青少年和老年人分成两个版本，并继续细化分项，使其更精准，更能体现变化和档次"。（J-5）

例如，CSDY 对流浪人员的分类救助包括："①职业流浪人：转化（重点）。通过观察分析救助数据，10 年以上流浪人员的转化几率非常小，难度非常大，所以我们采取主动引导受助者接受服务和转化的措施。②即将沦为职业流浪人的群体：预防和提前介入。刚刚流浪在街面上的，在他还没

有融入流浪圈子的时候,提前做介入,这种转化的成效会更明显、更有效。③其他临时落难:协助政府和公安。像临时落难丢了钱包,被骗,要去救助站求助等,这种是需要提供一些兜底性的帮助,政府、公安就可以做,我们会协助。"(J-9)

(二)融合社会力量,促进资源聚合

1. 广泛调动社会资源

例如,WXTD 以 3 万元为基金,融合其他社会力量,包括长泾镇属地的银行、市级优秀中医院团队及其他机构等合作伙伴,并调动更多人群参与活动,一起为救助对象提供关爱,同时分担活动成本。

ZGET 通过带动社会资源,让孩子更好地回归社会。"前年去云南省楚雄州陆丰市做下乡筛查时,发现一个案例:父亲本可以外出务工,但因为家里有两个患先心病的孩子,他没有办法走那么远,只能做一些商货的买卖。同时,孩子母亲完全在家照顾两个孩子,就导致妈妈没有收入。此外,家里还有一个奶奶因为岁数较高,没有什么劳动力。对其整个家庭来说,他们唯一的收入就是卖些商货,还需要支付两个孩子疾病治疗的费用,因此他家是定点的贫困户,通过我们的救助,包括通过救助让当地一些政府或媒体发现、报道他们,吸引更多救助外的社会力量的帮扶,对整个家庭状态的提升是有非常大的好处的。"(J-11)

ZGET 整合分散化救助资金,扩展救助病种范围。"现在国家制定有大病方面的方针政策,如医疗路径已经很明晰了,参与的社会组织也比较多,通过很长的一段时间的摸索和实践,先心病、白血病的救助工作已经十分规范,整个路径都差不多,都是和医院合作,差别在于医院的实力和救助群体的数量。但在'两病'范畴外,需要社会组织之间进行合作和广泛的横向联结。因为在救助中最大的需求是救助资金,救助资金过于分散对于新病种的研究制定及救助执行并不是很有利。所以如果能够有一些大型基金会,或一些横向的社会组织相互联结,把过于分散的资金进行组合,再应用到范畴外的病种救助中,可能对整体的社会救助是一个比较好的思路。"(J-11)

2. 与其他社会组织建立合作伙伴关系

例如,BJZA 通过专业化较强的地方非公募组织或者民办非企业单位做救助工作，做项目时与社会组织合作，"注重联合劝募伙伴的选择，如缺少资源、专业能力、宣传动员能力等的草根组织，基金会不会选择与其合作"。(J-13)

3. 建立多元化筹款渠道

如 BJZA 的筹款收入主要来自社会捐赠，还有政府采购（占2%~3%）、项目筹款、专项基金及企业合作消费捐（通过公益助力企业的发展，企业再对公益进行反哺）。该基金会负责人提到，企业功利性很强，基金会宁可不要捐赠也不会与其建立合作。一方面，做好不同互联网平台的宣传。BJZA 负责人谈到，"像新浪的微公益和蚂蚁金服，网络的生态环境肯定是不一样的，做好互联网平台的生态研究和维护，做好每个平台的运维，使用不同的打法和宣传方式"。(J-13)

另一方面，线上线下筹款相结合。

4. 与企业文化建设相结合

如 BJZA 将企业文化与基金会多元化帮扶结合，共同塑造大家的幸福感和生活内驱力。BJZA 负责人谈到，"字节跳动的跳跳糖公益跟我们有合作：企业有建设和践行公益理念的需要，我们有志愿者服务基地。字节跳动员工来我们志愿者服务基地和社会所有愿意参与的人共同参加志愿者活动，企业拿补贴给基金会"。(J-13)

（三）接纳救助对象，取得对方认同

1. 取得救助对象的认同

例如，BJHF 负责人谈到，"把最开始的破冰阶段熬过去（让流浪者区分出社会工作者和政府人员，让其清楚社会救助者的救助方式真正有益于他们），当做好身份上的区分，让他们清楚地知道社会组织工作人员是另外一套思路，可以真正帮助他们时，破冰阶段就过去了，之后配合程度非常高。从救助和被救助的关系变成了合作关系，很多时候都是大家一起合作做事情"。(J-4)

BJXH 负责人谈到，"被救助后知道困服所是做什么工作的了，对我们和工作不再那么排斥，进行电话回访时，多数人也都愿意配合，只有小部分人不配合"。(J-5)

BJHF 负责人谈到，"流浪人员的思维定势很难改变，所以在观念上我

们去接纳、影响他们，让他们从内在软化"。(J-4)

2. 不谋求对救助对象的完全改变

例如，CSDY负责人谈到，"如果有一些人的观念已经定型，我们不一定要改变影响改变他的观念，只要他行为改变就可以。只要把一个工作摆在他面前，让他有选择的余地，或者学一个技能，增加他的自信，他觉得有控制力，能够左右一些事情的时候，或者让他看到环境在改变。比如跟他一起流浪的人，我们帮其找了工作，赚到钱了，这种影响其实对他们来说是直接的、更有刺激强度的"。(J-9)

"我们必须要承认一个现实，即一部分人在心理上和条件上已经无法返乡。既然回不去了，只能留下来，那他至少要做一些改变，让他的生活质量跟精神层面能够有提升。现在回不去在城市里面流浪的人员靠拾荒可能就20多块钱一天；有一些就做一些轻微违法的工作来提升自己的收入。就业渠道上，基于他们的认知和文化水平，找不到更多的工作（不会用网络，只能与现场的中介对接）；就业技能上，希望通过技能培训，增加其就业能力，目前是这么做的。"(J-9)

"比如他们做长期工作是比较难适应的，因为有几十年不上班，突然让他朝九晚五做工作其实很难，那我们就让他尝试日结的工作，他们是很喜欢的。他们希望当天工作后马上就拿到钱，能够变现。"(J-9)

"之所以会开发一些日结的工作资源给他们，然后帮他们筛选，给他们更精准的匹配就业资源，不让他们受到二次伤害，是因为流浪人员是弱势群体，他们普遍都遭受过黑中介的欺骗跟利用。"(J-9)

3. 遵循"以帮促建"的理念

例如，BJZA负责人谈到，"我觉得大部分帮扶应该是以帮促建的理念，我们虽然做公益，但不应该纯粹以救助人数为终极目标。比如我筹来一块钱，我帮不了人；筹来10万块钱，我就帮助1 000个人。这就是纯粹拿数字做考量，不应该是公益的最终目标和愿景"。(J-13)

4. 借助社区的权威资源

针对服务对象的不信任、信息获取难的问题，TZCX项目主管谈到，"我们会和社区进行沟通，由社区陪同我们一起去或直接向社区索要服务对象的家庭信息，询问他有无其他方面需求，我们等于做一个背后的支持

者"。(J-23)

(四) 以需求为导向，促进社会参与

1. 了解服务对象不同需求

以MYXM为例，首先对救助对象进行需求评估，然后根据不同需求将服务群体分类，提供不同的服务方向。MYXM负责人谈到，"比如有需要文化的，技能培训的，孩子需要额外课业辅导的，我们根据他们不同的需求，做出不同的服务方向"。(J-2)

MYYB负责人谈到，"在项目开展过程中配合情况很好。因为选定个案时会评估配合度"。(J-8)

WXTD在能力范围内尽力关注每个家庭的个性化，其负责人谈到，"因为社会资源有限，政府也很难解决特殊性问题，所以要以社会组织的能力为限考虑和家庭的接触度，在有限的能力下提供公益性的平台，同时深度走访考虑特殊性问题。既保持关爱性，又保持服务的相对距离性"。(J-3)

2. 营造社群化，提高社会参与度

例如，WXTD参与的活动，除救助对象外还有志愿者等其他愿意参与活动的社会人群，鼓励大家积极参与志愿活动。通过社会化融入提供基础性服务，社会化融入中有一个"幸福拼图"项目，通过营造社群化对救助对象进行帮助，3~5个人帮扶1个人。

3. 针对疫情影响，调整服务方式

例如，BCXY项目主管谈到，"人员可以得到保证。新冠疫情暴发，机构会受到影响，但整体影响不大。机构会调整线上服务形式，如即事即访"。(J-16)

(五) 跟进政策指向，协助解决问题

1. 跟进政府政策指向

例如，虽然BJHF不再在北京开展流浪乞讨人员救助项目，但其他地区社会救助项目仍顺利开展。"我们在其他地方是在跟着政府做全国社工站的推进工作，是稳稳地踩在政策线上的。留在北京的业务包含了困境青少年的救助，这个也是在未保法（未成年人保护法）和北京市政策框架下的；同时还有邪教治理工作，也都是在政策里面。既符合政策要求，甲方诉求

又与社会组织、社工的诉求一致,所以留下了这样的项目。"(J-4)

2. 帮政府解决资金问题

例如,BJZA负责人谈到,"因为我们是一家公共基金会,有时政府有资金缺口,比如他现在需要建设整个乡30~40家微型消防站,但目前资金只够建两个,与基金会合作可帮他补齐资金缺口,这个算合作。比如河南水灾时,应急局派出11支救援队,救了三天,水都退了以后,需要消杀,水灾发生期间的救援设备和水灾过后的设备不同。救援人员有救援技能,只是没有大功率的喷枪和消毒剂。如果走体制内的招标和物资采购没有3个月是走不完程序的,找基金会求助后,会在一天半的时间把需要的所有物资送到他们的手上,让11支队伍持续发挥作用"。(J-13)

3. 影响政府决策

例如,BJHF负责人谈到,"2017年左右时,民政部社会救助司的领导们到北京检查救助工作,正好是我们接待,领导要看真实情况,我们就带着制定政策的领导穿街走巷地看了几个露宿的人。当时领导的反馈就说,如果他坐在办公室里不跟我们走一趟,压根就不知道在露宿街头的人里面还有年轻人、有工作能力的人,在他们收到的工作汇报里,街头露宿的人跟乞讨的人员是一样的人。原来说要对露宿人员实施及时有效的救助,在2018年初'全国寒冬送温暖工作方案'中特别强调了要保障流浪乞讨人员的人格尊严和基本权利。北京市也做了很多调整,从2018年后,北京相关救助文件中开始体现乞讨人员和流浪露宿人员两个概念,对救助对象做了区分,因此很少有人再把流浪露宿人员与职业乞讨人员混到一起"。(J-4)

(六)规范过程管理,扩大影响效果

1. 建立系统化救助体系

例如,ZGET建立了全链条救助体系,提高医疗和救助效果。"我们在2011年开展先心病、白血病的'两病'救助。先心病最好的治疗时间是3~6岁,2015年我们发现很多患儿在参加救助时已经到了9、10岁,发现的晚,治疗的效果就会稍微差一些,对他们整个生活的改善、未来的社会融入、身体的生长状态等可能也会更差一些。所以我们在2015年时,联合河北省和陕西省,在基金会和当地民政的支持下,做了一个先心病新生儿筛查的项目,相当于把先心病筛查关口前移。原来更倾向于被动发现:由医院及当地民政提供可能需要救助名单，联合会根据名单做核定和执行。2015年开始更倾向于主动发现：做新生儿筛查。为出生两个月内的孩子做先心病检测，提前发现他是否患病。若患病，联合会直接与当地省级三甲医院合作开辟绿色通道，由县输送到省市，进行绿色通道的转诊救助。新创新的模式是从前期的主动发现，到中间的精准化救助及高标准、高要求的救助，再到后期一些个性化案例的随访和生活上的帮助，做到了一个全链条的救助体系。"（J-11）

2. 持续扩大救助范围

例如，ZGET整合力量扩大救助病种范围，"在大病救助方面国家卫建委或国家医疗部门会制定相关标准和范围，在大的层面讲应该叫国家慈善，即很多大病能够列入医保范畴内。从社会组织角度讲，我们肯定要符合国家和党的政策要求，在相关大型救助领域范畴，寻求公益救助工作。但在政策范畴外，可能还有很多的因病致贫或因病造成家庭负担过重等问题。所以在范畴之外，我们也在考虑怎样跟一些企业、基金会合作，看看能不能去拓展工作范畴"。（J-11）

早期时遇到的挑战会多一些，疾病种类的制定困难。"随着医疗技术的不断提升，手术方式和救助方向会有调整，联合会要不断适应国内、国际医疗技术的改善和提升，以及相关药物、住院治疗费用的调整。联合会的救助是定额标准，需要不断调整：如何在定额标准内为患儿提供更多的医疗服务？所以我们需要不断和医院协调，如和相关科室协作，明确整体医疗费用有哪些限价框架，希望保证患儿实现真正零自付状态（患者家属不需要花钱）。（这些目标）医院的配合程度高就可以实现，如找出医院哪些政策能帮助患儿再减免一部分费用，然后让患儿家属实现零支付的状态。"（J-11）

3. 减少合作风险

例如，BJZA负责人谈到，"2万元以上的打款，基金会根据医院开的诊断单和医疗方案直接打给医院，不打给个人"。（J-13）

"对合作伙伴宁缺毋滥"是一个重要原则，BJZA对联合劝募的伙伴采取的绝对是宁缺毋滥原则，不同项目领域会对社会组织有不同的标准，社会组织填表申请基金会评估，通过评估测试后，上报理事会和民政局，再建立合作。

BJZA负责人谈到,"合作的初期,基金会会采取一些方法测试组织能力。比如在网上筹款比较容易,可以在项目未正式立项前开一个'一起捐',让社会组织做它想做的公益方向,找一些同类的项目尝试,基金会利用综合数据反映社会组织动员、筹款能力。通过这种测试后,我们认为是可以建立合作的,再正式签合同、走流程建立合作;如果不合格,就筛掉"。(J-13)

第五章
社会组织在赋权中的具体做法与成效

赋权（Empowerment）是社会救助政策的重要目标，赋权的目标对社会救助工作提出了新的挑战。自简·亚当斯（Jane Addams）时代以来，赋权的理念一直是社会工作实践的一部分。国家发展的目标是创造一个有利的环境，让人民享受幸福、健康和有创造力的生活，它的目标应该是扩大人民的选择。尽管直接的政治经济干预对提高贫困人口的生活水平具有重要意义，但对群众的真正赋权在于他们的能力建设。赋权可以通过提供以下内容来实现：健全而有目的的教育，有助于培养全面发展的个性；足够的技术技能，以赚取体面的生活；全面的公民技能，将有助于个人成为负责任的公民；基本权利，包括人身、家庭、财产和荣誉安全。

只有在公民充分意识到自己的权利并有能力捍卫这些权利和义务的社会中，才能确保高效和有效的治理。受过教育和了解情况的公民定期关注治理，如果有任何不良做法，都会得到有效处理。缺乏赋权将使人们变得冷漠，逐渐陷入冷漠状态，这对任何社会的发展都是非常危险的。如果社会经济和政治制度无法实现上述目标，就会出现"制度受挫"（System Frustration），进而表现为沮丧，通常会导致异常行为。因此，治理制度必须透明、高效、以人为本。

在赋权趋势的背后是更为根本的社会变革，现代化的社会越来越把个人放在中心位置。个人行动的空间大大扩展，人们可以更容易地脱离由阶级、性别和家庭成员关系所塑造的传统立场。社会日益多元化，因为个人越来越容易创造自己的身份，并有按照自己的兴趣和需要生活的自由。

一、社会组织在社会救助中的赋权实践

赋权是以任何可能的方式赋予对象权力的过程——资源、教育、政治和自我意识等。赋权是一个从无能为力的状态过渡到相对控制自己的生活、命运和环境的状态的过程。这种转变可以表现为感知控制能力的提高，也可以表现为实际控制能力的提高。赋权是从被动状态到更主动的控制状态的过渡，对它的需求是实现一个人的人性的一部分，可以说，一个对自己的生活和环境无能为力的人没有实现其与生俱来的人类潜力。

在发展和减贫的时代背景下，促进赋权是一个多层面和相互依存的过程，涉及社会、政治、经济和制度变革，将使生活在贫困和边缘中的群体能够有意义地参与塑造自己的未来。没有真正的赋权，救助很容易变成一种象征性活动，甚至成为维持权力关系的手段。

从问卷调查情况来看，"精神赋权"的选择频次最高，为247次，其次是"社会赋权"228次、"文化赋权"172次、"经济赋权"149次、"政治赋权"41次。这表明，大部分社会组织会选择从社会维度、精神维度对救助对象赋权增能，而从政治维度赋权增能的情况较少（见表5-1）。

表5-1 社会组织对救助对象赋权增能的维度

赋权增能的维度	选择频次（从高到低）	赋权增能的维度	选择频次（从高到低）
精神赋权	247	经济赋权	149
社会赋权	228	政治赋权	41
文化赋权	172		

以北京市西城区XCMY社会工作事务的赋权实践为例，其赋权从以下几个方面开展（见表5-2）。

表5-2 XCMY的赋权做法

序号	赋权维度	具体做法
1	对服务对象个体	经济赋能：推荐就业机会促进就业。对有劳动能力、处于劳动时间段的帮扶对象，根据其基本情况为其推荐就业机会。"家中有需要照顾的人会帮助寻找近距离、临时性的工作或社区的一些公益岗位；为残疾人找可以居家从事的工作。"

续表

序号	赋权维度	具体做法
1	对服务对象个体	认知赋能：改变消极态度。 "接触的大部分人经常跟我们说的一句话是我的一生可能就这样了，我也只能做成这样了。你告诉他可以尝试让这个家庭去改变，或者让他跟家人关系有所改变，他都是比较消极的态度。对这种个人层面的增能来说，我觉得也还是比较重要的。"
2	对社区和街道人员认知赋能：改变对帮扶人员的态度	以往社区工作者、居民、街道、民政的工作人员对于低保、低收入群体普遍存在两种态度：一是认为他们是大麻烦，应该敬而远之，甚至认为有些长期问题是根本没有办法解决的。二是只落于同情。 对政府人员的增能使其重新认识服务对象并看到改变的可能性，能够用社工的优势视角全面看待服务对象，认可社工的理念和看法，实现环境的增能，以支持社工的服务，扩大帮扶支持群体
3	政策赋能：提高政策覆盖精准度	在与街道对接的过程中，总结、反馈整体服务情况和发现的问题，包括具体的一个服务对象为什么会这样等，有利于街道救助活动、福利的精准帮扶

从访谈的24家社会组织情况来看，主要有以下几种赋权的做法。

（一）按领域划分

1. 经济赋权的做法

经济赋权对于救助对象的福祉至关重要。免于饥饿、充足的收入和物质资产的安全是救助对象生活中的核心问题。经济赋权是指救助对象为经济活动做出贡献并从中受益的能力，其条件是承认他们贡献的价值，尊重他们的尊严，并使他们有可能就更公平的回报分配进行谈判。经济赋权还涉及改变阻碍救助对象参与经济活动的制度和规范，如对儿童保育或妇女可以从事工作类型的态度。要使经济增长成为减贫的有效途径，救助对象必须能够公平地获得资产并获得回报，那么影响劳动力、资本（金融、储蓄）、土地和自然资源市场的政策是关键的决定因素。

调研发现，社会组织在社会救助中直接的物资发放形式相对较少，更多是采取经济赋权。例如，HDTCL负责人谈到，"我们没有资金发放的权

利"。(J-17)

CYQCY 负责人也谈到,"由于项目经费匮乏,事务所直接为救助对象提供物质方面的帮助较少,募捐形式的物资会提供"。(J-10)

BJXH 负责人谈到,"发放企业捐赠的方便面、米面粮油;基金会提供的口罩等物资"。(J-5)

CSDY 负责人谈到,"提供兜底性服务,如发食物、衣物;医疗救助等,协助政府做这类行政救助。目前因为政府的定位还没有达到开发的层面,所以我们做一些兜底性工作"。(J-9)

(1) 协助办理手续,享受福利待遇。一是协助"低保"转"特困"。例如,BJXH 负责人谈到,"安定门刑满释放出狱后带一身病,没有工作,且未婚,到 60 岁后属于特困人群,帮助他低保转特困"。(J-5)

SJSMD 在社会关爱和政策帮扶上做的多一些,比如从低保到特困的推进和帮扶。二是解决看病时住房押金问题。例如,BJXH 负责人谈到,"一位刑满释放的被救助者患特种肺结核,在肺结核医院住院,恰巧公租房名额发放,但由于传染病其无法及时办理公租房事宜,机构帮其办理相关手续,被救助者出院时可以顺利入住公租房"。(J-5)

(2) 购买公益产品,促进生计改善。例如,BJZA 助残帮扶建立多元化新模式,提高残疾人社会融入度,实现自我价值并获得更多社会关注和认可。BJZA 负责人提到,"我们希望在全国助残日能有宣传和展现残疾人的平台,和企业建立了一种合作模式——基金会推广残疾人的活动;企业通过购买残疾人自制产品捐出一些钱,购买的产品作为公益品奖励给愿意关注和支持残疾人事业、帮助残疾人宣传的视频号大 V。这样又能讲好故事,也促进了平台的成长,同时也让残疾人觉得自己是有价值的,更好被社会关注。这个是我们建立多元化新模式的尝试"。(J-13)

(3) 帮助恢复工作能力,开展就业帮扶。通过救助,使个案对象能够自食其力。例如,BJHF 负责人谈到,"对个案服务对象主要帮助他们有自食其力的能力:帮他们找工作,联络相关的培训资源,给没有劳动技能的人找一些小的手工活等,通过劳动获得收入,帮他们恢复一定的赚钱能力"。(J-4)

调研发现,就业帮扶主要是技能培训。例如,MYXM 负责人谈到,"以往项目中就业技能培训只针对特困群体，去年接的项目今年不再算社会救助，但也还有技能培训，针对退役军人提供的电商培训在辖区内反馈较好"。(J-2)

CSDY为流浪人员提供工作，使流浪者有选择权；技能培训，增加自信，使流浪者感觉有控制权；让流浪者感觉到流浪环境在变化；为流浪者开发日结工作资源；筛选工作，为流浪者精准匹配就业资源。具体而言，其就业援助包括：开发就业项目；给流浪人员找工作；能力、心理支持；流浪人的合唱团；礼仪培训；提供陪伴式的面试指导等。CSDY负责人谈到，"就业援助我们目前是在做赋能的维度，比较难做，但也是流浪人员脱离困境的关键"。(J-9)

BJZA负责人提到，"因伤致残的特殊人群（自己烧伤或工伤致残），治疗后不再适合从事之前的工作，基金会对其进行公益性培训、扶持生活信心，让他能更好地融入社会，继续后面的生活"。(J-13)

(4) 实施医疗救助，恢复身体机能。一方面，为大病患者联系医疗资源。例如，BJXH负责人谈到，"一位散打教练，在一次受伤后神经和肌肉24小时内全部萎缩，导致瘫痪，我们发现后为他办理低保，并安排中医对其针灸和进行一些康复训练，目前被救助者已能拄拐勉强走路；还能反哺其他救助者：胡同中有老人需要去医院看病，但打车不方便，老人也不会使用打车软件，他就开着他的摩的接送老人，已经做三年多了"。(J-5)

BJZA负责人提到，"帮助贫困患者就医是我们业务范围中的一项主要工作职能。全国范围内的执行重点集中在医疗条件较好的一、二线城市的大医院，包括北京、河北、山东、河南、安徽、湖南等地"。(J-13)

另一方面，资金的救助。例如，BJZA负责人提到，"通过我们的救助生命得以延续的人，如一些小朋友是白血病，我们帮他凑齐了手术费，通过骨髓配型后治疗比较成功，后续他可以跟正常孩子一样健康快乐地自己生活"。(J-13)

2. 社会赋权的做法

社会赋权是指改变社会（如性别规范），使救助对象在社会中，地位得到尊重。自主感和自我价值感对于救助对象保持身体完整、参与政治、要求公平的工作回报以及充分利用公共服务（如卫生和教育）非常重要。

多位社会组织的负责人提到，社会组织主要从社会维度进行赋权。

（1）提供生活服务，减轻生活压力。一方面，便利服务。例如，BJXH负责人谈到，"动员高龄老人打疫苗，代买药，代买生活物资等"。（J-5）

BJZA负责人提到，"经过大家的努力最终也没能治好而离世的人，如有一个人正好是家里的顶梁柱，因病离世，可能还留下幼小的孩子或者缺乏照顾的老人。我们再发挥助学和助老功能，持续进行生活上的帮扶"。（J-13）

另一方面，老年人的喘息服务。

（2）协助寻找资源，促进融入社会。例如，BJCM首先建立好专业的关系，在专业关系的基础上，尽可能从家长视角为其寻找资源。"资源不仅指医保和社会救助，还要让他看到自己的社会网络资源。"（J-19）

"社工会说我努力跟你一起想办法，我们共同帮你解决各种问题，但我们不会说我努力帮你申请钱。资源只是解决问题的一种方式。"（J-19）

XJD负责人谈到，"主要是融入社会的赋权增能：如何与外界人士沟通，如何融入社会，培养孩子用正常的社会规则做事情的能力。比如，到了麦当劳或其他场所，孩子如何求助"。（J-1）

（3）建立内部互助关系，提高社会参与感。提倡救助对象做一些力所能及的爱心工作，增加其社会融入度。如残疾人领域，WXTD根据残疾等级的不同可以以残助残、以残助老，在能力范围内，帮助救助对象考量和设计活动样式。JYRX帮助无户籍儿童落户。BJHF利用救助工作增进流浪人员内部互助，增加流浪人员社会参与感，主要有两种做法：一是流浪人群内部相互连接，形成互助群体。通过组织流浪汉足球队（机器人足球）、流浪汉话剧社等活动，以及给流浪汉放露天电影（疫情前），希望露宿者间能建立连接。二是建立社会公众和流浪汉之间的连接，增强流浪汉社会参与感。流浪汉足球队会邀请社会人士包括政府部门人员参加；发起废旧手机回收计划等活动，希望流浪汉能与正常生活在社会轨道中的人产生互动、连接。

再如BJZA，救助对象通过参加该机构的志愿活动，实现自愈。BJZA负责人提到，"如一些生过病的人会跟社会有一段时间的脱节，经过重大的苦难后需要有一定的心理修复时间。他们得到过帮助有所好转后，现在也愿意参与到社会帮助的大环境中，愿意参加流浪动物救助、助学、助老、助残等志愿活动。通过参与基金会外延的志愿服务、奉献爱心也是一种自愈的过程"。（J-13）

（4）提供法律援助，维护社会权益。如 JYRX 的家暴儿童监护权转移，MYYB 协助解决孩子家庭问题，如父母离异等。

3. 政治赋权的做法

赋权针对的是权力的传递，权力应该给予那些被剥夺了权力的人，或者由他们收回。赋权是增加人际或政治权力的过程，以便个人可以采取行动改善他们的生活状况①。在政治层面，赋权就是让决策过程之外的人参与进来，根据"权力移交"（Power-over）的传统定义，强调参与政治结构和正式的决策过程。根据权力的"生成性"形式（"争取的权力"和"拥有的权力"），赋权涉及人们意识到自己的利益以及这些利益与他人的利益之间关系的过程。也就是说，政治赋权涉及政治机构中的公平代表权和增强最弱势群体的声音，促使救助对象参与影响其生活和与其类似的其他人的生活的决策。这是一种为自己说话的能力，获得参与政治进程的权力。低收入者和其他受排斥群体参与决策的机会，对于确保有限公共资源的使用建立在公平的基础上并带来变革至关重要。

赋权的背景理论确认了个人与政治之间的联系，它从政治上分析社会生活中的个人问题。个人根据其可获得的关于社会领域政治成就的知识来解释他生活中的政治。在西方国家，人们会意识到某些社会价值，他们知道存在着对自主和自由独立运作的基本需求；自由和责任在社会中以某种形式平衡共存。尽管从自由的绝对意义上来说，并不存在绝对自由的，但他们应该摆脱剥削、不平等和压迫的限制条件。

调研发现，社会组织的政治赋权主要是恢复救助对象的公民身份。如在对流浪乞讨人员的救助中，帮助"黑户"恢复公民身份以享受保障。BJHF 对因当时严打、监狱改革等各种原因丢失公民身份的救助对象（黑户意味着无法享受现行社会福利保障）尽力恢复其公民身份：帮他们找过去监狱的档案；联系原来服刑的监狱、劳教的农场、户籍地等，希望帮助他

---

① GUTIÉRREZ L M. Working with women of color: an empowerment perspective [J]. Social Work, 1990, 35: 149-153.

们恢复正常公民身份。

4. 文化赋权的做法

文化赋权意味着使个人能够在一种文化中建设性地管理他们的生活；理解他们所生活文化中的价值观、伦理和运作原则；在一个文化多样性的社区中，建设性地将其文化与其他文化相结合，以实现互惠互利。

（1）心理赋能，建立自信。调动救助对象的主观能动性，让服务对象对生活充满信心。例如，HZHL的社会工作者运用专业方法调动救助对象自身的主观能动性，使其对生活充满信心。WXTD主张救助对象要心怀感恩，学会感恩志愿者和社会。

BJXH的"身心双赋能"理念：在身体方面，对被救助者使用针灸治疗、康复锻炼等进行赋能；在心理方面，对被救助者进行文化输入、家庭教育等赋能。搭建救助对象与政府沟通的桥梁，帮助其发现自身价值，让救助对象感受到自己被需要。

SJSMD的主要做法是，增加救助对象自信心，尽量提高其自力更生能力。

（2）教育赋权，启迪智慧。如BJXH的儿童教育救助项目包括三方面：一是教育救助（如课业辅导、线上教育辅导等）。动员大学生对低保低收入家庭的孩子进行教育救助，"放飞梦想，遨游太空"项目请清华大学教授给孩子们讲太阳系、做模型等（启迪梦想）。二是组织儿童参加各类活动。对存在家庭教育缺失、亲子关系不和谐的孩子（如父母是智力残疾或精神残疾），组织他们参加各类活动，如出演舞台剧、红色剧（励志剧），进行冬奥剪纸、画画、唱歌等祝福冬奥活动。三是定期赠送儿童剧院的话剧票。BJXH负责人谈到，"后来链接的资源越来越多，东城区民政局宣传科的科长定期给我们免费的儿童剧院话剧票，而且持续了好长时间"。（J-5）

MYYB协助解决学习问题及提供心理安慰，"如帮扶对象刚考上高中，父母不在了，跟着爷爷奶奶生活，心态及学习方面会对其链接一些资源进行资助"。（J-8）

总体来看，社会组织往往不以单一的手段帮扶，而靠一些衍生的合作方式，通常是经济、社会、政治、文化四个方面都会涉及。例如，BCXY主要是抓住服务对象的困难根源，看他们的需求在哪。以前从问题视角介入，现在更关注发展视角，如青少年的成长计划、刚复健人员的就业计划、关系融入等。

从所访谈的 24 家社会组织来看，主要从以下方面赋权（见表 5-3）。

表 5-3 赋权维度

序号	维度	序号	维度
J-1	社会	J-13	社会、文化
J-2	社会	J-14	经济、社会
J-3	社会、文化	J-15	经济、自身主观和能动性
J-4	经济、政治、社会	J-16	政治、经济、社会、文化
J-5	社会、文化、心理	J-17	社会文化
J-6	社会、经济	J-18	社会活动、心理慰藉、物质激励
J-7	经济、社会	J-19	经济、社会资源
J-8	经济、社会	J-20	生活环境、经济、社会资源
J-9	社会就业援助	J-21	社会资源、社会关怀
J-10	社会、物质	J-22	经济、认知、政策
J-11	家庭、社会	J-23	生活
J-12	—	J-24	社会资源、精神

（二）按层面划分

1. 个体赋权的做法

例如，TZCX 负责人谈到，"父子两人生活，儿子患有精神分裂症。我们赋权增能的方式主要是在服务的过程中，一方面是缓解他的病症、陪同就医；另一方面通过和他父亲沟通获知父亲年纪大了，担忧孩子未来生活问题。对这一问题我们首先做了一些基础的赋权增能：帮助孩子掌握一些基础的生活技巧，如到银行取款、自己做一些简单的饭菜（手把手教他），我们还制作了一个日常生活的指导手册，带着他去操作"。(J-23)

2. 群体/小组赋权的做法

例如，TZCX 针对有相同需求的群体进行小组形式的赋权增能，"例如有的街道大多为独居老人，我们会以小组的形式教授一些居家安全、防跌倒、预防老年痴呆症等方面的知识"。(J-23)

二、赋权的效果

问卷调查发现,"心理上接纳他人,实现社会融入"选择频次最高为226次,其次是"提升获得感和幸福感"为197次,"重构社会网络关系"和"自信心提升"同为172次,其中"得到经济支持"选择频次最少(60次)。了解到大部分社会组织会选择从社会维度、精神维度对救助对象赋权增能,因此,相对应的救助对象在社会和精神方面获得救助的效果明显(见图5-1)。

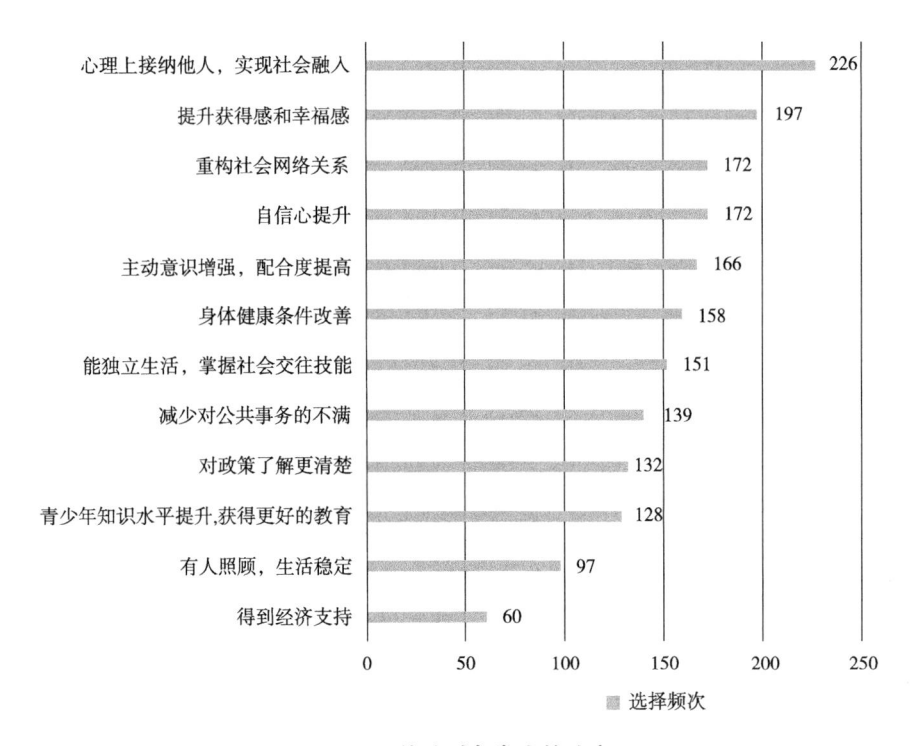

项目	选择频次
心理上接纳他人,实现社会融入	226
提升获得感和幸福感	197
重构社会网络关系	172
自信心提升	172
主动意识增强,配合度提高	166
身体健康条件改善	158
能独立生活,掌握社会交往技能	151
减少对公共事务的不满	139
对政策了解更清楚	132
青少年知识水平提升,获得更好的教育	128
有人照顾,生活稳定	97
得到经济支持	60

图5-1 救助对象发生的改变

关于救助对象的配合程度,选择配合度4分和5分(满分5分)的频次最高(147次),通过计算得出,所调查的社会组织在参与社会救助工作过程中,救助对象配合度的平均值为4.39,说明救助对象的配合度处于偏高水平。关于救助对象对救助工作的满意度,选择满意度5分(满分5分)的频次最高(202次),通过计算得出,救助对象满意度的平均值为4.58,

高于4.5，说明救助对象满意度非常高。关于救助工作对救助对象的帮助度，选择帮助度4分（满分5分）的频次最高（176次），通过计算得出救助工作对救助对象帮助度的平均值为4.22，同样处于较高水平。详见表5-4。

表5-4 救助对象的配合度、满意度以及对救助对象的帮助度

题目	贵机构在社会救助工作过程中，救助对象的配合程度如何？				
配合度（从低到高）	1	2	3	4	5
选择人数	0	1	19	147	147
配合度平均值	4.39				
题目	贵机构在社会救助工作过程中，救助对象对救助服务的满意度如何？				
满意度（从低到高）	1	2	3	4	5
选择人数	0	3	12	98	202
配合度平均值	4.58				
题目	贵机构社会救助工作对救助对象的帮助程度如何？				
帮助度（从低到高）	1	2	3	4	5
选择人数	0	3	31	176	105
配合度平均值	4.22				

多数受访人谈到，通过救助项目的实施，无论是个人还是家庭都在向好的方向发展。最主要的是救助对象的实际需求得到解决，如 HZHL 对残疾老人进行心理疏导和心理慰藉服务，协助残疾涉救家庭申请辅助器具，切实解决残疾老人的实际困难。

（一）经济及物质方面的赋权效果

1. 得到经济支持

例如，BCXY 负责人谈到，"救助对象最重要的需求是生活经济上的，我们介入后，经济上会得到改善"。(J-16)

（1）享受救助政策给予的经济支持。BJZQ 负责人谈到，"政策能够给到的经济支持，是我们链接多少资源都很难赶得上的。所以在经济上，我们会评估受助者情况，尽力寻找适配的救助政策。如低保政策，每个月有低保金和医疗救助；家里有小朋友的话，能在学业上享受其他福利"。(J-7)

PAFJ通过中间协调以帮助服务对象获得基本生活保障，"'两劳'人员出来后很难找到工作，又不能享受低保，这种情况下，我们会通过各种方式协调帮助他获得基础的生活保障"。（J-20）

（2）困难群众获得链接资源。如企业赞助，BJZQ负责人谈到，"有时会链接到一些有资源的单位赞助现金或粮油，但比较少"。（J-7）

减少因病致贫的风险。CYQCY负责人谈到，"在大病救助或个人自费医疗可能政府没办法兜底的情形下，申请一些募捐或找一些专门类型的基金会或组织帮助他们解决"。（J-10）

通过救助，救助对象的现实问题得到很好的解决，PAFJ项目主管谈到，"有一次帮残疾人士安装柜子，他的生活变得更加愉悦了"。（J-20）

"东城住在老旧平房的服务对象，我们会帮助他们安装电灯等设施，改善其居家生活环境，为他们提供资源链接等服务，解决他们的现实问题。"（J-20）

（3）找到稳定工作，收入增加，可以谋生。例如，BJXH负责人谈到，"低保户家的子女有了工作后，在复核时不符合低保户标准，就只能发160元/月，但又不够花，所以他就让我们帮他找工作。但疫情、裁员等原因，他自身又不愿意去离家远的地方工作，没给他找长时间的工作，后来也就不闹了"。（J-5）

从困境边缘变为每月有稳定收入。BJZQ负责人谈到，"我们接触过一个困境边缘的家庭。当时他们家的收入超了低保标准线一点点，现在这个老先生的儿子已成功就业，他们家从困境边缘变成了每个月有稳定收入的家庭"。（J-7）

HZHL帮助服务对象增收，设立"纸巾盒"项目，服务对象通过编织纸巾盒，机构负责回收、出售，实现增收。

BJHF的救助案例中，未脱离露宿状态的救助对象经济和生活状态得到改变。BJHF负责人谈到，"因各种历史原因无法脱离露宿状态的，在露宿生活中境遇会变得好一点。虽然在外面住，但有一份相对稳定的工作，比如每天早上去早点摊儿炸油条，早点摊儿给他500元/月。从经济上和生活性质上会有一些改变"。（J-4）

（4）形成产业可持续发展机制。传授技艺，帮助救助群体形成可持续生存机制。例如，ZGHQ 负责人谈到，"我们有一只专项基金，教梁山少数民族一些技艺，自己做出产品后，由合作社售卖"。(J-14)

2. 身体健康条件改善

（1）完成治疗，身体恢复健康。例如，ZGHQ 的项目让老人重见光明，"老挝有一个老人失明很多年了，通过光明行项目为他做了手术，让他重见光明"。(J-14)

比如 BJZA 的人工耳蜗项目，"有些孩子因为孕检不及时或基因缺陷，导致他先天性失聪，他们通过人工耳蜗的手术都很成功，后续能跟正常儿童一样上学、长大，减轻了家庭的负担和困难，以后非但不会变成社会的负担，还是为社会添砖加瓦的一个非常好的建设者"。(J-13)

BJCM 副秘书长谈到，一是基本都会完成治疗。"救助对象基本都会完成治疗，这是最重要、最核心的。"(J-19)

"帮助患者家庭排除救治过程中的各种的问题，以便得到及时的医疗干预。"(J-19)

"有父母相互打架，让孩子在住院上出现问题，我们就排除各种问题，无论是资源的、心理的、家庭关系的还是医患沟通的等，一定先要完成治疗。"(J-19)

二是尽可能减少疾病给孩子或家庭带来的负面影响。"譬如有的是夫妻之间天天吵架；有些孩子治疗效果不好，夫妻之间可能不能接受这个治疗效果等等。我们希望帮助他们减少负面的影响，有些事情可能必须去接纳。"(J-19)

三是回到普通人的生活。"我们一直认为要通过细微的帮助让他们摆脱困境，回到普通人的生活。我们不觉得我们能够为他们做多少，因为他们始终是自己人生的主人。"(J-19)

"我们一直都认为，复杂先心和早产两种疾病对患者而言就像在人生路上掉下个石头，这个船只是暂时偏航，经过一段时间还是会回到它原来的路程当中。只要原来的人生航线不要太受改变就可以了。"(J-19)

XJD 负责人谈到，"听力障碍的孩子恢复率可以达到 80%~90%。其中，0~4 岁能达到 100% 恢复率；4 岁以上，如 6~8 岁的孩子恢复率会弱一些。原来聋儿是一点都听不到，也不会说；现在能听到、也会说，并且能进入

正常的幼儿园、学校进行学习，拥有独立生活的自理能力"。（J-1）

"我觉得当地公立康复机构的报销可能会好一些，但到我们这康复的孩子在当地已经康复过了，康复1~4年的都有，只是没有效果，才找到外省市来康复。我们最远的有从西藏、新疆过来的。相较来说，我们的治疗效果比他们公立的康复机构要好很多。"（J-1）

（2）就医有陪伴。PAFJ项目主管谈到，"一位重症尿毒症患者，常常需要透析，而照顾他的母亲年纪很大了，我们会陪伴他透析。有时是社工陪伴，有时会让其他帮扶对象去帮助他，我们为其支付劳务费"。（J-20）

（3）居住条件得到改善。例如，BJHF对京籍露宿人员最显著的改变是脱离露宿状态，从原来睡大街到找到自己的户籍，进而通过低保救助、住房保障政策申请到了公租房（差不多有5~6例）。

（二）社会方面的赋权效果

1. 心理上接纳他人，实现社会融入

通过赋权，救助对象的社会融入意愿增强。例如，TZCX项目主管谈到，"开个案、小组的社区，社会融入有所增强"。（J-23）

（1）意识到社会上有人可以帮助他。例如，FTJWL项目主管谈到，"我感觉更多的是这些孩子了解到民政部门有一个关爱平台，他们觉得虽然自己可能出身不好，没有父母对我们的关爱，但他们知道在社会上有这么一个群体是可以帮助到他们的，我觉得他们在这方面的意识是有的"。（J-24）

"孩子们的父母、爷爷奶奶等人，以前觉得这孩子就这样了，但我们介入多年后，他们会觉得，我的孩子虽然是不幸的，但在这个社会上，他是能被别人看到的，别人能知道我的孩子，能帮助他。"（J-24）

救助对象感觉到被关注，意识到通过自己的努力，会有人可以帮助自己。"孩子们会觉得虽然我可能现在学习不好，一无是处，没有出过这个大山，但通过我们的接触（我们会带着一些孩子去北京别的区），他们会觉得我看到了别的地区的情况，我也看到了别人对我们是关爱的，我如果努力学习，好心人士或一些企业的爱心人士能看到，他们会帮助我们。"（J-24）

"比如我们有一个孩子他是从山区出来，通过自己的努力，上了专科，这个事迹我们在宣传平台上让别人看到了，就有一个好心人士帮他赞助了学业中的生活费、学费。"（J-24）

"他了解到，除了学校、政府能帮我，还有这么一群人只要我努力，他们就能帮助我，他们会觉得自己是能被关注到的，社会没有放弃我，如果努力也许能走出大山，好多孩子，我觉得他们现在这个意识是有的。"（J-24）

（2）心理得到开导和慰藉，在心理上接纳他人。例如，JYRX 负责人谈到，"农村地区离城区远，民风较淳朴，因此配合程度高。救助群体主动意识增强，社会融入明显。原来残疾人自暴自弃不出门，对别人的探访视作嘲讽，现在开始在心理或情绪上接纳他人，走进社区"。（J-6）

HZHL 对有情绪的服务对象及时进行心理疏导和心理慰藉服务，对 170 例个案家庭实现了动态管理，使服务对象深深地感受到了政府的关注和社会大家庭的温暖。在新冠疫情反复期间，及时对涉救对象进行电话防疫宣传服务和情绪疏解服务，有效地降低了服务对象的恐慌情绪，加强其防疫意识，使社会救助对象感受到政府的关怀。

（3）能够参与社会活动。例如，ZGHQ 负责人谈到，"受助者反馈回来，参与到 ZGHQ 的志愿者队伍，本身就是一种社会融入"。（J-14）

BJZQ 提供平台引导受助者参与社会实践，实现社会融入，"引导青少年积极参与社会实践；鼓励他们参与到自己的交际圈子；今年会在就业上做一些平台"。（J-7）

"我们在先心病和白血病的救助方面，如限价标准、救助条件、救助标准及救助内容上，我们和医院方面都做了一些研判，基本上现在通过我们的救助，患儿治愈后 100% 都是可以正常回归社会的。"（J-11）

FSNY 负责人谈到，"我们有一个行动不便、视力不是很好的老人，开始特别不愿意参加活动，通过邻居动员，让他感受活动的氛围。参加两次后，我们再组织老年人的室外活动时，他报名变得踊跃了。从不愿意走出来，愿意在家待着，到之后主动参与活动，成为每次活动报名的积极分子，我觉得服务对象的内心变得主动了，产生了融入的意识"。（J-18）

FTJWL 项目主管谈到，"我记得特别清楚，有一个孩子，他的爸爸有一些精神问题，他妈妈是从内蒙古走失过来的，没有跟爸爸领结婚证就生活在一起，生下了他们两个。婚后他的爸爸总虐待妈妈，那个孩子亲眼目睹了妈妈在后山上吊自杀，从那之后，那孩子一句话也不说，没有办法上学。

我们有专门心理方面的社工介入这个孩子，基本上每周都会有社工去。一开始介入，这孩子就是不说话，即便天天来，他就是不说。我们坚持了大概三个月他始终不说话，我们就给他带点小礼物，给他放音乐，读书，讲故事。三个月之后，这个孩子就真有变化了，社工过去他会打招呼了，他会说'阿姨，你来了。'然后可能也没什么话，他习惯性地把我们之前送给他的书拿出来，他会看，会跟我们简单地说，说我看的这本书，这个是谁，这个是谁，慢慢地，他能沟通了。大概一年之后，这个孩子最大的变化是他可以跟别的同学、小朋友们一起参加活动了，虽然也不是什么非常重大的活动，就是我们组织村里的孩子一起做个小手工，看个电影。以前他是绝对不会参加的，但是经过这个慢慢的过程，这个孩子性格真的比以前开朗了很多，在家还会主动帮奶奶干活，洗一洗自己的衣服"。(J-24)

"我觉得这是我们社工所能介入更多的地方，能感觉到孩子们的变化，我们也就是这方面能介入得更多一些。"(J-24)

（4）愿意加入志愿者团队。例如，ZGHQ负责人谈到，"台湾黄崇美女士在侨联设立崇世爱心基金，专门帮助宁夏少数民族地区孩子，不只基于资金帮助，还对孩子进行一些心理上的沟通访谈，他的志愿者团队都是来自他帮助过的人"。(J-14)

HDTCL谈到了以下案例：

比如我们有一个案主是精神分裂症患者，离过两次婚，现在是一个人带两个孩子，接案时，大的是18岁，小的是5岁。案主社会融入感比较差，母亲在世时是其监护人，但在她母亲去世后，她姐姐就作为她的监护人，但没有履行监护人转让的法律程序，导致她在拿困服基金时有阻碍。(J-17)

我们协助她跑通程序，协助她与社会救助干事把流程沟通好，并咨询好法院监护权的问题，法院告诉她孩子已满18岁，大儿子可以有监护的权利，所以把她的监护权给她儿子了。因为整个流程是我们发现并帮她跑的，她就对我们产生了信任。于是她提出自己的需求：第一，实际没有工作，也没有很多朋友，希望有一个交际圈。第二，小儿子在上幼儿园，比较自卑，但她又不会照料，不会做亲子教育；大儿子虽然18岁上了大学，但他比较迷恋网络游戏，交际也不是特别好。对于两个孩子的照顾，她觉得没

有履行母亲的责任。(J-17)

我们对小儿子做了心理评估,发现小儿子主要的心理压力来源于母亲,母亲特别希望自己的儿子能和正常孩子一样,所以她就把孩子管的特别乖,特别听话,但实际给了孩子很大压力,导致孩子没有自信心。我们对孩子做了近一年社会融入、同辈融入等,并利用沙盘游戏、个案等进行了十多次专业的心理辅导。小儿子通过一年的引导有自信心了,在幼儿园愿意主动和其他小朋友交流。原来这些事情是不可能的。(J-17)

现在案主她非常愿意带着她的朋友来我们困服所,特别自豪地和朋友说我们这个地方的老师特别好,经常带着孩子来这儿参加活动,对我们机构的认同感还是很强的,并且有意愿参加我们的志愿服务,这是她走出家庭的现象,原来只是在家看电视、接孩子、取药。(J-17)

她家的老大我们也接触了,因为老大18岁了,开始对我们是怀疑和谨慎,通过我们长时间对她弟弟和母亲的工作与服务,弟弟觉得这个环境非常好,像个家庭一样,并且他也参与了我们社区环境的自组织服务。这个孩子看上去比较懦弱和自卑,后来做活动时他可以抬头挺胸和别人交流。我们今年去社区的时候又碰到了他,他主动和我们打招呼,能感觉到他的活力,跟原来不一样了,原来是比较闷,比较胆小,感觉比较无助,现在至少跟我们打招呼的时候是很积极、乐观、热情的。(J-17)

所以从这个家庭的三个成员来说,都是有一些变化的。我们是做了两年服务,一年是为妈妈服务,一年是为小孩子服务,今年是第四年了,因为疫情,救助服务没有办法开展。现在她的大儿子会主动联系我们,做些力所能及的事情,从社区了解到他现在比较外向,愿意参加社区的一些重要活动。(J-17)

2. 重构社会关系网络

关系社会学(Relational Sociology)认为社会关系和网络是社会的核心特征,它从理论上反映了它们的性质以及它们与其他社会特征的联系,包括不平等、文化、制度和社会领域。作为一种社会结构,社会关系和网络是由关于特定行动者应该如何对待他人的关系预期组成的,社会关系和网络中的参与者可以是个人,也可以是集体或企业。

(1) 重新回归家庭,回归社会。情绪的改变、家庭生活状态的改变很明显。例如，BJHF 对非京籍露宿人员的救助，使原来因各种家庭矛盾导致露宿的最后回家了（包括父母面向子女和子女面向父母）。CSDY 负责人谈到，"有家可回：重构家庭网络，争取政策覆盖，避免二次流浪的重复救助。流浪者无家可归是因为其家庭支持系统出现问题，所以我们需要重新构建他的家庭网络，哪怕没有亲人，当地的社会组织、村委会、邻居等能不能够重新构建一张支撑系统网络？包括一些政策，如没有房子，有危房改造的政策，可以给他砌个房子；有精神疾病，在当地给他申请低保，发放免费药物药品等。诸如此类争取政策覆盖，避免回家后的二次流浪"。(J-9)

"两劳释放人员"重回社会，北京市西城区 XCMY 社会工作事务联系社会资源，解决其实际问题，促进其就业、与社会接轨，重新回归社会。

（2）受助者家庭与社区建立关系。例如，BJZQ 负责人谈到，"根据家庭情况与社区建立联系。因为有很多资源是社区掌握的，如果社区不掌握困难群众情况的话，可能考虑不到他们"。(J-7)

3. 能够独立生活，掌握社会交往技能

通过救助，使救助对象（主要是残疾人）独立生活能力得以提高，拥有独立生活的自理能力。以 XJD 为例，"借助一些方法，如听力训练、语言训练、认知训练、精细动作、大运动等肢体运动，让孩子们拥有独立生活的自理能力是没有任何问题的"。(J-1)

并且，在语言方面真正融入正常的学校。

BJZQ 负责人谈到，"我们接触过一个胳膊、腿是畸形的残疾人孤儿。他生下来后就被父母遗弃了，一直在福利院生活，18 岁后需要回归社会。他属于每个街道轮流安置，就安置到了我们负责的一个街道。他到街道的时候跟社会完全脱节，什么都不会，所以我们陪他去医院挂号、做残疾鉴定，帮他申请残疾补贴。后来他开始自己租房子，因为不会购买东西，我们陪他去实体店教他怎么选东西。现在他会网购了。他不会做饭，我们帮他买电磁炉，上门教他怎么做饭（怎么煮面条、磕鸡蛋等）。他右手残疾，所以学起来比较困难。我们陪他一步一步做，教了他很多东西，包括怎么坐公交车，现在也在逐渐培养他金融的规划意识，因为有一些保障的经费要还给他了，怕他乱花，所以需要帮他建立金融意识。现在帮他找工作，

培养技能、爱好，他最近也申请到了公租房，准备搬到自己的公租房里面去生活了，但是还不能完全自立自强"。(J-7)

CYQCY负责人谈到，"在原来的生活中他没有办法出门，不知道怎么订餐、办理事务、遇到困难的时候应该向谁求助等，通过社工的介入，帮助他申请残疾证，带他做残疾人鉴定，教他如何在网上定期申请辅具，告诉他遇到哪些困难应该找哪些部门，应该采取什么样的态度找，等等。帮助他更好地满足生活的需要。这一类型是这两年做的比较多的个案"。(J-10)

BJZA负责人提到，"从助医角度，大部分救助对象经过救助后可以摆脱困境独立生活"。(J-13)

4. 有人照顾，生活稳定

HZHL挖掘社区中剩余劳动力，"挖掘社区中有劳动力的低保、低收入人群，培训成志愿者，照顾身边需要照顾的人，相当于结对子"。(J-15)

PAFJ项目主管谈到，"有的人被送到集中供养的地方，有人照顾他，生活也就安宁了"。(J-20)

(三) 政治方面的赋权效果

1. 对政策的了解更清晰

从调研情况来看，政治赋权的效果主要是救助对象对政策的了解更清晰。例如，BCXY负责人谈到，"救助对象很多对政策不太了解。国家对他们的福利政策很多，比如就医、住房等政策，包括残疾人如何申请康复器具等政策，在政策方面了解得更多"。(J-16)

TZCX项目主管谈到，"因为我们会做政策的解答"。(J-23)

HZHL负责人谈到，救助对象及时、恰当地理解政策是主要的成效，"在服务的过程中，及时地对救助群众进行政策宣传和解读，链接资源"。(J-15)

2. 减少对公共事务的不满

例如，PAFJ的救助项目结束后，救助对象拨打12345电话的频率变低，"通过社工深入的服务，服务对象的问题得到了解决，自己能较好地面对现在的生活"。(J-20)

(四) 文化及心理方面的赋权效果

1. 提升获得感和幸福感

积极心理学（Positive Psychology）除了提供从精神疾病中康复的策略，它的目标是帮助人们茁壮成长。积极心理学是通过在个人生活和职业生活中发挥一个人的优势来达到最佳的功能水平，集中于增加我们对积极状态的体验，如幸福、快乐、满足、创造力、感恩、乐观、智慧、勇气、爱、敬畏等。从个案的角度讲，WXTD致力于互帮互助，将救助对象转变成志愿者。"失独家庭老人走不出心灵的困境，通过我们的引导，让他们把时间和精力放在志愿活动上，既提升了他们的获得感和幸福感，也让大家感受到社会大家庭的温暖。"（J-3）

2. 青少年知识水平提升，改变命运

多位访谈对象提到，困境青少年改变的最大，课业辅导使成绩得到改善，成效评估容易呈现。MYXM负责人谈到，"在国家没有改政策前，我们最早是做课业辅导的，能让青少年掌握一些学习方法。比如他可能成绩特别不好，通过我们的服务，能有所改善。这个服务成效是能很容易体现的"。（J-2）

BJZQ帮助困境儿童解决网课问题，让孩子顺利学习新知识。"我们接触过一个困境儿童，父母都去世了，跟着祖辈一起生活。由于疫情原因，学生们不能到校上课，只能在家上网课，但祖辈都不会使用手机，也不会上网课，所以就让孩子复习之前的内容，时间一长孩子的功课就全部落下了。了解到该情况后，我们建议可以找家里年轻的力量来弄一下网课，所以他们当时就找到了孩子的小姨，很顺利地帮他解决了问题，让孩子能顺利学习新知识。之后他们家调动年轻力量的意识会增强。"（J-7）

"帮助孩子链接资源，更好地完成学业，解决其部分困难。"（J-8）

HDTCL引导孩子主动学习，提高了学习成绩。"还有的不爱学习或早期在学习上没有引导好，导致他对学习有畏惧，慢慢对学习不感兴趣。我们与他们沟通并为其找'珍珠生'这样的伙伴，他们私下会有一些交流和建议，帮助困境儿童规划以后的生存和成长走向。"（J-17）

"有个男孩子在我们接案时跟我们说他的梦想就是到六年级，以后就没有想法了。当时我们的社工回来反馈说这个孩子自己都感觉未来没有希望。

通过我们的辅导,这个小孩儿他至少愿意去学习,去找小伙伴,接受学习对他以后的走向有帮助,也开始走向了能够维持正常上学、完成作业的状态。当然,近些年由于疫情的冲击,线上课程对很多孩子有冲击,尤其是这些孩子,我们没有办法时刻盯着他到底是在学习还是在做其他事情,我们还是很担心的,但总体来说,这些孩子们还是有些进步的。"(J-17)

为了提高赋权的效果,社会组织会对救助对象进行遴选。例如,ZGHQ 负责人谈到,"尤其在孩子身上特别明显,就容易摆脱困境。我们资助时会选择学习好、家庭条件困难的学生组成树人班、珍珠班进行捐助。树人班每年都有很多小孩考上大学,而且是名校"。(J-14)

其最终效果是减少贫困代际传递。例如,BJXH 负责人谈到,"儿童教育救助让他们跟其余孩子拥有同样的机会接受艺术和文化的熏陶,减少贫困的代际传递,缓解青少年家庭亲子关系"。(J-5)

3. 主动意识增强,配合程度提高

(1) 增强对救助工作的配合意识。例如,CYQCY 负责人谈到,"救助对象在刚开始的时候是一种无所谓甚至是有点抵触的状态。等到接受了服务之后,救助对象心里很感激,不太会出现抵触的情绪"。(J-10)

BJXH 负责人谈到,"一是实现观念上的转变,即愿意配合困服所工作。二是抱怨和对低保的投诉较之前减少了(2016-2018 年经常处理低保投诉事件)。三是心态上的转变。个性化、精准化的服务让他们感觉到政府在关心他们,比原来更知足。救助对象的心态越来越平衡,愿意敞开心扉与我们沟通"。(J-5)

TZCX 项目主管谈到,"意识到自己增加了一个第三方的机构作为我的支持方,有需求可以与其对接"。(J-23)

(2) 改变与政府对立的心理状态。理解政府的政策制定,积极面对生活。通过社工的介入,改变了他们与政府对立的状态,面对现在的生活可以积极努力争取。例如,CYQCY 负责人谈到,"有一个服务对象每天都会上访,已经妨碍了街道办事处领导的工作和出行。他说因为政府的各种政策导致自己的生活没有原来好了,原来自己在路边摆摊,一个月有几千元的收入,现在这个收入没有了。所以每天都来闹事,也不去工作。通过社工的介入后,他改变了对政府的看法,能够理解政府在某个政策方面的制定是一个大的趋势，慢慢地他也加入了志愿者队伍去帮助别的服务对象。在帮助别的服务对象的过程当中他感受到自己是被需要的，这样的服务对象在我们这边还挺多的"。（J-10）

4. 自信心提升，不再自卑

例如，MYXM负责人谈到，"我们有一系列的访谈走访、与捐赠人见面活动，有一些人以前比较自卑，得到资助后，明显会感觉自信心增强了很多，愿意与人交流"。（J-2）

"比如有人因为自己是特困、低保人群，可能社会融入度很差……或者心里很自卑，通过我们的服务，他的社会融入度和心里慰藉可能会有一定的提高。"（J-2）

HDTCL负责人谈到，通过赋权，救助对象能够正视家庭贫困，增强自信心，不再自卑。"有些家庭因为受救助，自己不愿意被提及。每年学校都要登记受困家庭孩子，给他们减免学费，但这些孩子对这个事会很自卑，通过我们的服务，这些孩子能够正视这件事，不会特别回避，另外增强了他们的信心：我一定会想办法，通过努力学习、增加各种机会、资源等方式摆脱现状。"（J-17）

总体来看，不同群体会有不同的改变。例如，BCXY负责人谈到，"社会组织有专业的人做社会支持、亲子关系、行为习惯、社会融入等服务，不同群体会有不同的改变"。（J-16）

从访谈的24家社会组织情况来看，救助对象发生的改变如表5-5所示。

表5-5 救助对象发生的改变

序号	改变	序号	改变
J-1	社会融入、独立生活能力	J-7	经济、主动意识、社会融入
J-2	社会融入、心理慰藉	J-8	心理健康状态、学业完成度
J-3	物质、文化	J-9	有家可回（重构家庭网络）、有事可做（就业援助）
J-4	经济、生活、社会融入	J-10	生活技能、主动意识
J-5	心态转变、主动沟通、主动配合	J-11	身体恢复健康、正常回归社会
J-6	主动意识、社会融入、心理状态	J-12	—

续表

序号	改变	序号	改变
J-13	—	J-19	摆脱困境、减轻带来的负面影响、完成治疗
J-14	主动意识、社会融入	J-20	摆脱困境、生活稳定
J-15	心理、情绪状态、实际需求、对政策了解程度	J-21	个人技能、社会链接程度
J-16	对政策了解度、行为习惯	J-22	家庭状况、社会融入
J-17	社会融入、增强自信、主动意识	J-23	对政策了解程度、社会融入
J-18	主动意识、社会融入	J-24	主动意识、社会融入

此外，本次调研还有以下几点发现：

一是影响赋权效果的主要因素是救助服务目标与家庭困境的匹配度。例如，SJSMD负责人谈到，"能否摆脱困境得看救助家庭需要我们帮扶的是什么？如果我们设定的帮扶救助服务目标与家庭困境相匹配，并且他们有能力、有意愿摆脱困境，在某种程度上是可以摆脱成功的"。(J-21)

"举个流浪人员的例子。一个近80岁老人，他有意愿、也有能力回家过一个正常老年人的生活，但他在北京流浪了26年，可能是现实社会中的一些压力和一些传统思想的挤压，他没有办法回去。但通过我们一年多的陪伴，在2021年他还是回去了。我们现在还保持回访和沟通，他现在在家生活得也挺好的，算是摆脱了困境。"(J-21)

"有一些家庭因为生病暂时陷入困境，但等他病好了，到了拿退休金的年龄，当退保退出系统时，其困境在某种程度上也得到了缓解和改善。"(J-21)

二是救助对象得到的改变程度要分不同的家庭，例如，SJSMD负责人谈到，"从政策帮扶方面，政策深度有拓宽；个人技能方面逐步改变，与社会链接的程度加深，社工上门一敲门就开，并主动告知自己的困难，我们尽量配合其需求，给予其社会资源链接及社会关怀"。(J-21)

第六章 社会组织参与社会救助的典型案例研究

BJXH、XCMY 是北京市较早参与社会救助的社会组织，也是比较有经验、比较成熟的社工机构。本部分以这两家机构为典型，深入介绍社会组织参与社会救助的实践。

一、案例：BJXH

（一）参与社会救助的主要经验

从 2014 年开始，BJXH 在 CP 区的 HY、HLG、TTY 等街道开展社会工作服务项目。2015 年市级"三社联动"项目在 HY 街道实施，主要是培育孵化社区社会组织、提升社会治理能力，并成功孵化注册了一家社会服务机构。BJXH 连续多年在此区域内开展社会工作服务，2016 年，BJXH 在 YQ 区北部深山区的五个乡开展 1 500 多名老人的能力评估工作。2017 年，BJXH 在 HR 北部深山区两个乡和 HR 镇开展精准救助入户核查、一户一策一档项目，撰写了 HR 北部深山区特困人员现状的考察报告。2018 年，BJXH 承接 CP 区民政局专项福彩金项目，在 CP 区九个乡镇实施针对低保低收入困难群众的精准救助帮扶项目。BJXH 以民政部发布的社会工作个案工作方法为标准，以"三社联动、精准救助"工作模式为导向，秉持"多元整合，专业引领"宗旨，与街道、社区相互配合，共同为困难群众服务，满足他们的个性化需求，产生了诸多鲜活的帮扶案例。表 6-1 为 BJXH 曾获政府购买的公益服务项目。

表 6-1 BJXH 曾获政府购买的公益服务项目

项目	起止时间	资助方	资助总额
"挖掘水月宝藏，传承慈孝文化"助老公益福彩金项目	2014年7月至2015年7月	北京市民政局	10万元
三社联动：整合资源培育社区社会组织	2015年5月至2016年3月	北京市民政局	15万元
北京市经济困难失能老人能力评估项目	2016年7月至2017年6月	北京市老龄协会	20万元
三社联动：提升专业服务助力精准救助	2016年7月至2017年4月	北京市民政局	28万元
社会救助家庭精准帮扶服务试点项目	2017年9月至今	北京市民政局	48万元

BJXH 对低保低收入家庭的入户调查工作，旨在运用"三社联动"模式，发挥社区及社会组织的优势，通过走访、入户探访等方式，对社区低保家庭进行深入调研，建立社区低保家庭档案。中心采用服务对象自述与社工评估相结合的方式，对低保家庭进行科学、系统的评估，深入分析其实际需求，形成专业评估报告，依据真实可靠的调研数据，针对共性需求，出具确实可行的扶贫建议。根据入户的实际情况及贫困家庭意愿，有针对性地制定帮扶举措，项目通过整合并链接相关资源，满足低保家庭自身需求，通过专业服务，激发服务对象的自身潜能，努力实现服务对象自主脱贫。

BJXH 在社会救助中的经验概括起来有以下几个方面：

1. 做到九类困难人员全覆盖

在服务过程中，低保、低收入、特困、残疾人、遭遇重大变故、困境老人、儿童均有涉及，问题也多种多样，以因病致困、致残、致贫最多，还有老人因病导致家庭经济窘困，延误了下一代治疗时机而后也陷入因病致贫的案例。中心将各种类型困难人员、家庭纳入帮扶计划中，链接住房、劳动、社保、残联、精防中心、派出所、养老院、医院等多个单位，有效扩展服务覆盖面。

2. 记录表格的细化、深化，服务全过程监控

以往，精准救助服务和持续深入为低保、低收入群体做个案服务的可

借鉴和参考的经验很少,中心根据民政部发布的《个案工作方法的指导标准》,进行了记录表格的细化、深化和服务全过程的监控,包括前测、后测、家庭关系图、检测量表,根据救助对象的个性需求进行全过程记录,结合北京市精准救助系统,建立了困难家庭"一户一档一策",个案帮扶台账成为全市范例。

3. 主动发现和延展服务

随着个案服务的深化,找出困难群众迫切的需求点,在困难群众生活转变期或断档期进行服务,入户深度访谈和精准识别评估能力不断增强,提升了很多个案和问题解决的深度,取得了很好的社会效果。一是在解决因为撤销低保而持续上访人员的问题时,对其链接资源、陪伴就医、政策咨询、安抚情绪,积极向各级反映实际情况,最后得到圆满解决。二是CY区双合家园居住着很多"人户分离"的东城区帮扶对象,入户核查发现了有自杀和抑郁倾向的老人,社工定期登门访问、链接资源,发放防走失手环,请中医老师上门进行中医康复,指导用药和健康保健知识,排解老人的孤单,给予他们更多的关爱。比如,帮扶对象黄某是一个失独的父亲,女儿自杀,妻子离婚,住房被卖,无家可归,在街头流浪乞讨。机构通过社区了解情况后,在接案后迅速反应,帮助其申请临时救助、协助处理养老保险补交,协助办理失业保险金申请。因为天气转冷,临时安置其到养老院暂住,并安排体检,带领治病,进行心理安慰和生活规划,使其顺利度过危险期。

4. 发展公益志愿者队伍,为困难群众搭建社会支持网络

BJXH的服务团队中有法律专家、精防专家、康复专家、山西"知青网"等各种社群资源,能够及时化解群众多样化的困难需求,获得了群众的满意。在服务过程中,已经有多个被帮扶对象和家属转变为志愿者,为更多有需求的困难群众进行陪伴就医等服务,践行"助人自助"的社工理念。

5. 有效应对突发事件

例如,在30小时紧急处理有精神病流浪人员紧急救助的个案中,多部门应急联动救助机制的作用体现得尤为突出。A街道王某在与母亲去河南探亲途中走散,其母在河南走失,当地警方安排其由当地亲属护送回京,

王某患精神疾病，无自主能力，中心先与 CYQCY 配合发布寻人启事，与芙蓉养老院相互配合，第一时间安顿他和亲属，并对其不安情绪进行疏导，保障了服务对象的人身安全。中心与 A 街道民政科制定紧急预案，让 MD 社会工作服务中心的专业精防社工配合街道护送服务对象到医院进行留院治疗，机构之间的快速联合反应接案，有效保障了服务对象的人身安全。

6. 反映服务对象诉求

例如，居住在安定门的低保人员白某，由于对低保政策不熟悉，对社区干部也有误解，加之自身疾病问题，经常到办事处和社区吵闹，扰乱正常工作秩序。之后社工定期到其家中走访，问询需求和发掘潜在问题，了解到其妻子是智力残疾人，他因病出行靠轮椅，就医困难。社工先为其解释相关政策和资格条件，协助办理相关手续，之后安排人员陪同就医，缓解了他的不良情绪。中心协助街道维护民政工作的正常运行，弥补了基层工作力量不足，顺应了街道管理体制改革的要求，完善了社会救助服务。

7. 搭建交流、合作和资源流动的平台

跨部门联动机制增强，细化网格化管理机制。中心与北京市社会组织服务中心及多家社工机构、基金会、企业、高校、社团、慈善资源、社区等一起联合发起了"首都精准救助资源联合体"，搭建起交流、合作、资源流动的平台，发挥为困难群众服务的更大效能，为服务机构提供经验、标准和规范。

8. 政策建议和倡导

从 2016 年开始试点项目，每次项目结项都会总结经验，形成论文、案例、政策建议报告，汇集成册，并召开专家研讨会，征求专家的意见。中心专门到 HR 区 LBGM 和 CSY 两个满族自治乡考察特困老人生活状况，形成 HR 怀柔北部深山区特困老人的考察报告。

（二）社会救助的主要做法——以怀柔区精准救助项目为例

2017 年，BJXH 对 HR 区 LBGM 满族自治乡、CSY 满族自治乡、HR 镇等三个乡镇的低保、低收入家庭进行入户调查，旨在根据入户调查的实际情况及低保、低收入家庭户意愿，有针对性地制定帮扶举措。社会工作者每到一户都仔细了解贫困户的家庭现状、致贫原因，询问相关住房、生产、生活、就医、心理、精神等情况，面见本人详细了解了他们的需求，并做好调查问卷记录，为后续帮扶工作提供翔实资料，为做好精准救助工作提供基础数据信息支撑。之后社会工作者梳理个案，对个案进行分类，及时反馈给区民政局救助科和乡政府。

1. 项目区域基本情况

HR区精准救助项目自2017年启动以来，从CSY满族自治乡开始，然后是LBGM满族自治乡，最后是HR镇，共计812户。通过社会工作者对各户的入户访谈、填表、评估、调研，得出统计数据，HR区的特困人员有1 217名，占北京市全市的1/4。

北部深山区情况如下：CSY满族自治乡位于汤河之滨、燕山怀抱，距HR城区约60公里，是北京市仅有的两个满族自治乡之一，拥有360多年的满族文化底蕴。全乡总面积249.5平方公里，有山场面积33.3万亩（222平方公里），占全乡总面积89%，森林覆盖率62.4%，林木绿化率72.4%，有耕地近1万亩。全乡辖24个行政村，共4 676户，10 081人，其中满族村11个，人口4 299人，占全乡总人口的42.7%。全乡低保、低收入、困难群众人数157人，特困人口125人，低保90户。

LBGM满族自治乡位于北京市最北端，距市区150公里，乡域面积302平方公里。辖15个行政村8 125人，其中满族村10个，满族人口占50%。森林覆盖率84%，植被覆盖率92%，是北京市唯一的原始森林自然生态区，是北京市原始次生林最集中地区。户籍人口6 000多人，特困人员66人（64户）。

HR镇地处北京市HR区的南端，山清水秀，环境优美，良好的自然生态环境和配套齐全的基础设施，奠定了HR镇可持续发展的坚实基础。HR镇是怀柔区政府所在地，是全区政治、经济和文化中心。全镇总面积58.8平方公里，下辖30个行政村，人口6万多人。

对比发现，北部深山区与南部的丘陵和平原地区的差距非常大，特困人员比例占低保、困难群众的79.6%左右；而南部的丘陵和平原地区的比例相对低很多，主要是大病、离异而导致的孩子上学（教育）等方面的困难。

2. 困难原因

调研发现，造成北部深山区特困人员比例很高的主要原因是交通不便，信息闭塞。近两年修通了京加路，交通得到了较大改善，但是造成贫困的是长期历史性原因。

经济发展落后，没有企业和村级财政收入，有很多村没有基本的村集体经济，也就没有就业渠道和收入。按照北京市的新规划，延庆、怀柔、密云等被划为生态涵养区，退耕还林、保养植被，这样就更加没有企业进入和就业渠道。年青的劳动力和女性大多到城区就业和生活，导致北部深山区的特困人员比例极高。另外，特困人员中大部分是残疾人，比如聋、盲、智力残疾、精神残疾、肢体残疾等。前四种残疾占大多数，大多不能准确表达自身诉求、意愿，只能由亲属照顾。

因为村经济没有积累，地处偏远，残联"温馨家园"的硬件和软件都十分欠缺，几乎没有康复设施，缺少相关设备、场地、人员。农村本身就缺医少药，人们缺乏康复和预防意识。如果早期介入、预防、康复，可以减少后期的贫困发生，从根本上预防和消除贫困。

3. 社会救助的主要做法

BJXH 在社会救助中的主要做法有三个方面。

1）精准识别

（1）基础数据精准。BJXH 采用"一入户必见本人、四级核对、六分类"的工作模式，确保基础数据精准。一入户必见本人，即走进困难群众家中；四级核对，即"与区级、乡镇级，核对信息是否一致；与本人现场核对，最后表格回输再核对一次"的四级核对制度。

（2）致困原因精准。社工入户时关注九个维度：①日常生活状况：家庭成员的自理情况、日常饮食、起居，能否有合适的四季服装、上下水使用是否便利，等等；②身体健康情况（包括躯体和精神）；③社会关系情况（与核心家庭相关人员的关系）；④工作或教育领域基本情况（是否正常工作、学习，学习专业、技能；兴趣、特长等，就业意向等）；⑤个体和家庭共同的经济支持情况（低保金、房屋补贴、亲属帮扶等）；⑥居住情况（房屋的冷热情况、面积、层数、光线等）；⑦心理、精神状况（如焦虑、抑郁、狂躁、暴力倾向等）；⑧特殊情况（犯罪记录、刑期、出狱时间等，残疾等级、类别，出行和社会交往圈等）；⑨社区、村、乡镇的历史、地理、文化、宗教、自然等条件。

2）精准评估

（1）分类精准。根据关注的九个维度，进行精准评估，每一个维度又分成：极高、高、中、低四个程度，这样就是36个程度和分值打分，形成八个程度的介入标准，真正做到分类精准。

（2）标准精准。根据关注的维度和分类，制定了介入的八个程度和标准，划分了重点个案，并把个案统一编号，个案案例整理规范，档案管理标准规范。

3）精准帮扶

（1）帮扶方案精准。入户的精准识别、精准评估，保证了帮扶方案的精准。有了贫困原因的分类，就可以相应对接到相关部门。例如，残疾人的辅具、残疾评估等级对接残联；大病致贫的对接卫健委；特困和孤老需要适老化改造、养老问题的对接老龄委和福利科；教育问题对接教委；住房问题、住危房对接村委会和住建委等；需要就业和自我造血的对接企业或基金会等。

（2）措施到户精准。招标结束后，组建项目组，由机构的理事长担任项目负责人；项目组成员经验丰富，均是在东城区低保核查项目工作过的人员；表格填写培训到位；陌生拜访，敲门服务、深度访谈开展模拟培训和演练；积极对接乡镇和社工机构。机构配备了两台车分组进行入户、回访和个案工作。项目组选用的大多是年纪较长的社工，给人稳重、可信之感，服装统一、胸牌统一、口径统一。还在当地租房子，和群众同吃同住同劳动，感受当地的文化、民俗、气候、环境、村里的权力结构等情况，便于了解民情和村情。

（3）脱困成效精准。前面的各项措施有利于真正实现"一户一策一档"，跟踪、回访、各项帮扶措施就会精准。而真正满足个性化的需求，需要形成联动和合力，把各种措施精准落实到每一户、每一人，最大限度实现脱贫和改变生活质量。81户个案，最终有明显改变的达到30个，有改变的达到30户。

（4）项目进度精准。项目于2018年8月底开展，相关人员积极参加各项培训，拜访几个乡镇救助站的领导以及怀柔当地的社工机构。筹备和开始考察在长哨营租房，与艳阳天和福音两家社工机构联合培训，到密云区孵化基地对项目执行单位培训表格填写，随后召开区级对接会，保障 HZHL 入户工作顺利进行。9 月中旬，BJXH 正式开展入户工作。2018 年 3 月，BJXH 入户工作 840 户，开展个案 81 个，建立台账 817 册，完成系统录入工作 817 个。

4. 入户发现的主要问题

从怀柔区社会救助的实际情况来看，BJXH 社会工作者在入户过程中发现的问题主要包括：

首先，因残致困和因病致困的比例大。怀柔区困难低保户主要包括因病致困人员、残疾人、孤老和五保人员、困境儿童、需要教育救助人员、住危房人员等六大类。在所有入户的低保户中，因残致贫所占的比例最大，达到 47%；其次是因病致困，达到 37%；最少的是因住房致困和困境儿童，均为 1%。人户分离率为 9.4%，造成救助政策很难落实到个人。

其次，亲属照料存在不足。40% 左右特困人员的亲属照料还可以，能做到基本的照顾及亲情关怀；但有 30% 左右的亲属没有尽到照顾义务，经济权利掌控在亲属手中，特困人员自己支配不了各项政府补贴，生活和生存状况不好；还有 30% 左右的特困人员没有亲属照顾，自己一个人生活。

再次，农村养老服务供给严重不足。特困人员年老体弱，在安全、冬季取暖、生火做饭、衣物清洗等方面都很差，名义上是村里照顾，但是很欠缺，人员、责任人职责不清，很多特困老人不愿意入住养老院。虽然民办公助等多种形式社会资本已开始进入农村养老服务，但因为地点偏僻、机制和经费等问题，都是步履维艰，没有执行到位。人口较多村集中建设了养老驿站，场地和设施相对可以，但是提供服务的人员不足，因而大部分闲置。

最后，农村基层民生力量薄弱、人员短缺，尤其是救助资源太少。项目组到很多村入户调查发现，村里的协管员自己就是低保户，专业、学历、能力都严重不足；村两委不重视、不调解、放任问题的现象严重；甚至还有村匪路霸横行乡里的现象；培训的力度、频次和标准、专业性亟待增强。

（三）社会救助项目管理机制

调研发现，低保家庭入户核查工作复杂而繁琐，BJXH 社会工作服务中心的社工在对五个街道的低保家庭进行入户的过程中，不断探索总结经验。

项目的推进过程经历了"入户探索"（朝阳门街道）—"研讨论坛"（经验总结）—"与民政科对接完善入户方式"（天坛街道）—"初步形成入户模式"—"修改模式引入高校资源"（安定门街道）—"确定入户经验"—"完成入户访谈"（和平里、龙潭街道）等七个阶段。

BJXH社会工作服务中心的低保家庭入户核查工作首先从东城区朝阳门街道开始。作为首个开展服务的街道，由于缺乏经验，不可避免走了一些弯路。朝阳门街道入户摸底工作结束后，相关部门召开研讨会对工作进行总结反思，发扬成绩、纠正错误，为此后的工作奠定了良好基础。在天坛街道低保家庭入户时，与街道民政科顺利进行对接，街道民政科协调下，入户工作人员与16个社区主管低保工作的福利主任进行了面对面交流，就工作流程达成共识，入户过程得到了社区福利主任的大力支持，比如为社工提供办公场地和办公电话，协助联系居民，做一些低保家庭的思想工作，对工作难点给予建议。

以BJXH承接的北京市东城区安定门街道2018年度精准救助服务项目为例，其项目管理机制如下。

1. 项目概况

2017年底，BJXH已初步建立安定门街道社会救助家庭"三色台账"，在2017年帮扶街道低保家庭的基础上增加帮扶数量，完成46户困难家庭精准帮扶服务，开展心理疏导、生活照料、社会融入、能力提升、辅具申请等服务；对完全丧失劳动能力的困难家庭或孤独老人提供陪伴、关爱、探访等专业服务，提升困境家庭和服务对象精准保障水平和急难情形处理等精准救助服务，建立困难家庭社会救助帮扶界限标准、需求评估基本原则、个案服务基本维度等。根据困难家庭的情况链接资源，通过社工直接提供服务，将相关资源引入街道，形成街道级综合救助联动平台。

2. 项目需求

救助工作是动态化、常态化的一项民生工程。在2020年全面实现小康这个时代背景下，兜住底、保底线，应救尽救、应保尽保，不断满足人民群众个性化需求，不断满足人民对美好生活的追求，过上有尊严的生活，这是北京市精准救助模式改革的重点。精准救助的实施有其专业性要求：在前期工作中需要明确具体的救助对象及其致贫原因；在救助过程中需要激发困难群众的内生动力,协调社会多方力量参与;在救助后期要保证救助效果的持久性。社工机构应具备相关的服务技能,对精准救助工作具有特殊优势。

3. 受益群体

北京市东城区安定门街道有558户低保、低收入家庭(2017年5月数据),通过前期入户访谈,发现低保、低收入有这样的一个分布比例:残疾人(33.66%)、因病致贫人员(30.80%)、孤老与特殊情况(14.93%)、精神疾患人员(12.35%)、刑满释放人员(8.26%)。针对上述五类人群,项目筛选出46户低保家庭,根据不同人群采用不同方法跟进调研,从生活状态、健康状况、心理情况等八个维度进行科学评估,为其建立工作档案,开展一对一个案服务,对其他低保家庭进行转介服务。

4. 项目目标

项目前期,3个月内完成46户的访谈、建档、评估、分析、计划工作,建立"一户一策一档";项目中期,1个月内开展服务工作,服务对象在接受服务的两个月后有初步改善(以服务前测量表分值变化为依据);项目后期,完成46户服务工作(以结案表为准)。项目执行中,协助街道建立"困难群众救助服务所",并承担相关工作,完成街道"精准救助系统"的录入及日常维护工作。

5. 项目实施计划

表6-2为东城区安定门街道精准救助服务项目计划表。

表6-2　东城区安定门街道精准救助服务项目计划表

项目启动	时间:2018年4月 　　总结项目前期服务经验与工作方法,介绍具体方案,确定办公场地,落实各项服务机制,展开工作人员及志愿者培训,成立专家团队
建立新增低保家庭 一户一策一档	时间:2018年4月至2018年6月 　　根据民政部门提供的新增低保家庭清单,开展入户调查、政策宣传,全面评估和掌握困难情况和服务需求,填写《困境家庭基本情况及需求调查表》,做到底数准、情况明,之后进行分类统计、系统分析,划分到具体的颜色等级(即跟踪帮扶缓急程度)

续表

个案前测	时间：2018年4月至6月 召开项目研讨会，制定个案服务的标准与维度，确定个案边界，制定相应的支持标准。对46户重点帮扶家庭实际情况进行深入评估，针对每个家庭出具前测评估报告与个案帮扶计划
个案帮扶救助服务	时间：2018年6月至10月 通过服务计划，建立个案档案，从心理疏导、生活照料、社会融入、能力提升、辅具申请、陪伴、关爱、探访等多个层面开展个案服务并记录
后测与回访、跟踪	时间：2018年10月至11月 对已开展个案帮扶的服务对象进行后测，对不同颜色等级困难家庭和服务对象进行跟踪回访，掌握其生活现状，了解救助效果，修订帮扶方案，并将救助和帮扶情况及时记入精准救助系统，做到动态管理、及时调整，确保救助措施精准到位
项目总结	时间：2018年11月 对项目进行自我评估、汇报总结，对低保、低收入适龄人群等已安排对接上需求资源的，进行成果展示

6. 项目成效

1）直接受益人数及单个服务对象的服务成本、间接受益人数量

为46户困难家庭每户至少直接服务12小时（含电话），总服务时长不低于500小时；项目组8人，平均每人包6户，每人最少包1户，最多不超8户；每户所需材料成本不低于1500元；项目间接受益200人；对所有低保家庭开展回访与跟踪服务。

2）对受益对象经济状况、行为能力、心理状况等方面带来的改变

从心理疏导、生活照料、社会融入、能力提升、辅具申请、陪伴等方面，缓解困难家庭的压力，积极进行正向引导，使其感受到政府及社会的关爱，为有就业意向人员提供就业或创业机会。

3）对社会带来的影响

首先，根据受益对象不同困难情形，将其分为健康救助对象、精神救助对象，考虑"地情、社情、人情"的基本特点，将"输血"功能与"造血"功能结合。其次，将困难群众救助落到实处，协助地区政府把党和政府的关怀政策送到困难群众手中，帮助困难群众渡过难关，尽快恢复生产生活，让困难群众切实感受到温暖。再次，通过精准、专业的方式为困难

群众提供实实在在的帮助，为建立多层次民生保障体系作出贡献。最后，对精准识别、精准帮扶进行系统梳理，建立动态发现机制与帮扶机制，为社会力量介入精准救助提供可行模式。

7. 项目创新性和推广性

设立街道层面救助平台，延续困难家庭社会救助工作，便于动态管理，对困难家庭实时跟踪，及时提供帮助。完善的个案救助机制，为社工介入困难家庭精准帮扶提供操作依据，使数据收集与台账完善相结合，达到精准帮扶。表 6-3 为 BJXH 培训体系课程、课时分解表。

表 6-3　BJXH 培训体系课程、课时分解表

分类	课程名称	学时
背景介绍	精准救助的意义和重要性	1
	创新救助模式，搭建三级救助网的意义和作用	1
政策培训	新的低保、低收入、特困政策解读	2
	医疗救助解读和应用	1
	教育、住房救助解读和应用	1
	社会福利政策解读	1
	慈善救助解读和应用	1
实务培训	本土化的救助个案管理	3
	救助小组管理	2
	街道困难群众救助所（社区）	2
	项目管理、风险防范	4
	评估	2
	财务管理	2
	转介的规范性	1
督导实务	实务督导和行政督导	2
资源整合	资源的分类和特性，关联性和应用	1
	如何使资源的社会效益最大化	1
政策倡导能力	政策倡导的目标和方向	2
结班仪式/发证	总结	1
总计	五大类 15 门课程	28

（四）社会救助具体案例

1. 救助对象回访

案例一：BJXH 社会工作者袁 S、王 F 对北京市东城区某街道顾某的回访。

1）居住情况

走进受访者的家里，迎面而来是一种温暖干净的气息。房间大约 10 平方米，一张上下铺的床头整整齐齐地摆满了书，受访者正坐在床上。床边是一张不大的书桌，书桌上摆放着一台笔记本电脑、一个台灯和两排书本，桌上还有一盆长得非常高的富贵竹，桌面看起来非常整洁。书桌旁边还立着一个书架和一架电子琴。窗边还有几盆开得正好的绿色植物，电视正开着，暖气让这个房间十分温暖。放衣服的柜子在墙壁上排了一排，冬天的厚棉被都整齐地叠放在柜子上，另一面的墙上还挂着几幅家庭照和风景照。房间的中间位置有一个窗帘，拉上将就房间一分为二，家里有人洗澡的时候从厨房拿一个大盆，拉上窗帘在房间洗。房间的外面还有一个 6 平方米左右的厨房，东西很多倒也整齐。受访者一家已经在这儿一共 15.4 平方米的地方生活了 15 年。房间虽小但五脏俱全，较好的空间设计让这个小屋看起来比较温馨。但随着女儿的长大，受访者觉得这个居住情况已不太方便。

2）家庭情况

（1）家庭成员。家有四口人，受访者夫妇俩、一个儿子、一个儿女。

受访者：受访者今年 59 岁，大专毕业，腿有二级残疾，没有工作。整天坐在床上，下地困难，站不起来，也走不了路，经常会打哆嗦。每天在家看看书、电视，用电脑刷刷新闻，觉得日子过得挺快的。

妻子：受访者妻子 42 岁，身体健康，没有工作，终日在家照顾受访者、收拾家务并负责接送孩子上下学。感觉每天挺充裕的，没有太多休闲时间。

儿子：儿子已经 32 岁，未婚，双耳严重耳聋，三级残疾，现寄居在姑姑家。据说是在小时候感冒，由于医生使用了过期的药物而导致耳聋。戴助听器没有用，只会对突然的刺激声有反应，日常交流靠手语。儿子没有特长，曾经在聋哑学校学习，但是情况没有改变。曾经在丰台火车站旁的军工厂工作过，做机床零件组装方面的工作，但由于沟通问题，一个月左右后被辞退。工作遇挫，不再找工作，至今没有工作。

女儿：女儿今年在东直门一所重点高中念高二，成绩非常优异，排名年级前十。女儿特别喜欢看书，学过电子琴，知识面很广，不管是文史哲还是自然科学知识都有涉猎，文字功底扎实，多次投稿成功，并参加知识竞赛活动。女儿学习非常自觉，每天回到家都会做作业到晚上11点，父母都会在床边陪着她。女儿也很懂事，从小体谅家里，不要求吃穿。女儿一直很争气，是家里的骄傲。

受访者为女儿的学习付出了很多心血。受访者将女儿从小到大每次大小考试的成绩都详细记录在了笔记本上，每次都会记录各科的分数、各科在年级的排名、总分数在年级的总排名，并计算每次排名的上升或是下降，还会贴上当时的成绩单。非常用心地记录和计算，帮助孩子一起找到考试中的进步或者问题。同时，受访者每天通过接收学校老师布置作业的邮件，帮孩子上网查资料，并陪着孩子一起学习到深夜。

（2）家庭支持。受访者父母已经去世，有一个生活条件还不错的亲妹妹，并一直受到妹妹和妹夫的接济与帮助。比如，妹妹会给孩子提供学费，会为女儿买电子琴、买书、买学习用具、买衣服，会给家里布置一些东西，会在有空的时候来看望哥哥……同时，受访者的儿子也寄住在其姑姑家里。受访者的妹妹给了他们非常大的支持。从总体看，受访者对于生活的态度比较平静，不悲观也不太敢想象未来，过好一天算一天。

（3）家庭经历。受访者高中毕业后，自己读了职业教育学校，拿了大专文凭。后来在一家单位做商标的美术设计工作，会画画、写字，在当时工作相当体面。而且当初工作的技能也被应用到了生活中，比如现在房间的设计布局就是受访者自己完成的。后来单位没落，自己失去了工作之后，受访者也做过很多零散的工作，曾经批发棉拖鞋来卖，也做过小吃，维持生计之外还能有部分富余。残疾以后，也在家里养过金鱼，由妻子在胡同附近卖，当时也有收入，但由于城管问题，不再卖金鱼。现在，受访者一家没有工作的劳动力，平时无经济来源。

（4）主要困难和需求。困难有两个：第一个就是不敢看病。受访者不仅腿有残疾，而且查出有高血压，但由于医保规定要达到1 800元才给予报销，达不到这个额度之前，看病贵、看病难成了受访者头疼的问题，只能靠同样有高血压的妹妹时不时带一点药过来,生个小病也从不去医院。第二个困难就是就业问题。受访者腿有二级残疾没有就业,儿子由于严重耳聋也没有工作,家里两个残疾人,没有劳动力,缺乏经济来源。

3) 得到救助内容

一家四口人都得到低保救助。

家里的暖气费用报销(已经8年了)。

受访者妹妹对家庭的支持,尤其是对女儿学习上的帮助。

4) 下一步帮扶建议

第一,受访者虽然腿有残疾不能下地,但是双手和大脑是健全的,可以为其介绍一些手上的工作。第二,受访者文化水平较高,思维能力较强,会写字、美术设计,可以介绍相关工作。第三,受访者会使用电脑,熟悉操作,可以介绍一些电脑方面的工作。第四,受访者儿子虽耳聋,但正当青年且四肢健全,可以调动儿子工作的主动性,为其介绍一些适合聋哑人做的机械性工作。

案例二:BJXH社会工作者高R、王F对北京市东城区某街道谢某的回访。

1) 居住情况

一进门,就看到一张收拾整洁的大床,受访者坐在床上微笑着,床边立着一个与墙等高、与床等长的衣柜。一张不大的写字桌紧邻衣柜,上面摆放着一台计算机。床正前头的电视机正播放着电视剧,一张可折叠的私人饭桌摆放在床和电视机中间,堵住了过道。墙上还有一台比较新的空调,但受访者很少使用。在另一边的墙角,摆放着一个已经没有使用的电暖器,家里也显得有点冷清和孤寂。

2) 家庭情况

(1) 家庭成员。家有三口人,受访者夫妇俩和一个儿子。

受访者:受访者女,今年39岁,高中学历,患有先天肢体二级残疾,可以走路,曾经做过脊椎裂的手术,不管是站着还是坐着,只能弯着背靠着某一支撑点,疼痛常常发生。受访者学过计算机,曾经参加过计算机比赛,而且会五笔打字法,打字速度较快,曾经做过速记工作和文章打印兼职工作。一直以来在残联有正式工作,每个月工作2100元,已经工作十几年。受访者给人感觉在生活中非常直爽干脆，也比较精明能干，一切规划得井井有条，在家里处于强势地位。在精神状态上，受访者积极乐观，面对现状，过好每一天。

丈夫：受访者丈夫40岁，高中学历，患有肢体二级残疾，属于后天致残，借助拐杖可以走路。和受访者一样，也学过计算机，一直没有工作，终日在家做饭、收拾家务并负责孩子网上作业的接收和打印。受访者丈夫患有高血压和糖尿病，每天必须要吃五六种药，这种吃法对身体伤害非常大，已经每天服药十几年，非常担心未来自己的身体会变成什么样。

儿子：受访者儿子今年上高二，在国子监中学上学，非常喜欢理科，尤其是数学。总体来说，成绩比较优秀。个人独立性较强，但也会时常和同学打架。

（2）家庭关系。受访者父母已经去世，家有一个哥哥，哥哥和嫂子住在隔壁，但是两家交往不紧密，联系比较少。哥哥家庭条件很一般，受访者认为哥哥比较懒惰、无能，不太喜欢哥哥一家。两家人相互支持力度不大，各过各的。受访者丈夫家有三兄妹，家庭关系和谐，一家人相处融洽，往来较多，彼此支持。

（3）家庭经历。受访者学过计算机，五笔打字法比较熟练，曾经做过速记和文本输入等兼职工作。目前在残联的工作为正式工作，属于编外人员，工资每月2 100元。是家里唯一的工资来源，主导着家里的经济和生活。受访者丈夫学过计算机，但出于各种考虑，从未找过工作。

（4）主要困难和需求。最切实的需求为更换家里的电暖器，换成煤改电的类型（有独立的线路，不用担心电的问题；而且家里放置电暖器的空间比较大，不用考虑型号）。最大的困难就是看病贵和看病难。受访者丈夫每天都要坚持吃五六种治疗高血压和糖尿病的药，但是认为报销比例不合理，自己支付药费比较高，给家庭造成了很大的困难。受访者家庭需求主要是分担医疗费用，减轻医疗负担。

3）得到救助内容

一家三口人都得到低保救助，一个月3 040元。残联提供的就业机会，一个月工资2 100元。

4）下一步帮扶建议

由于受访者目前已有一份稳定的工作，而且受访者丈夫出于各种原因从经济效益最大化出发不愿意工作，所以并不存在就业需求。换一台电暖器，过一个温暖的冬天。

2. 心理赋能

2019年12月的京城已进入寒冬，北风刺骨，BJXH小边的脸上却洋溢着春天一样的甜笑，因为她在电话中得到一个信息：YY（化名）今天主动和我说话，我们的关系真的缓和了，太感谢你们啦……这还要从BJXH的昌平区精准救助项目说起。

1）简单又复杂的母女关系

2018年6月，BJXH承担了昌平区九个乡镇的精准救助项目。对九个乡镇的北京户籍低保、低收入、特困家庭进行入户访谈和建立"一户一策一档"的前期工作，以做到精准识别。先把需求和实际情况搞清楚，后面根据实际情况进行精准帮扶和救助。2018年7月，在对低保对象YY（20岁）家入户核实信息时发现，YY情绪很不稳定，据其妈妈介绍：她常把自己关在屋子里，因一些小事就大吵大嚷，遇到不顺心容易急躁、发脾气，经常情绪失控，妈妈对这个孩子的未来充满忧虑。

回来后，项目组经过认真讨论，以优势视角来看YY，她年青，有学历，大个子，白白净净，如果因为心理问题耽误一辈子太可惜了，建议列为重点帮扶个案。然后对这个家庭进行了第二次探访，针对问题重点了解，这回母亲拿出了YY的诊断证明"阿兹伯格综合征"。

个案为重组家庭：爸爸是北京人，离异后带着儿子与YY妈妈结合，YY出生后，妈妈照顾一家四口人生活，没有出去工作，虽说不算宽裕，但是爸爸的有力支撑让日子过得也算舒心。尽管妈妈很努力地为一家人付出，兄妹之间的隔阂还是很深，童年时期，各种攀比和争抢父爱，YY没有感受到哥哥的保护与关爱，更多处于一种戒备和战斗之中，这给YY幼小的心灵带来伤害。2013年，爸爸因癌症病逝，家里支柱崩塌，使妈妈受到很大刺激，家庭也陷入拮据；哥哥回到亲生母亲那边，不再来往。这时，YY出现了很多让人担心的举动：她没有知心朋友，面对一些外人的怂恿，明知道是不好、不对的事情也会同意并跟随；偷偷抽烟；自己在家时会将菜根放在燃气上烧等。2017年经诊断为"阿兹伯格综合征"（社交障碍）、精神障碍。现实的困难接踵而至，妈妈没有北京户口、没有稳定工作，患有多种慢性病，在社区帮助下每天推车卖水，只能勉强维持生活。她也想帮助女儿，苦于自己的能力限制又没有工作经验，心理压力很大，使她变得越来越敏感、情绪化，既希望女儿能够融入社会，有个美好的未来，又害怕她与外界接触，受到不可知的伤害。于是，母女俩的关系不再是亲密，而是剑拔弩张、一触即发。

"阿兹伯格综合征"患者不善交际，通常具有偏执的特征，但可能会有一些异于常人的能力，如形象记忆、音乐才能、计算能力等，又被称为"孤岛天才"。有文献称"爱因斯坦、莫扎特、巴甫洛夫等都可能患有阿兹伯格综合征"，目前没有特别有效的治疗方法。

2）确定精准帮扶的实施方案

面对这样一个复杂的情况，BJXH 迅速行动，首先在昌平项目组进行了讨论和风险评估：得这种病的人很少；没有前面的病例和经验可供借鉴；遇到的困难和挑战很大。YY 本人和妈妈的配合度不确定。YY 尚年轻，冒险做这个个案是值得的：一定要阻断贫困代际传递，打开孩子的心扉。

由此拟定初步方案；由项目负责人社工上报；调动最有经验的人员开专题研讨会，对方案进行可行性论证；同时链接优势资源，请心理老师为其进行咨询和疏导；搜寻改善其家庭经济状况的途径和办法，在咨询中适时给予引导。方案确定后，安排边老师对个案全程跟访，全面掌握情况，确保每个步骤顺利推进。

3）曲折又顺利的五次心理咨询

首次咨询：10 月 23 日。经过充分准备后，社工和咨询师一同前往 YY 家。虽然之前社工与妈妈确定了探访和咨询，但是社工在外面敲了两次门后，仍然没有应答；社工又用电话继续联系，我们听见从屋里传出来电话铃声，简单通话后家门打开。进到屋里，感觉气氛冷冷的：妈妈眼睛里亮亮的像是噙着泪；YY 没精打采地斜倚在冰箱旁，妈妈把她拉过来和咨询师坐在一起，默默听咨询师轻声介绍，YY 低着头，垂下的头发遮住了她半边脸，迟疑中没有任何表示。在没有建立信任前，YY 不知道该如何面对这位陌生的老师。在妈妈的一阵催促后，她终于鼓足勇气，尝试开始第一次咨询。

第二次咨询：10月30日。社工一敲门，YY妈妈就把大家迎进了家门，好像在等着咨询。简单的寒暄后，继续咨询。短短一周的时间，YY的自信心明显改善，主动和咨询师进行讨论，列举学生时代所遇的困惑，一起寻求答案。这次咨询，增加了对妈妈的疏导。雨果说："女人固然是脆弱的，但母亲是坚强的。"面对生活的各种窘迫，妈妈一直用自己的坚强支撑着家庭、呵护着女儿，但她也需要支撑，也需要呵护。

第三次咨询：11月6日。YY笑着，主动和咨询师打招呼，妈妈热情地给大家泡枸杞水，屋子里一下子充满浓浓的暖意。两周时间，两次相处，咨询的效果很明显。从咨询过程中，社工总结出YY优点是：爱笑、崇尚正能量，语言表达流畅、记忆力好。缺点是：知识面窄。优点对她进入工作状态是很好的助力。

第四次咨询：11月12日。YY家里准备了水果，尽管大家没吃，但能感觉到母女两人轻松的心情。咨询结束后，YY第一次把社工送到了电梯口。有个小插曲是，社区主任意外调走了，让妈妈很是难过，说话间，泪水不自主的掉下来。面对如此激动的情绪，咨询师对妈妈进行了第二次疏导，给她"打一针强心剂"！

第五次咨询：11月19日。这次准备的水果是橘子，在妈妈的建议下，YY给社工剥橘子，大家说着、笑着，尝到的不仅是橘子的甘甜，更多是成功的喜悦。经讨论得出结论：在环境有保障的情况下，YY有工作的能力和愿望，工作既可增加实践经验，同时又能缓解家里的经济困难。建议到BJXH做志愿者，由专业社工带领，从相对单纯的文字整理开始，慢慢适应，慢慢融入。妈妈愉快地表示"YY跟社工在一起工作，我是最放心的"。

4）帮扶对象加入帮扶者的队伍

经过BJXH王主任的面试和部长赵×的培训，YY加入东城区精准救助项目组，参与入户探访。走近皇城附近的帮扶对象，YY的心里平稳许多，她说："看见他们我才知道，这么繁华的地方居住环境竟这么差。我一直以为我家的情况很糟糕，看来我还是幸福的，妈妈全心为我着想，家里房子宽敞，我还有自己的房间。"

工作中，YY的两项特长被发现：一是只要坐过的公交，她都记得，包括如何换乘都一清二楚（这个也是当时担着风险做的一件事，怕出现安全问题,还给YY上了全年的意外保险);二是唱歌,她在"全民K歌"里已有200多首歌曲啦!

开始实习后,妈妈每天接送,为了安全起见,王主任和YY建立了微信报平安制度,每天回到家里,YY都会给主任发微信。有一天,晚上六点多还没接到她的平安信息,有点儿着急,大概七点多,YY的信息发过来了:我今天没坐车,是一路溜溜达达回家的。一来二去,她俩成了忘年交。有些心里话,她会和王主任说;对困惑的事,主任会及时给予指导。

5)结语

通过心理咨询的辅导,YY和妈妈的心理问题都得到了极大改善,不仅密切了母女关系,也为她找到了合适的社会实践机会,促进她与社会的融合;同时,社工机构的上下配合,从咨询到实习,缩短了帮扶时间,节约了经费。在志愿者实践中,YY建立起良好的自信心和规则意识,增强了与他人沟通的能力,相信在不久的将来,她的生活一定会变得更精彩。

3. 救助失独家庭流浪乞讨人员

在北京市东城区第六医院的一个过道夹缝里,最近半年总是有一个头发花白的老人在这里乞讨。居委会去了解情况,原来是附近社区的本市户籍居民"H大叔",情况复杂。所以给已在社区开展救助项目三年的BJXH打电话解决问题。故事由此展开:

9月17日,社区主任约H大叔和BJXH在居委会见面,了解具体情况和需求。H大叔,男,59岁,失独,居无定所,流浪乞讨。案主1959年生,女儿零八年身亡(失独人员申请中),原来一直都是租房住,后来和妻子离婚后终日颓废,每天夜里打牌,边打牌、边喝酒,一般都是每日2~3斤白酒,后来就在打牌处居住,所以退了租的房子。就这样过了五年多,目前案主无处居住(保障房申请中)。案主早年是公交车司机,孩子上学后改行开出租车。因无地居住整日在车内休息不好,每天精神压力较大,后无法继续工作,而办理各方面手续时因不了解办事流程多次碰壁,于2019年5月开始露宿六院附近。

社工此前亦接触过案主,案主不愿意透露自己的过去,当知道我们是来帮助他解决问题时,才肯将埋在心里多年的心事讲给社工听:案主一日三餐不稳定，有时一天就喝一点粥、喝点酒就过去了，衣物、被褥都是靠好心人赠予。来医院看病的病人和医院的保安对案主表示同情，希望社工和街道能介入帮他脱离困境。

9月29日，根据以上了解到的情况，社工给H大叔申请紧急救助，开通绿色通道，向街道服务大厅窗口人员了解办理失业的手续，与社保所工作人员对接H大叔的相关工作。经查实，H大叔虽有养老保险，但后来断缴，如果办理失业保险则需要补缴一个月社保费。29日是周五，是本月最后一个工作日，如果当天不能补缴这笔社保金，申请失业保险又要延后很长时间。所以我们立即到第六医院门口找到H大叔，带他吃完午饭，去安定门街道服务大厅住保办拿到身份证，去北京银行安定门支行办理社保代扣代缴手续，并存入一个月的社保金，之后去东城人才办理了确认手续。

10月8日，两名社工到安定门街道服务大厅处取到H大叔的银行卡后，和居委会福利主任约好在第六医院门口集合，社工先到达后，带着H大叔刷卡（这个卡是新办的专门用于收取紧急救助金的账户卡）取了1 200元，准备下午还给社保主任。很快社区主任到了，给了他几件厚衣服，社工在现场和H大叔商讨了下一步帮扶工作，下午社工陪同H大叔一起到服务大厅，把钱还给了社保主任。

10月11日下午，BJXH召开讨论会，就下一步救助安排，梳理了几个个案的情况，其中包括H大叔的救助进展和后续安排。王主任介绍：H大叔的意见是可以找工作，但是因为年纪大没有单位愿意要，找了几家都不行。如果安排到救助站，但救助站一般不接收本地户籍人员，就算接收也是短期，不可能长期。如果安排在社区养老驿站，每日200元费用太高，机构负担不起。BJXH自己的员工宿舍刚刚租好，还需要装修，不可能让H大叔住到那里，还很不规范，安全也是个问题，而且不放心他自己住，担心很多问题。随着天气越来越冷，在外面露宿对安全和身体十分不利，最近要召开"一带一路"高峰论坛，有人打市长热线说影响市容，务必尽快解决住宿安置问题。

根据以上情况，BJXH决定先安排他到密云一家敬老院暂住一个月，一个月后到装修好的员工宿舍住。10月16日下午，经过联系后，BJXH先后安排了4名社工接力把H大叔从六院撤离，有送到地铁口的，地铁里面还有接应的，到了天通苑北地铁口，有车辆把东西装车，开到密云基地住宿。10月17日一早，因为王主任要参加密云某社工机构庆典，所以就带着H大叔出发了。

因为时间仓促，也没有带被褥和做体检就过去了，一路上王主任和其他社工聊起了自己的人生经历，谈到自己也曾经是下岗工人，领过失业保险金，也领过低保金，后来到了河北一家基金会办的救助困境儿童服务机构担任生活老师，由于自己不断学习和艰苦努力，后考取社工师，来到北京注册社工机构。这给了H大叔极大震撼，到了敬老院已经决定重新开始人生。

经过一个月在敬老院的生活，H大叔恢复得不错，不管是身体还是精神面貌都得到了改善，其间王主任多次打电话询问H大叔在敬老院的情况。其间，敬老院测量血压，发现H大叔血压高达220，而且H大叔在敬老院经常到食堂帮厨，回到BJXH密云基地和昌平员工宿舍也是积极帮忙做饭。10月17日接回H大叔的时候，决定周一马上体检，10月18日体检，19日陪同办理失业登记，H大叔的档案将于12月10日转到街道社保所，12月17日领到失业金。由于周二出来的血液化验有一项化验结果高出正常值一倍多，所以21日继续到六院检查肝功，显示结果异常，又带H大叔做乙肝、丙肝排查。22日取回结果，医生说在五年时间中长期过度饮酒、饮食不正常导致肝脏受损，没有传染性，需要戒酒戒烟，长期调养。

H大叔在养老院时已经被限制喝酒，回来后也没有喝酒，所以这回就把酒戒掉了。在BJXH给员工做饭（人数不多），用自己的劳动换来了食宿。为什么这样解决，社工认为是让H大叔有价值感，是自己的劳动所得，不能造成寄人篱下的感觉。经过接触和了解，双方建立了互相信任的关系，H大叔逐步开始有自信，表示要重新开始新的生活。对于自己60岁后就可以领到社会保险后的生活，H大叔也充满信心。他说以前不知道还有社工，社工可以做这么多事情，可以帮助人，其今后也要做社工帮助其他像自己一样的人。

二、案例：XCMY

据XCMY负责人介绍，北京市2014年已有很多机构开始出现，政府采购服务也越来越多。2015 年，做社会工作参与精准救助的试点性项目，当时选了东城区、西城区和房山区，XCMY 参与开展了相关服务。服务时社工希望更多做个案，但区民政希望机构参与低保、低收入的核查工作，因此社工在参与核查过程中只零星实施了个别的个案救助。2016—2017 年，门头沟单独购买了项目，以核查为主要服务内容。XCMY 还增加了面向低保、低收入家庭的政策宣传、就业促进服务（成立专门促进就业小组，指导如何写简历、面对面试、分析自己的职业，组织专场招聘会），开展个案。2017 年，北京社救处与社工处合作，"三社联动"项目的资金支持大部分用于精准救助。同年，开始摸排、建立困难群众台账，并在讨论中提出社工以个案工作形式参与社会救助。2019 年，北京建立"困服所"，社工机构承接其服务。政府采购项目以前主要与区级合作，现在更多地与街、镇合作。

XCMY 自 2015 年起开始涉足社会救助服务领域，以政策为导向，在北京市多个区开展困难家庭精准救助专业服务。

（一）实践内容

在救助服务中，XCMY 社工事务所面对的服务对象主要分为低保、低收入、特困的社会救助家庭；失能、失智、失独、高龄、独居等困境老年人；困境儿童、留守儿童及需要紧急庇护的未成年人；生活困难的重度残疾人；罹患大病或因遭遇重大变故生活陷入困境的人员，以及其他困境群体等六大类。他们因主客观原因，存在经济困难、社会支持网络薄弱、家庭动力不足、心理情绪压力大、资源匮乏、社会互动能力弱、生计发展困难、获取信息渠道窄等共性问题，以及养老照护、子女成长教育支持、康复治疗等的其他个性化问题。对此，XCMY 社工事务所在服务中采取直接介入、间接介入和综合介入相结合的方式，为他们提供相应的帮扶救助。

在直接介入的层面，XCMY 社工主要开展危机介入、心理支持、资源整合和增能服务四个方面的具体服务，主要内容包括：①危机介入：突发事件处理、紧急助医/助学/助残等。比如在疫情期间，帮助一名下肢突发性瘫痪的社会救助对象紧急入院治疗。②心理支持：心理辅导、情绪疏导、精神慰藉、不合理信念调试、信心重塑等。③资源整合：协助申请办理救助保障、各类辅具/能力评定申请等。④增能服务：学习习惯/兴趣培养、残疾人康复训练、成长向导、特殊困难群众专项救助行动。

在间接介入的层面，XCMY 社工主要开展政策倡导、环境改善、支持性服务以及公益资源链接四个方面的具体服务，主要内容包括：①政策倡导：政策宣传、信息咨询、协助部门转介。比如补充性救助政策、社保和公租房等。②环境改善：针对残疾人、失能老人或独居、空巢、孤寡等特殊困难老人的居家环境改造、适老化改造等。③支持性服务：社会融入活动、成长支持类专业小组/培训、照护者技能提升及减压服务、家庭关系调试等。④公益资源链接：物资捐助、课业辅导、法律援助、家庭照护资源引入、就业支持、大病募捐等。

在综合介入层面，XCMY 社工从"人与环境"互动角度出发，根据困难问题的复杂性，聚焦增强个人生活适应能力，通过完善或增强社会支持网络，把环境改变和政策倡导相结合，增加社会和生活环境对个人需求的回应。

通过专业实践，一是增强服务对象意识和能力，实现让社会救助对象愿意改变和有能力解决自己面临的问题；二是促进服务对象社会融入，实现让社会救助服务与环境的融合与自我发展；三是推动服务对象获得基本保障，让社会救助对象有足够的支持网络，维持自我生活及抵御风险。

XCMY 社工在七年的服务实践中，从最开始接触困难群众摸排建档的数据统计工作，到发挥社会组织的服务协同作用，参与低保核查与复查以及开展专业服务，再到以困服所为平台实现整合管理并规范救助服务，经历了服务探索、协同政府发挥公共职能和联合行动主动救助的三个阶段，服务的内容也更加系统完整。

在服务探索阶段，XCMY 社工主要通过对困难群众的实地走访和需求评估建立"一户一策一档"，对社会救助这一服务群体的需求特征和普遍情况进行研究，这也是社会工作介入精准救助重要的第一步。

随着社会工作逐渐进入救助领域，XCMY 社工于 2016—2017 年通过承接门头沟民政局购买社会组织服务参与低保核查和三社联动精准救助项目，以第三方的角色参与政府事务性工作，进入协同政府发挥公共职能阶段。一方面，在参与低保核查工作中，社工发挥第三方公开、透明的优势，通过询问、观察、问卷等方式了解低保对象的收入、务工、开支、家庭结构、身体状况等，帮助政府完善兜底保障的准入机制和核对监察机制。另一方面，在社会救助服务项目监管评估中，协助构建政府部门、服务对象、专业机构等协同配合的服务型监管评估模式，在共同学习和成长中摸索出社会救助领域社会工作服务的职业化、专业性、规范化发展方向，为政策制定和社会工作在救助服务中的定位提供真实的依据。

2018年北京市民政局对社会工作在救助工作中要发挥"资源整合者"、"服务提供者"和"信息管理者"作用等要求。XCMY社工基于过往服务数据和需求类型等基础数据经验，于2019—2020年在西城、海淀两区承接并运营管理了五个街镇的困难群众救助服务所，通过搭建运营困难群众救助服务所这一服务平台，对困难家庭进行实地走访并开展综合需求评估，全面准确掌握困难家庭需求和信息，整合社会资源，精准回应需求，为其提供物质保障、生活照料、精神慰藉、心理疏导、能力提升和社会融入相结合的综合救助服务，实现精准救助。救助服务的方式也逐渐从最初的单一服务模式向经济救助和社会救助相结合的模式转变。

此外，社会工作者的专业角色也经历了三个阶段的变化：第一阶段作为服务提供者和研究者，通过开展核查服务研究需求以及如何提供服务；第二阶段作为服务提供者、研究者、倡导者，通过继续开展服务和研究，发表文章、宣传倡导，让社会更关注这个群体的多种需要；第三阶段作为服务提供者、研究者、倡导者、政策影响人、管理者等角色，通过监测服务和开始接困服所服务影响政府的政策制定，如第三方参与低保核查的工作机制、2018年困服所示范引领、2019年个案服务指南编写。

（二）具体案例

1. 案例一

张大爷，男，65岁，特困供养人员，肢体四级残疾，多年独居无亲属照料，患重度糖尿病引发的并发症。作为社工在疫情期间回访时发现的潜在服务对象，老人提出有生活困难和就医困难后，社工在征询街道和社区同意后，入户到老人家中，通过送生活物资，以"侦查"的形式展开需求评估，获取到更详细的需求：如需要助医、调整不良的慢病管理习惯、有保障的集中供养生活、排解独居孤独感等。紧接着，社工陪同老人首次就医，挂号取药检查一条龙，获得了服务对象信任，成功地建立了关系。

一周后，社工接到了一通"求救电话"，原因是这天醒来，老人发现自己瘫在床上动不了了，社工紧急联系了老人原来敬老院的负责人，立刻送往医院就医，保障了老人的安全。也正因如此，老人第一次说出不愿集中供养的原因，也表达了此次事件带来的恐惧。

随后，社工与天桥街道的民政科、敬老院负责人共同讨论张大爷目前的情况，沟通集中供养后老人依然能够享受的保障待遇。确定此项信息后，XCMY 社工事务所的救助服务也正式开始了。

社工在接案后再次确认老人的需求，并一起制订帮扶计划，如正确的慢病管理计划，监督其执行情况；用提供信息、利弊对比的方式，鼓励服务对象针对是否选择集中供养进行"案主自决"。同时，与民政科沟通能够为老人提供哪些"多一重保障"，再反馈给老人，减少其入院供养后享受不到福利保障的顾虑。此外，社工还与敬老院工作人员沟通并为老人争取"入院体验"，实地感受工作人员的服务态度、生活环境，减轻老人入院的担忧和心理负担。通过 18 次的服务跟进，老人目前病情得以控制，心理状态平稳，生活状态稳定，并愿意进入集中供养。社工也已与敬老院沟通了疫情期间入院的手续和核酸要求，待隔离期满后，协助老人办理入住。后续 XCMY 社工事务所也会持续关注老人在疫情后回归集中供养生活的适应情况调试，入院治疗的陪护康复支持等。

2. 案例二

张大姐，45 岁，精神残疾二级，离婚不离家，育有一子，肢体残疾三级，因出生时受创导致发育缓慢，母子因课业问题总会争吵，孩子心理压力很大，是社工在入户摸排时发现的潜在个案服务对象。在会谈中，社工发现服务对象存在认知混乱和不合理教育行为、孩子信心不足和行为退缩、亲子关系紧张等问题，在征询社区与服务对象医院后，决定接案介入。

社工通过评估发现，服务对象受家庭成员改变的影响是比较明显的，因此社工从服务对象系统入手，为案主提供直接介入服务，如非理性信念调试、正向引导、鼓励肯定的教育行动模式示范引导、情绪管理等；为孩子联系课业辅导资源，提供英语趣味知识分享、视频学习、布置家庭作业、情绪小怪兽游戏体验等服务，同时鼓励服务对象认可孩子的改变、支持孩子参与学校演讲。由此，亲子关系得以缓和、孩子的学习成绩显著提升，英语成绩从原来的 C 到现在 B+。

个案服务是一个螺旋上升的过程。比如在疫情期间，由于长期紧密地生活在一起，服务对象因病痛和孩子课业问题再次情绪爆发，导致孩子现阶段出现焦虑和抑郁情绪，因此社工再次紧急介入，重新启动个案服务计划。但由于服务对象的特殊性和家庭的复杂性，此例个案并非一个阶段的个案服务介入能够解决的，可能涉及多学科联动合作，这也是 XCMY 社工事务所未来个案介入时将重点关注的部分。

（三）实践经验总结

首先，XCMY 社工以机构和困服所为依托，建立了三层联动工作机制。一是在机构层面，建立困服所工作领导小组，从服务思路和救助计划层面全面统筹协调，指导困服所社会工作者做好信息上报与服务反馈，确保各项服务有序推进。二是在困难群众救助服务所层面，以驻所社会工作者作为政社联动机制的纽带。一方面，针对困难群众情况动态掌握、特殊情况摸排和救助服务，建立一周一报工作进展、一月一交工作月报和特事特议的工作联办、联席制度。另一方面，注重"救助共同体"能力建设，通过政社协同共同开展政策学习会、建立线上沟通群，更好地加强救助共同体的联动性和参与性。三是在社会层面，积极联络整合社会公益资源，通过企事业单位及个人公益捐赠和资源链接的形式，重点募集捐助物资，解决困难群众的生活困难，完善其社会支持网络。目前天桥救助所已经成立了"公益联盟"。在联动服务机制方面，XCMY 注重专业社工联动过程中上下连通的专业作用。在服务方面，政社联动的工作机制主要体现在救助回应及时和资源协调有效上。比如在个案服务过程中，社工要能够精确地给个案服务进行"分诊"，在制定帮扶方案的时候，民政部门要做好风险把控和政府资源的调配，整合社区各类公益资源，这样才能更好地发挥联动的作用。

其次，除了精细化的个案服务之外，XCMY 社工也针对不同困难群体的需求，开发了菜单式专项行动服务计划，以物质救助和政策救助相结合的方式，从服务对象身心社三个方面回应需求，为有需要的服务对象提供补充性服务，以更好地完善其社会心理支持网络。比如针对失独、失能、孤寡等特殊困境老人，通过个性化的短期服务，解决其在安全生活、健康护理、照护指导等方面的问题。比如疫情期间,天桥困难群众救助服务所对自我照料困难、购物不便、就医困难的孤寡、空巢、高龄及失能的特困老人,定制生活救助包和安全护理包,一方面定期为其购置时令蔬菜、常备主食、即食食品和营养蛋奶等生活物资,解决老人的就餐问题,另一方面链接资源提供护理救助包,并陪同其看病就医。对出行困难的高龄失能且独居的老人,由社会工作者上门评估实际情况后制定居家改造方案,与志愿者一同送货上门并帮助安装测试,保障其居家生活安全。

针对困境青少年,则是对其能力建设和社会联结提供相应的支持性服务,改善其因生活困境带来的成长发展和教育支持缺失等问题。疫情期间,一共为有需要的困境青少年捐助爱心助学包26个。

第七章
国外推动社会救助的政策与实践

一、国际公约对社会救助权的规定

在国际上,社会救助(Social Assistance)通常被认为是向任何社会保险计划之外的家庭或社会保险福利不足以满足基本需求的家庭提供现金转移。关于社会救助的规定通常存在于各个国家的宪法或法律中,通常是更广泛的社会保障权利的一部分。国际人权法规也承认公民的社会救助权,联合国《世界人权宣言》(the Universal Declaration of Human Rights)的第22条、第25条和《经济、社会、文化权利国际公约》(the International Covenant on Economic, Social and Cultural Rights, ICESCR)第9条、第11条等法规载有关于社会保障权和适足生活水准权的条款,其中包含了对社会救助权的承认。

联合国《世界人权宣言》第25条第一款首次承认,人人有权享受为维持其本人和家属的健康和福利所需的生活水准[①],这包括食物、衣着、住房、医疗和必要的社会服务,以及在失业、疾病、残疾、守寡、年老或其他无法控制的情况下丧失谋生能力时的保障权。联合国《经济、社会、文化权利国际公约》(ICESCR)第11.1条要求各国承认人人有权享受相当的生活水准,包括足够的食物、衣着和住房,并能不断改善生活条件。享有适当生活水平的权利,意味着必须向没有足够资源的人提供社会救助。社会保障权(The right to social security)首先在《世界人权宣言》第22条中得到承认,随后在《经济、社会、文化权利国际公约》第9条中得到承认。《经济、社会、文化权利国际公约》(ICESCR)第10条提到对家庭的必要

---

① Universal Declaration of Human Rights (1948), UN.

保护和救助，它进一步关注母亲、儿童和年轻人等特定群体。联合国经济、社会和文化权利委员会通过其对《经济、社会、文化权利国际公约》（ICESCR）的一般性意见，帮助理解这些权利的内容和所涉及的义务。

联合国《儿童权利公约》（the Rights of the Child）第 26 条承认儿童有权受益于社会保障，第 27 条包含了享有适合儿童发展的生活水平的权利。联合国《消除对妇女一切形式歧视公约》（The Convention on the Elimination of All Forms of Discrimination against Women）第 11 条承认消除与就业有关的歧视，第 13 条承认社会保障权和社会福利权。联合国关于赤贫和人权的指导原则建议将尊严、普遍性、平等、参与、透明和问责等原则纳入社会保护政策的设计①。

二、国外社会救助的政策与实践

（一）美国社会救助的政策与实践

早在第一次世界大战之前，美国各州就制定了法律来管理对生活在没有父亲家庭中儿童的支持。美国联邦和州政府对受伤工人的支持以及联邦政府对退伍军人福利的要求也是推动制定美国社会福利政策的法律之一。随着美国 1932 年紧急救济和建设法案的通过，美国社会福利规划出现一个关键时刻，该法案向各州提供 3 亿美元临时贷款，以帮助受大萧条影响的民众。1933 年联邦救济法提供了 10 亿美元的额外援助，1935 年的社会保障法针对特定人群提供援助。

美国的福利计划旨在减轻贫困并减少其对这些基本需求的破坏性影响，尤其是集中于社会最贫困成员的食物获取和供应。2021 年，美国一个四口之家的贫困线是 26 500 美元。② 美国有六个主要的福利项目，其获取资格取决于收入和当地的贫困水平：对贫困家庭的临时援助（Temporary Assistance for Needy Families, TANF）、联邦医疗补助制度（Medicaid）、补充营养援助计划（SNAP 或食品券）、补充安全收入（SSI）、收入所得税抵免（EITC）、

---

① UN（2012），available at：https：//www.ohchr.org/Documents/Publications/OHCHR_ExtremePovertyandHumanRights_ EN. pdf.

② Kimberly Amadeo. What Is a Welfare Program? https：//www.thebalancemoney.com/welfare-programs-definition-and-list-3305759.

住房援助（Housing Assistance）。这些项目带来的许多好处并没有以支票的形式直接到达接受者手中，它们可以作为税收抵免单独应用，也可以通过联邦政府对州和地方政府的拨款更广泛地分发给公众。不管钱去了哪里，或者谁得到了它，这些项目构成了美国联邦预算的很大一部分。联邦政府为福利事业提供资金。但是这些项目本身是由各州管理的。一些州也通过提供额外的资金来扩大这个项目。有时，美国国会在减少项目资金的同时，并没有减少州政府为该项目所做的工作。这就产生了所谓的无资金支持的任务，州和地方政府通常最终会为该项目支付剩余的费用。每个福利项目都有自己的一套资格要求，不过，它们都包含了最高收入要求。这些收入水平通常由州政府设定，并以联邦贫困水平为基础。例如，如果一个伊利诺伊州居民的家庭收入超过联邦贫困线的165%，他将无法获得SNAP福利。①

1."贫困家庭临时援助"（TANF）

1996年，美国彻底改革了"福利"——即对贫困家庭的直接现金援助，现在被称为"贫困家庭临时援助"（Temporary Assistance for Needy Families, TANF），当比尔·克林顿总统签署了1996年共和党领导的改革该系统的法案后，它变得更加灵活。在美国，"福利"不是指整个社会福利体系，而是指这个特殊的项目，即向低收入的单亲父母提供现金援助。1996年以前，美国各州可以自行决定提供多少资金，但是谁有资格以及其他一般政策是由联邦政府制定的。现在，各州可以以各种方式支出，包括就业计划和儿童保育，但也转移到其他项目上，如寄养支付和儿童保护服务②。

2015年，平均25%的资金用于现金援助，尽管这和一个项目的许多其他因素一样，其政策是以各州为基础制定的，但差异很大。一个普通的TANF家庭（一个有两个孩子的单亲家庭）收到的金额也是由各个州决定的。在密西西比州，他们每月可以得到153美元（115英镑）。在阿拉斯加，平均福利是每月642美元。美国还有其他社会福利计划，包括食品券、

---

① U. S. Department of Agriculture. "Exploring the Causes of State Variation in SNAP Administrative Costs."

② Taylor Kate Brown. How US welfare compares around the globe. https：//www.bbc.com/news/world-us-canada-37159686.

残疾补助和针对穷人的医疗补助。但是在"贫困家庭临时援助"(TANF)成为法律的 20 年里,随着直接福利支出的下降,领取食品券的人数显著增加①。

TANF 向贫困家庭提供帮助。2020 年 6 月,"贫困家庭临时援助"(TANF)为超过 210 万美国人提供了收入。② 大多数 TANF 获得者是儿童,包括 505 487 名成人和 160 多万名儿童。③ 这些数字可能看起来很高。但是他们只是生活在贫困中的美国家庭的一小部分。例如,根据预算和政策优先中心的数据,2019 年,只有 23%的贫困儿童家庭获得了贫困家庭临时援助。2020 年,享受 TANF 福利的三口之家的全国月援助中位数为 492 美元。④

2. 平等信贷机会法(ECOA)

美国平等信贷机会法(The Equal Credit Opportunity Act,ECOA)规定了信贷领域传统的自由民权政策。平等信贷机会法(ECOA)有两个目的:首先,与借贷真相法案(the Truth in Lending Act)、公平信用报告法案(the Fair Credit Reporting Act)等其他消费者信用立法一样,平等信贷机会法(ECOA)是一部消费者保护法规,旨在为信用交易中的消费者提供准确的信息。其次,与平等就业机会法(the Equal Employment Opportunity Act,EEOA)和公平住房法(the Fair Housing Act,FHA)一样,平等信贷机会法(ECOA)是一部反歧视法规,该发旨在通过禁止在信贷决策中使用陈旧观念,来促进更广泛的信贷供应。例如,该法案禁止金融机构基于种族、肤色、国籍、性别、婚姻状况、年龄、社会救助情况或其他因素,歧视信用良好的客户,行使消费者信贷保护法(the Consumer Credit Protection Act)保障的权利。政府机构和私人都强制执行平等信贷机会法(ECOA),该法授权美联储委员会制定条例,根据该法的立法目的澄清和补充具体的法规

---

① Taylor Kate Brown. How US welfare compares around the globe. https://www.bbc.com/news/world-us-canada-37159686.

② U. S. Department of Health and Human Services. "TANF: Total Number of Recipients Fiscal Year 2020."

③ U. S. Department of Health and Human Services. "TANF: Total Number of Adult Recipients Fiscal Year 2020."

④ Center on Budget and Policy Priorities. "Chart Book: Temporary Assistance for Needy Families."

条款,该法的总体行政执法权属于美国联邦贸易委员会,部分权力下放给其他几个联邦机构。①

(二) 欧洲社会救助的政策与实践

1. 社会救助权

在欧洲,欧洲社会宪章(the European Social Charter,ESC)第13条明确承认了公民的社会救助权。《欧洲社会宪章》(ESC)第13条规定了公民"获得社会和医疗救助的权利"。为了确保有效行使获得社会和医疗救助的权利,各方承诺:①确保缺乏足够资源又无法靠自己努力或从其他来源(特别是通过社会保障计划下的福利获得这种资源)的人,能够获得足够的救助,并在患病时获得其现状所必需的照顾;②确保接受这种救助的人不会因此而削弱其政治或社会权利;③所有人都可以通过适当的公共或私人服务机构获得必要的咨询和个人帮助,以防止、消除或减轻个人或家庭的贫困;④根据1953年12月11日在巴黎签署的《欧洲社会和医疗救助公约》(the European Convention on Social and Medical Assistance)规定的义务,在与本国国民平等的基础上,将本条第1、2和3款的规定适用于合法在其领土内的其他缔约国的国民。

《欧盟基本权利宪章》(the EU Charter of Fundamental Rights)第34条承认公民的社会保障和社会救助权利。至于欧洲委员会,《欧洲社会宪章》(ESC)承认社会权利是《欧洲人权公约》(ECHR)的对等物,后者主要承认公民权利和政治权利。欧洲人权法院强调了获得适当社会保护与《欧洲人权公约》(ECHR)承认的一些权利之间的联系,如第3条第32款承认的禁止酷刑和不人道及有辱人格待遇的权利,或《欧洲人权公约》(ECHR)第一议定书第1条中包括的财产权。

2. 社会救助权利标准

"欧洲社会权利委员会"(ECSR)监测中确定的社会救助权利标准

---

① ANTHONY D TAIBI. Banking, Finance, and Community Economic Empowerment: Structural Economic Theory, Procedural Civil Rights, and Substantive Racial Justice [J]. Harvard Law Review, 1994, 107 (7): 1463-1545.

包括①：

（1）普遍权利（Universal Right）。社会救助作为一项普遍制度，每个人都能因为其有需要而获得福利。当没有其他手段能达到符合人的尊严的最低收入水平时，社会救助权被视为获得社会救助的一项个人权利。

（2）年龄（Age）。可以规定一个最低年龄，只要低于这个年龄限制的人就可以得到适当的帮助。然而，为年轻人提供的某些形式的补充或有条件的救助被认为不足以符合《经济、社会和文化权利国际公约》（ESC）。

（3）福利期限（Duration of the Benefit）。只要有需要，就必须持续提供社会救助，不受时间限制。

（4）组织（Organization）。当提供社会救助的权力下放时，国家仍然最终负责执行官方政策，尽管《经济、社会和文化权利国际公约》（ESC）在全国范围内不需要相同水平的保护，但它确实需要合理的统一处理。

（5）经济状况调查（Means Test）。一旦某人没有足够的资源来满足自身基本需求，就应给予救助。必须有一个准确的法律门槛，低于这个门槛，一个人就被视为有需要，以及关于发放福利的共同标准。一个人有权获得救助的资源水平是根据贫困阈值确定的，贫困阈值为等值收入中位数的50%。在没有这一指标的情况下，会考虑到其他国家规定的阈值，例如家庭篮子的货币成本，这是个人拥有体面生活水平和健康所必需的。

（6）激活措施（Activation Measures）。只要社会救助与寻找就业、接受职业培训的目标相符合，即找到解决个人困难的持续办法，就可以在两者之间建立联系。

（7）制裁（Sanctions）。如果个人没有被剥夺生存手段，暂停或减少社会救助福利的制裁是符合《社会保障法》的，至少应该保持可用紧急救助。拒绝、暂停或减少救助的唯一标准必须是有足够的资源。

（8）救助形式（Form of Assistance）。给予的救助可以是现金或实物。然而，现在的情况在那些尚未实施收入支助保障的国家中，有10%被认为不符合《欧洲社会宪章》（ESC），因为没有覆盖全部人口。给予的救助应

---

① DALLI M. The content and potential of the right to social assistance in light of Article 13 of the European Social Charter [J]. European Journal of Social Security, 2020, 22 (1): 3-23.

使那些有需要的人能够满足基本需求,过上体面的生活。为了评估救助水平,该委员会考虑支付给包括老年人在内的单身独居者的基本福利,以及额外福利(如住房补贴或食品救助)、该国的贫困线。如果救助津贴的每月金额不明显低于设定为等值可支配收入中位数50%的贫困线,则该金额是适当的。当社会救助将个人从社会保障获得的收入提高到一个体面的阈值时,将考虑个人从这两种制度中获得的总收入。

(9)法定权利(Statutory Right)。获得救助的权利不能完全取决于行政当局的自由裁量权,必须承认这是法律规定的一项个人权利。法律必须澄清评估标准,根据这些标准,必须承认所需的救助,包括用于调查资源和需求的方法。将预算资源的存在作为社会救助的条件不符合《欧洲社会宪章》(ESC)。

(10)上诉权(The Right to Appeal)。审查机构必须具有司法职能,它必须能够对其管辖范围内的案件作出裁决,并根据法律作出有约束力的决定。它可以是普通法院或行政机构,必须提供以下保证:①行政部门和所涉各方的独立性;②所有不利的决定都必须接受上诉,包括制裁;③上诉范围必须包括审查机构,而不仅仅是对案件进行判决的权力。如有必要,必须提供免费法律救助。

(11)合法居住在其境内的缔约国国民(Nationals of States Parties lawfullyresident in the territory)。在另一缔约国境内合法居住或正常工作的缔约国国民,在与国民平等的基础上,无需互惠,有权获得社会和医疗救助。外国人更难满足的条件,或"不同于逗留或存在条件"的居留时间要求不符合第13.1.46条。虽然居留身份可能受到居留时间的限制,但条件不能明显过度。

(12)非法居留和非居民外国人(Unlawfully Present and Non-resident Foreigners)。继2013年第13条解释声明之后,第13.1条还要求各国向非法在其领土上的缔约国国民提供紧急医疗救助和基本社会救助,这是应对紧急需求所必需的。要求各国向那些有紧急需要的人提供住宿、食物、紧急护理和衣物。各国必须在法律上承认这一权利,并在实践中使之有效。根据第13.4条,合法居住在特定国家但没有居民身份的外国人也有权获得紧急医疗救助,而没有居住时间的限制。

(13) 遣返（Repatriation）。在另一缔约国境内合法居住或正常工作的外国国民不能仅仅因为他们需要救助而被遣返，当局不能仅仅因为个人没有足够的资源养活自己和家人就吊销居留证。

(14) 尊重政治和社会权利（Respect for Political and Social Rights）。必须根除由明文规定产生的任何直接或间接歧视，关于平等和禁止歧视的规定必须在实践中加以解释，以防止基于接受社会或医疗救助的歧视。要求身份证件或城市居住证明以获得社会救助可能不符合《欧洲社会宪章》（ESC），因为那些有需要的人可能更难找到稳定的居住地，因此可能被剥夺救助。

(15) 个人救助（Personal Assistance）。没有足够资源或有可能成为这样的人的人有权获得咨询和帮助。必须实施消除贫困的综合战略。社会服务必须确保其使用者平等有效地获得救助服务。委员会审查这种服务是否按地域平均分配。

现金转移作为一种经济情况调查机制，是确保那些被排除在市场之外的人以及有工作的穷人能够满足其基本需求的唯一现有方式。这一条的主要重点是确定更严格的界定社会救助权的标准。ECSR 对《经济、社会、文化权利国际公约》第 13 条的监测活动中确定了标准，这些标准以明确和有用的方式介绍了救助计划的特点，如期限、救助形式、经济情况调查、启动措施的限制或上诉权。《经济、社会、文化权利国际公约》第 13 条的当前发展为英国和西班牙改进社会救助政策提供了指导。

3. 欧洲分国别的社会救助

1）英国

在英国，2017 年有 22% 的人口面临贫困和社会排斥的风险[①]。2018 年，"英国平等和人权委员会"（the Equality and Human Rights Commission，EHRC）发布了一份关于 2010 年至 2017 年政府在税收、福利、社会保障和公共支出方面实施的措施的影响的报告。EHRC 得出结论认为，实施的变革是累退性的，包括引入普遍信贷取代一系列经过经济情况调查的福利。总体而言，因改革而遭受巨大收入损失的群体往往是那些最依赖经济情况调

---

① 欧盟统计局（Eurostat, 2017）。

查转移支付的群体。关于"被救助者"比例最高的群体,单亲女性是名单上的首位类型(全英国87.5%),其次是女性单身养恤金领取者(87.3%)和男性单身养恤金领取者(78.8%)。在这方面,390万出生于20世纪50年代的妇女正受到妇女国家养老金年龄变化的影响,计划到2028年从60岁提高到67岁,以便与男性的国家养老金年龄保持一致。单亲父母(其中90%是妇女)平均损失5 250英镑,而有子女的夫妇每年损失3 000英镑①。有子女的家庭受影响最大,79%三个或三个以上子女的家庭几乎有损失。残疾人也受到改革的沉重打击,超过71%的残疾评分为6分或以上的家庭因政策变化而失去收入。

普遍信贷(Universal Credit)作为家庭的单一福利已经到位,并取代了六项经济情况调查福利和税收抵免。普遍信贷受到批评的原因有很多:制裁的严厉和增多;接受与申请人资格不符的低薪和临时工作;3~4岁儿童的父母有工作的义务;领取补助金的五周等待期;按月的付款频率(而不是每两周一次);就业激励减少;申请和沟通流程的数字系统等②。

2)西班牙

根据欧盟统计局(Eurostat)的数据,2018年,西班牙21.6%的人口面临贫困或社会排斥的风险③。根据2008年至2017年跟踪贫困风险指标的一项研究,西班牙受贫困增加影响最大的群体是失业者和年轻人(16~29岁)、第三国国民、生活在农村地区的人、有孩子的家庭和单亲家庭④。2017年,贫困影响了5.5%的男性和19.4%的女性。2017年,西班牙男性的活动率比女性高22%,贫困风险影响了40.6%的单亲父母⑤。

儿童津贴的覆盖面和金额(每月28.41欧元)都较少。西班牙的最低收入制度是按地区组织的,由于一些原因而受到批评,如现有的地区差异、

---

① Portes and Reed, n. 53: 80.
② Alston (2018) available at: https://www.ohchr.org/Documents/Issues/Poverty/EOM_GB_16Nov2018.pdf. The UK Women's Budget Group (2017), available at: https://wbg.org.uk/wp-content/uploads/2017/11/Universal-credit-briefing-Nov-2017-FINAL.pdf.
③ Eurostat (2018).
④ Llano (2018: 13 and 61), available at: https://www.eapn.es/estadodepobreza/ARCHIVO/documentos/Informe_AROPE_2018.pdf.
⑤ Llano (2018: 36 and 96), available at: https://www.eapn.es/estadodepobreza/ARCHIVO/documentos/Informe_AROPE_2018.pdf.

年龄要求（通常为 25 岁以上）和福利期限（通常限于 6~12 个月）（阿斯图里亚斯、坎塔布里亚、卡斯蒂利亚莱昂、马德里和巴伦西亚社区除外）①。平均而言，2017 年西班牙的基本月救助金额为 451.97 欧元，平均最高金额为 758.35 欧元②。最高可领取金额差异很大，从休达的 420 欧元到纳瓦拉的 1 200 欧元不等。对收入补助的准入限制影响了那些最近在该地区定居的人、年轻人、新组建的家庭和无家可归者③。平均而言，除了合法居住外，通常还要求在该地区居住两到三年④。此外，许多地区法规缺乏精确性，导致官僚随意性和主观决策⑤。此外，激活措施往往资源不足，针对就业困难群体的措施几乎没有效果。2019 年 12 月，西班牙失业率达到 13.92%，当时有 3 163 605 人登记求职⑥。受影响最大的群体包括 45 岁以上的人、妇女、外国人、少数民族和年轻人⑦。

（三）拉丁美洲国家社会救助的政策与实践

20 世纪 80 年代初影响拉丁美洲的严重经济危机，通常被称为"失去的十年"（The Lost Decade），标志着拉丁美洲资本主义积累和发展的广泛模式开始发生根本变化，从进口替代工业化（ISI）到出口导向型增长⑧。随后的危机和结构调整导致拉美国家贫困和脆弱性急剧上升。这也迫使维持发展模式的政策解决方案发生变化，对社会救助产生重要影响。在 20 世纪 80 年代危机之后，政策的重点是社会保险改革，特别是养老基金⑨。在那

---

① Ayala et al. （2016：71），available at：https：//www.mscbs.gob.es/ssi/familiasInfancia/ServiciosSociales/EstudiosNacionales/SistemGarantIngresosEnEsp.pdf.

② Ministry of Health, Consumer Affairs and Social Welfare （2017：83），available at：https：//www.mscbs.gob.es/ssi/familiasInfancia/ServiciosSociales/docs/Informe2017.pdf.

③ ESPN（2015：15）.

④ Dalli, n.5 above, 240 and 241.

⑤ ESPN, n.74 above, 8.

⑥ Spanish National Institute of Statistics （2019）.

⑦ FOESSA（2017：26）.

⑧ SEBASTIAN EDWARDS. Crisis and Reform in Latin America, from despair to hope. New York, 1995.

⑨ CARMELO MESA-LAGO. Myth and Reality of Pension Reform：The Latin American Evidence [J]. World Development 2002, 30 （8）：1309-1321.

些养老金和健康保险捆绑在一起的拉美国家,这也扩展到了健康保险①。劳动力市场自由化影响深远,增加了非正规就业工人已经很大且不断增长的份额。在20世纪90年代后期,拉美国家社会政策的重心转向社会救助,出现了以减少贫穷和脆弱性为重点的大规模方案,这包括改革和扩大收入转移方案,如巴西或玻利维亚的非缴费型养老金。

在拉丁美洲国家,社会救助方案的设计有很大差异。许多国家有提供实物转移的方案,包括公用事业费用补贴、学校膳食、儿童发展和保护服务等。还有许多提供紧急救助的方案,例如公共工程、住房或卫生服务。在该区域的一些国家,这些方案是社会救助支出的重要组成部分。

拉美地区新的社会救助方案沿着两条途径扩大:第一条途径是将地方方案或试点计划推广到国家一级,如巴西 Bolsa Escola 方案和智利 Solidario 方案;第二条途径是消除方案中的排斥现象,例如将 Progresa 方案作为 Oportunidades 方案扩展到墨西哥所有农村和城市地区,或将 Bolsa Escola 方案扩展到所有最贫困家庭。新的救助方案正开始达到对贫穷产生影响所需的规模,但要达到减贫的最佳规模还有一段路要走。②

1. 侧重于将家庭作为支持单位

拉丁美洲国家正在出现新的社会救助形式,许多方案收入转移和服务支持相结合,它们作用于需求和供给两方面,但重点主要在需求方面,这些方案侧重于将家庭作为支持单位。这是基于这样一种信念,即持续减少对贫困的脆弱性需要加强穷人的力量,而这种力量在于家庭。更传统的社会救助侧重于弱势个人,根据更广泛的群体来界定,如老人、儿童或单身母亲,这种方法没有考虑到这些弱势个人通常生活在家庭中,"分享"他们的社会和经济状况。一些方案纳入了旨在加强贫困家庭中处境最不利成员讨价还价能力的设计,例如通过母亲进行支持。在这些方案中,妇女通常也是资金支持的接受者,因为越来越多的证据表明,她们更倾向于家庭消

---

① ARMANDO BARRIENTOS, PETER LLOYD-SHERLOCK. Health Insurance Reforms in Latin America: Cream Skimming, Equity and Cost Containment. in: LOUSIE HAAGH, CAMILLA T HELGO (eds.). Social Policy Reform and Market Governance in Latin America. (London, 2002): 183-99.

② ARMANDO BARRIENTOS, CLAUDIO SANTIBÁÑEZ. ew Forms of Social Assistance and the Evolution of Social Protection in Latin America [J]. Journal of Latin American Studies, 2009, 41: 1-26.

费支出。这些方案无一例外地以最贫困者为目标，这是与该地区以前社会救助的一个关键区别。

2. 促进和加强救助对象的能力

这些救助方案的另一个重要特点是，其目标扩展到保护贫困家庭，促进和加强他们的能力，特别是人力资本投资，减少他们被排斥和无权的情况。大多数方案纳入了家庭根据协议的自愿参与。智利 Solidario 方案明确做到了这一点。一些救助方案包括附加条件、上学或获得初级保健，作为与受益人签订协议的一部分，侧重于减少贫困和脆弱性的社会救助新方法。

这些方案使用各种选择方法，包括地域、经济情况调查、代理经济情况调查和社区参与，这是为了区分穷人和非穷人，同时也是为了能够确定最贫穷的人。有条件转移支付方案主要侧重于收入、健康、教育和营养。例如，智利的救助方案对贫穷持有最广泛的观点，旨在从多个方面改善福祉和包容性。这些方案还承认，贫困可能会长期存在，他们明确关注贫穷代代相传的渠道，旨在打破代际贫穷的循环。在这方面，这些方案或多或少都旨在减少短期和长期的贫困。例如，Oportunidades 方案侧重于提高对儿童人力资本投资的关键目标。无论是着眼于短期还是长期减贫，这些方案的主要工具是定期现金转移。[1]

拉美地区的减贫战略受到了世界银行制定的社会风险管理方法的影响[2]，这种方法促进了市场工具和机构的建立，以应对不利冲击可能造成的收入损失，并支持家庭投保防范这些风险，目标是维持家庭消费。在这一方法中，社会救助被理解为旨在帮助贫困家庭应对各种社会风险的框架，即世界银行风险管理框架。一些救助方案侧重于支持对儿童的人力资本投资，另一些救助方案侧重于支持家庭其他成员。二者之间的主要区别在于，后者更强调将短期消费改善与增强能力（包括中长期收入能力）联系起来。

---

[1] ARMANDO BARRIENTOS, CLAUDIO SANTIBÁÑEZ. New Forms of Social Assistance and the Evolution of Social Protection in Latin America. Journal of Latin American Studies, 2009, 41: 1-26.

[2] INDERMIT S GILL, NADEEM LLAHI. Economic insecurity, economic behaviour and social policy. Washington DC: The World Bank, 2002.
ROBERT HOLZMANN, STEEN JORGENSEN. Social Protection as Social Risk Management: Conceptual Underpinnings for the Social Protection Strategy Paper [J]. Journal of International Development 1999, 11: 1005-1027.

许多传统的救助方案缺乏对风险管理的重点关注①。拉丁美洲面临的政策挑战是制定社会救助战略,将解决当前贫困的干预措施与减少未来贫困可能性的干预措施结合起来。

3. 对贫穷的多维理解

支撑拉美地区新形式社会救助的主导概念框架,包括有条件救助方案,其核心是对贫穷的多层面和代际理解。例如,在该区域许多新出现的社会救助形式中,收入转移与获得基本服务相结合,反映了这样一种认识,即贫穷描述了一系列方面的不足②。这种救助强调加强人类(特别是儿童)的发展,反映了对贫穷持续存在的重要性的认识③。这些特点表明,构成新形式社会救助的概念基础更多地来自对贫穷的多维理解,而不是社会风险管理方法。就综合减贫方案而言,如智利 Solidario 方案,它们都以评估福祉的能力方法为具体基础。在能力方法中,福祉是根据个人和家庭力所能及的"存在"和"行为"来评估的④。

同时,纳入对贫困(特别是极端贫困)多方面性质的理解。旧的社会救助模式依赖家庭津贴和实物捐赠,新形式的社会救助是以收入转移为基础的综合干预措施,比如,Progresa 方案将收入转移与营养、教育和健康干预相结合,当扩大到 Oportunidades 方案时,附加服务包括培训、求职、青年融入、储蓄工具和微型企业发展。方案范围的扩大是因为认识到克服贫穷需要在许多方面提供综合支持。

4. 运用新技术手段

拉美地区新形式的社会救助都是以穷人和最贫穷者为对象,这不同于针对性差、覆盖面极小的旧形式社会救助。受益人的选择旨在确定最贫穷的家庭,并将方案资源集中用于这些家庭,这就涉及混合选择技术。例如,

---

① ELISABETH SADOULET et al. Can conditional transfer programs improve social risk management? Lessons for education and child labour outcomes. Washington DC: The World Bank, 2004.

② SEE ERIK THORBECKS. Multi-dimensional poverty: Conceptual and measurement issues. Ithaca: Cornell University, 2005.

③ SEE TARSICIO CASTANEDA, ENRIQUE ALDEZ-CARROLL. The intergenerational transmission of poverty: some causes and policy implications. Washington DC: Inter-American Development Bank, 1999.

④ AMARTYA SEN. Commodities and Capabilities. Amsterdam, 1985.
AMARTYA SEN. Development as Freedom Oxford, 1999.

墨西哥 Progresa 方案使用"地理定位"来确定农村边缘化程度最高的社区，然后使用"代理收入测试"根据赤字指标对家庭进行排名，最后进行社区验证。这一点在洪都拉斯 PRAF Ⅱ 方案中得到了很好的应用，只是边缘化社区的贫困发生率很高，因此选择非贫困者比选择贫困者更有意义。巴西的 Bolsa Familia 和 BPC 方案，目标组合涉及人均家庭收入与国家贫困线的比较，与基于类别的指标相结合，如最低资格年龄。玻利维亚 BONOSOL 方案采用了分类和群组目标，它适用于 1995 年所有年满 65 岁的人。①

5. 为受益家庭确定"毕业"程序

大多数计划包括资格的定期审查，在 Progresa 和 BPC 方案的情况下，每三年进行一次，这可以为一些家庭建立"毕业"程序。总体来说，新形式的社会救助的作用和功能可以用四个词来描述：保护、促进、赋权和推动。②

---

① ARMANDO BARRIENTOS, CLAUDIO SANTIBÁÑEZ. New Forms of Social Assistance and the Evolution of Social Protection in Latin America [J]. Journal of Latin American Studies, 2009, 41: 91-26.

② ARMANDO BARRIENTOS, CLAUDIO SANTIBÁÑEZ. New Forms of Social Assistance and the Evolution of Social Protection in Latin America [J]. Journal of Latin American Studies, 2009, 41: 91-26.

第八章 社会组织参与社会救助面临的困难与挑战

我国社会组织参与精准救助的机制还不够成熟和完善，面临的问题主要表现在以下几个方面。

一、政府及政策层面的困难与挑战

从问卷调查的情况来看，选择频次最多的为"各政策制定主体间衔接沟通不畅"127次，其次的"政府对社会组织支持度下降"120次、"真正困难群体受现有政策限制无法得到保障"118次、"救助政策不稳定，缺乏宣传"115次、"救助政策对救助对象脱困缺乏激励作用"114次。图8-1表明，政府应该加大对社会组织的支持度，同时在政策制定时注重各部门沟通，多关注真正困难群体，加大政策宣传。

（一）政府政策支持不足的问题

1. 政府对社会组织关注度不足，支持度下降

例如，XJD负责人认为，国家对民办机构的关注度不够。"由于机构属于私立的非营利性企业，不是公立的，所以现在政府层面（如残联、民政等）在项目资金或物质方面都没有任何支持，即便申请了也没用。之前机构所有的服务收费都不能报销，从去年才开始可以报销，今年报销的会多一些，但是有些地方还是会有限制，公立的报销可能会好一些。2012年我们从市残联、市民政都可以申请政府购买项目，当时是市里的比较多，包括社工委的项目都可以。后来慢慢就少了，这两年应该是没有了。"（J-1）

FTJWL项目主管谈到，"社会救助工作最辉煌的几年我感觉就是2013—2017年这段时间，是社会组织蓬勃发展的时间。从社工委和民政合并后，

第八章 ◎ 社会组织参与社会救助面临的困难与挑战

各政策制定主体间衔接沟通不畅	127
政府对社会组织支持度下降	120
真正困难群体受现有政策限制无法得到保障	118
救助政策不稳定，缺乏宣传	115
救助政策对救助对象脱困缺乏激励作用	114
政府对救助工作的重视程度不够	80
社会救助评估标准与考核指标不健全	73

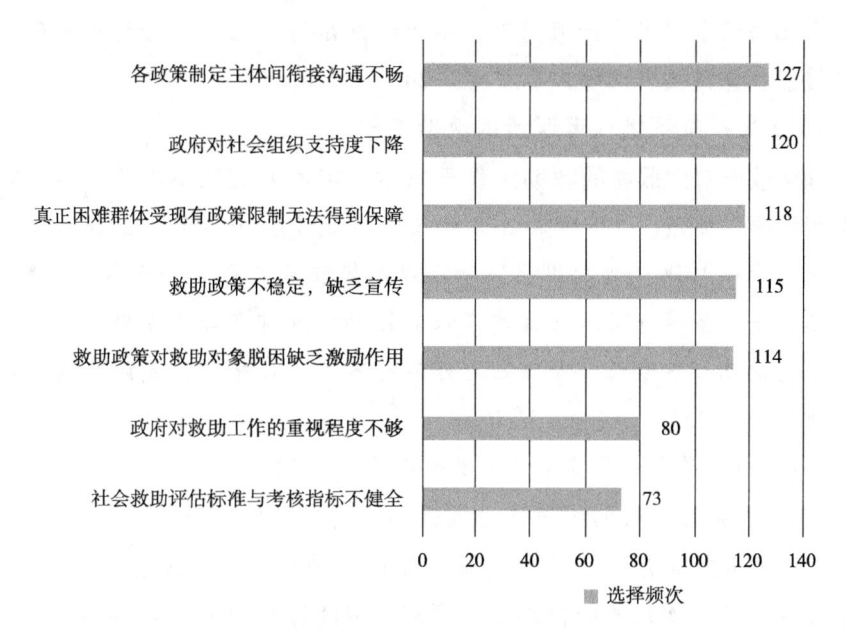

图 8-1　社会组织参与社会救助过程中政府政策层面的困难

明显能感觉到我们前十年的社会工作没得到应有的认可"。(J-24)

"合并到民政后，完全是另外一套系统，对待民政这样做项目，你跟以前的想法是完全不一样的，现在是我得把这个指标完成，把这个材料写好，就到这样的了。"(J-24)

"好多民政部门的领导，他们现在就觉得社会组织的存在是一种负担。他们要管理但又不知道如何管理，那我就压缩你。一个35 000元的项目，如果要拿，我们还要去招投标，招投标下来可能5 000块钱就没了，还要再交其他的费用，最后剩2万多块钱做项目，还要做出10万块钱的效果。"(J-24)

"现在要不是机构真的想再撑一撑，可能真就不会存在了。"(J-24)

"我感觉现在对社会组织的监管力度会越来越大，不管是项目管理还是财务，政府会更加严格地管理，然后会有一大批的社会组织注销。"(J-24)

"因为现在提倡把所有的社会组织变成社会企业，可能国家感觉有些社会组织不太好管理，所以现在社会组织的申请十分严格，近几年来几乎没有新的社会组织诞生，都是一些老的社会组织。老的社会组织因为这几年疫情，不管是转让、注销还是'僵尸'，好多这样的情况出现，但我觉得可

能未来几年这个情况会一直持续，不会特别乐观，包括政府购买服务的资金支持，我觉得还会继续收紧。"（J-24）

2. 基层政府不重视困服所的救助工作

基层政府对困服所的救助工作不重视，甲乙方关系不平等，甲方影响社会组织服务质量。"甲方和乙方的关系不是完全平等的，出钱的决定一切。比如有一些他可能利用困服所，以此变相地变成有一个人给他干活，根本不在乎个案等是否真正落实了社会救助。以前有合作方提出过这个问题，他就说你专不专业，专业做的好不好不是我在乎的，我认为这个活谁都能干。"（J-22）

"市里想去监督但毕竟不是市里给钱。"（J-22）

3. 以项目为核心的组织能力提升的扶持性供给不足

政府偏向技术层面，但社会服务端资源缺乏。从各级政府项目来看，政府往往只关注项目的孵化端和考评端，中间过程的资源配置不充分。例如，WXTD负责人谈到，"目前政府服务项目是通过第三方进行的，而政府购买更偏向拥有专业技术的机构或组织，对于基层组织的基层化服务资源配置不充分"。（J-3）

社会救助方面的实务培训教材较少。由于中国低保制度建立时间相对较短，BJXH负责人谈到，"社会救助领域中实务手册相对少，所以我们正在编制社会救助领域的实务培训手册"。（J-5）

救助项目个案要求与社工工作方式不匹配。例如，BCXY负责人谈到，"比如，项目要求一个个案只能做12次，且一个服务对象只能有一次个案服务机会，来年不能再纳入个案，但我们做的个案是不太可能用次数来确定"。（J-16）

4. 中央政策的制定很难顾及全面，压缩社会组织生存空间

例如，BJHF负责人谈到，"当我们把首都功能核心区画出来时，慢慢地我们会发现北京城市的属性在消失，而首都的功能在不断发挥。所以的确在流浪人员上会有一些顾及不到的情况"。（J-4）

受访人认为，对社会组织而言，北京现行政策使其生存空间越来越小。

（二）政府购买社会救助服务的问题

1. 资助经费有限，公开申报项目机会越来越少

（1）项目经费变少，不能覆盖服务的全部成本。例如，BJXH负责人谈到，"疫情前有政府拨款还能维持，但疫情以来，由于政府经费有限，只能由街道采购"。（J-5）

"我机构在去年救助这些人的时候，曾经粗略地计算过，以每个街道平均300个服务对象（不能以东城区里包个案那20人的形式计算），30余万元的购买资金平均每个人才1 000元，还不算机构的运营成本和社工工资。在2018年年中，我曾经计算过，不计我们机构的人力和运行成本，直接花到服务对象，每个人身上平均要5 000元左右，才能够看到其家庭和个人明显的转变效果（不包括危重病人急需大量医药费的情形）。如果是家庭三个人都涉及残疾、老龄、低保又遭遇重大变故的'综合问题'，那投入会更多。"（J-5）

近年来，政府采购资金的支持力度越来越小。例如，FTJWL项目主管谈到，"2019、2018年的时候已经感觉资金就已经没有以前多了，目前我们的项目费用可能就是前两年的1/3。现在的大项目十几万算高的了，以前我们最高的有六七十万的大项目，但现在可能就再也见不到了"。（J-24）

"各个地区都是这种情况，延庆也是。可能不单是救助，所有的社会建设资金的经费都在削减。"（J-24）

（2）政府采购项目减少或取消，购买项目供需不平衡。例如，FSNY负责人谈到，"项目资金多年来未增长；购买项目供需不平衡，感觉僧多粥少，有好多社会组织根本拿不到购买项目"。（J-18）

BJZQ负责人谈到，"经费能多一些支持就更好了。经费多少取决于承担责任的多少，承担责任多经费多，承担少经费少。以西城为例，除完成政府对困服所必须完成的工作要求（做个案，录系统，必须达成的指标等），还需要运营单位与街道协商需承担的责任。什刹海街道项目经费45万/年，包含人员工资（社会服务费用）"。（J-7）

PAFJ项目主管谈到，"来自今年的不确定消息是，社会救助项目因疫情缩减。或彻底取消，或项目资金减少"。（J-20）

CYQCY负责人谈到，"一方面是政府的支持，另一方面是社工机构人员的能力素质。政府愿意支持，事务所获得的经费就会多一点，就有经费请到能力较强的社工，能把救助工作做得更好，政府也就更愿意支持我们，这是一个相辅相成的过程"。(J-10)

BJZA 负责人谈到，"在公益比较发达的国家，都是通过政府采购的形式，让组织更好地发挥作用，让大家通过公益的践行，最终形成某个领域领导力的突出表现。而目前中国公益项目具有时效性，公益组织生存步履维艰，挺难的。比如这段时间闹水灾了，大家都在关注，纷纷捐款，但这种捐款是有时效性的，不可能形成持续性的高热度和高热情。但公益组织的帮扶是一个水滴石穿的慢功夫"。(J-13)

一些受访人反映，政府采购项目的服务量不变甚至增加，但项目经费逐年减少。例如，TZCX 项目主管谈到，"经费以项目的形式下发，一般项目经费不是很多，且每年都会减少，但入户的台账系统中的服务量基本不变或是增加趋势。社会救助是动态的，前几年排查时把不符合标准的剔除了，这几年排查时仅剩一些特殊情况或死亡的对象，剔除量不多。从街道角度讲，社会救助的台账人员是在缓步增多的状态，所以在服务量不变或是增加的情况下经费反而在减少，这是主要困难之处"。(J-23)

郊区政府采购资金的支持力度相对偏低，经济相对落后地区的社会工作资金难以保证。例如，FSNY 负责人谈到，"房山经济发展相对比较落后，可能维持自身运营都很困难，政府拿出资金开展工作，从全区的社会发展、经济建设来说，对社会心理服务的资金支持比例不会很高。支持资金多年未增长；有很多社会组织无法拿到政府购买项目"。(J-18)

"建立社会心理服务中心和社会工作服务中心第一年有资金支持，以后的资金支持怎么办？"(J-18)

（3）公开招投标减少，委托项目增加，过程不够公平。北京市从 2018、2019 年停止福彩金购买和社会建设资金后，各个区县公开的政购资金越来越少，作为社会组织公开申报的机会越来越少，更多的政府购买服务转成定向或不公开地招标，对靠公开项目生存的社会组织来讲，变得非常困难。与之相对应的是直接委托的项目增多。例如，BJHF 负责人谈到，"我们也发现很多新成立的社会组织，在承担着非常重大的项目，所以我们的机会就变少了"。(J-4)

MYYB负责人谈到,"项目结束后只有部分服务能够继续跟进"。(J-8)

对于政府采购中的公平问题,FTJWL项目主管谈到,"社会救助工作现在归民政局后拿项目得有一定社会资源"。(J-24)

"我们延庆做了那么多年,在延庆当年做了第一名,谁都知道我们绝对是当年的巅峰,但这两年却很难拿到项目,而有一些能力不足的机构却能拿三四十万的项目,做出的项目专家都看不下去。"(J-24)

(4)领导对社会救助项目重视程度不同,经费不同。例如,HDTCL负责人谈到,"由于救助项目属于政府购买项目,不同领导对这件事情的重视程度会导致经费有变动"。(J-17)

(5)各基层政府实际情况不同,资金不能完全保证。民政局文件相对明确规定了项目的资金情况,但各基层政府可能有自己的实际情况,导致实际资金不能完全保证。例如,HDTCL负责人谈到,"我们因为有一个综合平台,会共享使用人员及场所,才能够维持下去。如果只有一个困服所项目,经费是不能覆盖机构内工作人员工资及服务的"。(J-17)

"今年项目资金只有13万多,这只够一个人的工资,但实际投入的人力肯定不止一个,机构内的人员还要兼顾其他的工作。"(J-17)

2. 项目资助周期短,资助政策出台迟,社会组织需长时间等待

(1)政府购买服务项目的周期较短,社会组织每年都会出现项目的断档期和间歇期,导致资金收入的不稳定。例如,BJXH负责人谈到,"2022年困服所的社会救助项目只在东城,稳定且连续;但朝阳区没有建困服所,是按一年一次采购项目,不稳定,今年没有项目"。(J-5)

CSDY之前主要依靠政府补贴及政府采购,现在主要为自筹项目。BJXH负责人谈到,"购买服务方面,东城区困难群众救助服务所资金指导标准迟迟没有出台,让承接的社会组织和购买服务的区级和街道级政府都非常为难,每个站多少钱配置?干多少活?一系列问题都需要上级给以支持和指导"。(J-5)

SJSMD负责人谈到,"现在的所有服务都是一年一签。但我们一般都会尽量争取长期服务,最长已经做了三年。长期在一个区域里服务,这样即使人员有流动,但整个服务不会断。我认为我们的专家可以呼吁一下,可以三年或五年一签,区域性的服务还是长期稳定一些比较好,当然如果做

不好肯定是要淘汰的"。(J-21)

"困服所的项目是由街道决定给谁的,如果干得好的话,第二年可以继续干,至少现在我们机构是这样的,不知道明年还会不会给我们,但至少这一两年内我们还是相对稳定的。"(J-21)

(2)政策连续性不足,社会组织与政府的合作不稳定。政府采购政策的连续性不足是经常被谈到的问题。例如,FSNY 负责人谈到,"我们从 2018—2021 这四年民政给我们审核的都是社区老年人的项目,一直做着连续性的工作,但去年突然间政策变化,我们报了两个项目但没给我们批老年的项目,反而给我们批了一个家庭方面的项目。所以政府购买项目的连续性限制了我们在老年方面的救助进程"。(J-18)

社会工作站与困服所工作可能会有重叠,"不知道以后会不会和社工站重叠"。(J-21)

BJXH 负责人谈到,"每年的12月至来年3月,项目结项到新承接,其间的资金断档,导致社工机构人员流动,新开项目后又需要重新安排人员,重新培训,熟悉地区,资源调配,再次跟原有的服务对象联络关系,导致项目每每延后"。(J-5)

HZHL 负责人谈到,"财政一直不怎么稳定,资金不连续,中间有间断"。(J-15)

"希望能持续有资金支持,并且更趋于合理化分配。"(J-15)

"光给钱无法从根本上解决问题。由于山区困难群众分布相对较分散,地理位置造成开展入户帮扶资金投入成本较高,希望在项目资金投入上同比往年有所增加。"(J-15)

另外,政府采购的资助政策执行不力。由于《北京市政府购买社会工作服务预算管理实施细则》没有和财政局联合发文,目前未普遍被甲方接受和认可。BJZQ 负责人谈到,"这个文件规定了社工的人工成本应该怎么核算,包括社保、公积金、兼职劳务等,有一个非常清晰的计算方法。但我们拿着这个文件去和对方谈,对方不认为这个是政策要求,要按照这个来执行,反而会各种压价"。(J-7)

关于政府采购项目不确定性强的问题,FTJWL 项目主管谈到,"去年延庆的困境留守儿童项目只有20万元,要做一年,养三个人,还有好多的项目经费,还要办两场大型活动。现在丰台困境留守儿童这个项目也没了。延庆,我们做完10月份就结项了,现在快12月了,下一年项目在哪我们还不知道。我们现在一个项目也没有,还要养两个全职员工,没有一个领导跟我们说明年是怎么回事?用你们还是不用你们,要不要先把项目书写出来,没有任何人跟我们沟通"。(J-24)

"现在方方面面都会影响到项目能不能中标,你做的再好,也没办法。比如我们要做100场活动,每次我们都得做够150场,那50场怎么办呢?就得压缩资金,都是这样。去年延庆赶上'创城',领导说你这创城项目活动也得给我们做。确实没有办法,他也不听你的,反正你就得做,你不做,有的是人做。所以现在基本上我们的项目经费除了项目外,将将够养人,根本不会有结余,如果机构有其他方面需要用钱,就得从别的账户中去倒、去借。"(J-24)

(3) 项目资金不能及时拨付到位。PAFJ项目主管谈到,"政府项目资金有的分三次付款,前期、中期和结项时分别支付。有时没有办法签字或资金短缺等各种原因推迟付款,造成机构流动性变差,不能给员工及时支付工资"。(J-20)

政府采购资金支持力度不够导致了以下几方面后果:

一是项目覆盖面不足。例如,JYRX负责人谈到,"服务的镇街大,求助群体多,但由于经费有限,项目周期(8~9个月)受限等原因,导致救助覆盖范围不足,只能评估救助紧急程度,急需救助的才能救助,不太着急的只能等下一个项目周期。机构做项目有时需要自己垫付"。(J-6)

二是提供增能服务存在资金困难。例如,BJRY负责人谈到,"政府购买服务的资金是按物价预算好的,只够职工开支。由于资金不足,无法安排两个社工负责一个长途流浪精神病人员的遣送,只能与政府部门协商三个人起送。因为长途需要睡觉、上厕所等,而流浪精神病人员会自行离开,因此至少需要两个社工轮流看管,以避免救助人员丢失。事务所每次遣送都会为社工及救助人员上高额保险,倘若途中出现受伤等情况,产生的医药费用也会先由事务所垫付后报销"。(J-12)

三是项目人员工资增长困难。例如,BJZQ负责人谈到,"政府经费支持不足,员工工资无法保持稳步提升。在经费或运营规范上,政府的支持能够再给力一点就更好了。因为疫情、大环境不太好等各种原因，我们去年的经费少了非常多，但不允许我们减人，也不允许我们减业务量。在这样的情况下，其他行业的工资可以保持稳步增长，但给我们的总经费不变，我们员工的工资想要保持逐年稳步提升就会非常地困难"。（J-7）

四是社会组织的救助项目亏损。例如，BJHF 负责人谈到，"现在负责需求调研的单位在前期时也能预估到，在政府部门的预算下项目是亏损的。但所有人心里都清楚，受限于预算的要求，项目目标实现的水平也有限，但也没有办法"。（J-4）

3. 评估监督体系不完善，重评估轻成效

（1）评估过于繁琐，加重社会组织工作量。HZHL 负责人谈到，"当前社会工作服务的评估与监督主要由第三方评估单位定期进行考评，多轮评估耗费大量时间和准备过程，导致社工服务项目疲于应付。同时，要提交的纸质版资料过多，通常按照专家到场数量需要准备多份，无形中增加工作量。在评估体系尚不完善的情况下，主要使用问卷或访谈等方式，考评过于注重形式和宣传，忽略了服务对象的认可"。（J-15）

（2）审计过于严格。例如，FTJWL 项目主管谈到，"如果想把项目做好，机构肯定想找好的老师，但价格较高，审计那边就非常地严格：老师的证够不够？所在的学校有没有影响力？……所以我们也不冒险了，就找500块钱一个课时的老师，虽然可能没有那么理想，但审计那边能过"。（J-24）

"我们有一次就是因为一个老师的证件问题，整个项目给我们否了，让我们整改。我们项目做得相当好，但就因为这一个老师的资质问题就掰扯不清楚了。现在好多这样的事。"（J-24）

表 8-1 为政府购买社会救助服务的问题。

表 8-1 政府购买社会救助服务的问题

序号	问题	具体方面
1	资助经费有限，公开申报项目机会越来越少	● 项目经费变少，不能覆盖服务全部成本 ● 政府采购项目减少或取消，购买项目供需不平衡 ● 公开招投标减少，委托项目增加，过程不够公平 ● 领导对社会救助项目重视程度不同，经费不同 ● 各基层政府实际情况不同，资金不能完全保证

续表

序号	问题	具体方面
2	项目周期短，资助政策出台迟，社会组织长时间等待	• 政府购买服务项目的周期较短，社会组织每年都出现项目的断档期和间歇期，导致资金收入的不稳定 • 政策连续性不足，社会组织与政府的合作不稳定 • 项目资金不能及时拨付到位
3	政府对政购项目的监管过于严格	• 审计过于严格 • 政府采购经费的使用地方受限

从调研的24家社会组织情况来看，政府政策支持力度或存在的问题如表8-2所示。

表8-2 政府政策支持力度或存在的问题

序号	存在的问题	序号	存在的问题
J-1	政府政策好但落实困难	J-7	政府给予社工平台支持，但政府经费和运营规范方面支持不足
J-2	政策制度逐渐完善，但具体落实存在差距，缺乏资源统筹	J-8	政府支持力度大，但在低保评判标准上过于死板
J-3	政府的帮助基本满足发展需求，但以项目为核心的组织能力提升的扶持性供给不足，政府偏向技术层面导致社会服务端资源缺乏，政府往往对项目实施过程的资源配置不充分	J-9	政府与社工的救助理念不同、政策缺少对救助部门服务创新与优化的考核指标
J-4	临时政策模糊，缺少严格的判断标准，政策环境对服务对象包容性弱、政策很难顾及全面	J-10	政府与社工理念不同、对社会工作的理解和认知不同，政府政策比较完善"兜住了底"
J-5	政府给予了政策支持，但力度不足，政府政策变动频繁、经费有限，缺少统一的评估标准，行业准入门槛低导致专业性不足	J-11	对政策支持整体满意，配合度也高
J-6	政府支持力度足够，救助政策本身不存在问题	J-12	政府领导缺乏社工专业知识，导致项目理念与社工理念完全不同，在沟通、资金方面存在困难

续表

序号	存在的问题	序号	存在的问题
J-13	政府政策给予基金会自主筹资方式空间小，使公益组织缺钱、缺人成为共性问题	J-19	—
J-14	海外救助资金政策存在不足	J-20	政府项目资金有时无法按时拨付，导致机构流动性差，无法及时支付员工工资
J-15	政府领导不重视，政府经费不足	J-21	政府购买项目持续时间短、低保政策争议大
J-16	政府支持力度大，但政府对救助项目个案要求与社工工作方式不匹配	J-22	忽略救助政策边缘人，从家庭出发的低保政策忽视对个体的关注（尤其是儿童），不能有效阻断代际传递
J-17	政策对边缘人员有限制，现有政策易产生依赖、博取同情等不良风气	J-23	政策支持力度大且政策在不断完善
J-18	政府资金不到位，机构拿不到政府购买的项目	J-24	政府资金支持力度越来越小；政府购买的项目，机构中标项目不确定性强；政府政策界定出现矛盾

（三）救助政策不稳定，缺乏宣传

1. 救助政策模糊，标准不明确

社会救助不仅涉及面广，而且核定标准模糊、过程复杂，成本很高。低保救助政策自实施以来，由于其具有低保福利捆绑效应，出现的消极后果是：低保家庭实际生活水平比临界线上没有进入低保范围的家庭要好，实际救助水平也超出了特困人员救助水平。另外，缺乏统一标准，成效评估难以实行；缺少统一的能体现服务成效的量表。受访人反映，临时救助政策模糊，缺少严格判断标准，导致实施救助工作的人对流浪乞讨人员的认知有所不同。

BJHF负责人谈到，"我们临时救助的对象被我们归类为流浪乞讨人员，但从流浪乞讨人员的政策中，又可以把他们定性成生活无着，生活无着里面又有具体的分类，如无亲友投靠、无经济收入来源。而对这个人有无亲友投靠、有无经济来源，缺少严格的判断标准，就变成了，我说你有你就

有，我说你没有你就没有"。（J-4）

BJXH 负责人则谈到，"社工身份的定位含混，在向救助对象介绍社工身份和工作职责的时候多次发生误解，缺乏统一口径和标准。困服所成立后每个站配置的人员数量、专业、服务时间、规范化工作流程、与各个行政科室的责任关系仍需进一步规范，接待来访困难人员的标准也需要一个更加明晰的指导意见"。（J-5）

2. 政策稳定性受领导更迭影响

政府不同领导对社会救助中社会组织责任的理解不同，人员的变动导致工作重心的改变。例如，BJHF 负责人谈到，"之前我们跟西城区的合作非常稳定，换主管领导后，我们的救助工作出现了一个 180 度大转弯。从原来一直强调工作时要去街上找有需要的人救，不要缩在救助站里。社会组织发现人后，他愿意接受救助，那救助站会无偿救助。换领导后就变成'我作为民政部门买你的服务，你的人一定要出现在我的眼前，服务于我的机构'，不是直接服务于救助对象。我机构服务哪些救助对象，你才能服务哪些救助对象"。（J-4）

3. 救助政策宣传存在的问题

无论是在国家层面还是在社区层面，都低估了群众对社会救助信息的需求，并且对信息披露和传播方面重视不足。

一方面，宣传手段落后，宣传渠道少，宣传效果差。有很多困难人员都是靠人与人的口口相传和打听消息来获知一些新的救助政策和信息。因人员居住和行为习惯的改变，传统的社区宣传栏通知和电话传达已经不能满足大范围和政策精细化传播的需求，其中人户分离人员最为明显，导致很多信息传递延误的问题。还有口口相传中的错误信息会歪曲救助政策和政府形象，从而引发社会矛盾。

另一方面，政府和社会组织对救助工作的认知不足导致宣传少。因为救助人员的成效慢，时间跨度大，在宣传的过程中，考虑到个案的隐私和特殊性，政府在选择上就会考虑代表性和影响性，并不能进行大范围的宣传。因为可能出现救助群众认为个案普遍化，进而出现服务无法一碗水端平的问题。例如，HDTCL 负责人谈到，"有一种声音觉得不做明确的宣传，是怕钻政策漏洞。大多数人实际是不能明确理解政策意思的。不做明确宣传是不科学的。不给他宣传，他就自己琢磨，会有一知半解，或想象对他有利的词汇，但实际从头解释下来，这个事跟他想的是有偏差的。他会认为政策上有，你为什么不支持我？回头他拿政策来找你，再给他解释，反倒造成你和他之间的一些误解和矛盾"。（J-17）

（四）政策主体沟通协调不畅

我国并没有对社会救助实行统一集中管理，救助业务的不同项目分属不同的管理部门，导致社会组织寻求与政府的协作时显得无所适从①。

1. 救助职能分工不明确，各部门协调和沟通不够，条块分割严重，信息和政策相互不通

例如，BJHF负责人谈到，"救助过程中政策冲突，哪个部门都可以管，哪个部门都可以不管。我们救助对象也面临着委办局条块分割互不担责的问题，他们来到这边之后，救助站说你是过来救助的，他说我是过来上访的，这样就归信访办管了；信访办的过来，他说我是找工作的，这样就归人社、工会管了；人社跟工会过来后，他们说你不能在这住，属于临时遇到困难，这样又退回到民政了。依据政策，不管有多个理由——他不是我们的监管对象；但当想管的时候，其实每个部门又都可以管"。（J-4）

2014年颁布的《社会救助暂行办法》规定了最低生活保障、特困人员供养、受灾人员救助、医疗救助、教育救助、住房救助、就业救助、临时救助等相关政策，将社会救助上升为根本性、稳定性的法律制度，以行政法规的形式编织兜住困难群众基本生活的安全网。但随着我国社会的持续发展，社会救助在取得巨大成就的同时，也出现了保障不完善、体系不完整、制度"碎片化"等问题。社会救助的福利给付系统与服务输送系统分离造成精准救助行政成本增加②。政出多门，没有协调，救助工作中涉及的部门众多，比如残联、教委、卫计委、老龄委、建委（宅基地、违建、危房改建等）、乡镇、村委会、慈善（慈善救助、临时救助）、司法（司法救助）福利处、妇联（安全、性侵、儿童保护）等，存在着政策碎片化、信息平台不统一、标准不统一、部门割裂的问题，甚至不同部门之间的政策

---

① 刘传铭. 中国政府与社会组织在社会救助领域建立新型合作关系的路径选择 [J]. 首都经济贸易大学学报，2011（6）：28-34.

② 蔡扬眉. 推进社会工作参与城市精准救助 [N]. 中国社会科学报，2018-05-09.

存在冲突。

(1) 政府各部门间政策衔接不佳。以残联和税务部门为例，一是拨款与发票名称不符。XJD 负责人谈到，"有些部门开发票时以残联的名称开的发票，但报销时却把钱打到了孩子的账户中，完全是错误的"。(J-1)

二是残联与税务部门发票制度不同，报销困难。XJD 负责人谈到，"残联没有完全理解税务的要求，又自己提出要求，比如开发票。现在 11 月，如果要报销全年，残联要求报到 12 月，那发票就要开到 12 月，但税务部门不允许先开发票。我觉得会计应该知道税务的要求，但绝大部分地区残联都是这样的情况"。(J-1)

XJD 负责人谈到，"残联有残联的制度体系，沟通也没明显效果。可能省市区县的残联只能执行省残联的要求。我就现在这个月份有钱，我就报到 12 月份，那你现在就必须得出票，他没办法。比如我们现在很多孩子是来自县、乡，这些残联肯定要执行上级残联的要求，不是他自己说了算。我觉得我们整个报销不通畅。虽然没有真正统计过，但大概有 20%~30% 报不了销，完全就是不给报销。去年比较多一些，所以今年我们一家一家给残联打电话说报销的事情"。(J-1)

(2) 社会心理服务中心与社会工作服务中心关系不清，造成工作及各方面的认知混乱。例如，FSNY 负责人谈到，"为落实党的十九大关于社会心理服务体系建设的一系列战略部署，我们从 2019 年开始层层推进社会心理服务中心站点建设，到 2020 年乡镇、街道的站点都已建完，又要建立社会工作服务中心（社会组织也会参与）"。(J-18)

"上级政府和乡镇说以后要同我们联合办公，乡镇在对接时也很迷茫，我们问二者什么关系？他们说社会工作服务中心是大的，社会心理服务中心是小的。像这种情况，特别容易造成工作和各个方面的认知混乱，在这过程中不太好理清关系。"(J-18)

"社会工作服务中心现已挂牌成立，开始在各个街道建立。"(J-18)

"我今年运营的两个乡镇，长沟和河北，都已经跟我对接了，二者要在一个屋，资源共享。我前期投入了项目资金，现在已经建好了，他们也有专项资金，但他们没有投入，跟我们共享资源，那我肯定觉得不合理，但和机构说也没用，因为这是上级安排的。"(J-18)

2. 政策与落实间存在差距，资源缺乏统筹

例如，MYXM负责人谈到，"政府下发的政策特别好，但到基层执行并不是很完善。比如基层救助一间屋子需要各个部门安排不同的工作，像儿童之家、妇女之家、退役军人室等，每个部门都想让制度上墙，但基层没有那么多地儿让制度上墙，这就是很现实的一个问题"。(J-2)

此外，基层政府对救助政策不清楚。例如，BCXY负责人谈到，"有的街道在学习了区级的政策后，会教社保所的负责人员或社区的工作人员学习这些政策；但有的街道可能只是街道自己掌握了，社区福利主任并没有掌握，导致很多社会救助对象对政策不能及时知晓"。(J-16)

（五）低保政策与社会救助经办的问题

1. 不太困难的人享受救助政策，而真正困难的群体无法得到保障

现有救助体系中最为突出的是因病致困。自低保政策实施以来，真正长期生活特别困难的人几乎都已经进入低保范围。但由于低保政策规定只计算家庭收入，不考虑家庭支出，且现在低保救助成为其他救助（包括住房救助、教育救助、医疗救助、就业救助以及残疾救助）的前提，有些家庭收入虽好于低保家庭，但偶然病灾打击造成较大甚至巨大的家庭开支，由于临时救助杯水车薪而陷入生活困境，无法得到现有政策的有效救助。此类问题应该得到重视。

救助对象评判标准过于死板。目前的救助政策无法保障某些特殊的困难群体：有些家庭不是低保户，由于遭遇重大疾病导致巨额的医疗费用支出，即使申请临时救助也作用有限进而陷入生活困境，但是得不到现有政策的有效救助；有些老人生活非常困难，因为有子女而无法申请办理特困，但其子女却不承担赡养义务；由于在教育和文化方面的滞后，我国偏远山区的残疾、特困等救助对象在获取政策信息上存在困难，无法使用信息化、网络化和智能化的工具进行网上申请，导致救助政策不能惠及这些困难群众。

例如，SJSMD负责人谈到，"低保政策目前的争议很大"。(J-21)

FTJWL项目主管谈到，现在政府界定困境儿童与留守儿童的政策好多地方是矛盾的。"我感觉有一些政策，它是跟实际情况相悖的。好多孩子他可能特殊情况申请不到，比如低保，比如一些事实无人抚养的救助资金。

但有些孩子,你觉得他也不是特别困难,但是他就能申请到这些资金,所以这个方面咱也没法说,好多地方,我觉得特别不规范。"(J-24)

"比如这个孩子,他现在可能父母都不在了,爷爷奶奶只剩一个了,但是他爸爸妈妈给他留下了一栋很破的小房子,就因为这一套小房子,这个孩子所有的低保等都被收回。现在的政策下,他没有办法再去申请其他的福利了。"(J-24)

"资金申请方面:有低保的,有事实无人抚养的,有留守的,还有好多别的政策,都有一些钱,但有些孩子可能只能申请一样就申请不了另外一样了。"(J-24)

"比如有的孩子他奶奶说,我卡里边可能存了 1 000 块钱,就因为这 1 000 块钱我们家的低保就申请不了,好多这样的情况。"(J-24)

(1) 从家庭出发的低保政策忽视了对个体的关注,不能有效阻断代际传递。例如,XCMY 负责人谈到,"2015 年我们开始做社会救助时,看相关的研究我觉得很重要的服务是阻断代际传递。阻断时我们要对家庭中儿童的部分做一些服务"。(J-22)

一是对儿童的救助未单独划列,当前台账系统无法筛选困难儿童。当前社会救助管理中,只有当儿童是事实无人抚养的孤儿等特殊情况才会认定困境儿童的身份。事实上,在现有低保、低收入家庭数据统计中忽略了儿童的信息,在服务中无法筛选当地困难儿童。二是基层的社会救助对儿童的关注少,对儿童的支持相对较弱、不明显。"到社区层面时,很少关注对儿童可以在社区层面为他提供什么。所以我们觉得对儿童的支持,相对来说会弱一些,有待加强。"(J-22)

MYYB 负责人谈到,"例如小孩父亲去世,母亲不再管孩子了,依据低保政策该小孩就不能享受低保政策,因为有母亲,但实际母亲已经不管了。即使事务所提供律师,找法律援助,打官司时间也需要 1 年,就算判下来了,他的母亲不执行也没办法。子女不赡养老人的,老人就不符合低保标准,也不能享受低保政策。事务所的资金有限,也不能持续资助这部分人,只能是聊胜于无"。(J-8)

BJXH 负责人谈到,"有老人生活非常困难,因其有一儿子,无法办理特困,但这儿子又不提供赡养;还有已经符合办理特困条件的老人,需要

分散特困，但因无亲无故，找不到供养人，社区和社会组织怕承担责任，不愿进行分散照料"。(J-5)

(2) 现行政策限制导致忽略救助政策边缘人。HDTCL 负责人认为："我觉得救助政策本身就是对边缘人员的限制。在做个案时，我们亲身经历了几个家里困难程度不亚于一些符合条件的低保、低收入家庭的，但因为政策的某一条限制，我们没有办法对他做出一些适当帮助。每次从这样的家庭出来，作为社工真的很不舒服，不知道怎么能够帮助他们。"(J-17)

"在政策上真的不要有一个条框约束我们能帮什么人，不能帮什么人。我觉得如果有一些配套的政策或指导意见，有专业的考核队伍，实地考察，进而确定受助范围是怎样的，在社会组织执行社会救助工作时会更容易。"(J-17)

"政府主张不急不救、有急才救，当然必须得解决这部分群体。但边缘群体也蛮多的，我们在救助过程中也发现了一些情况，对于边缘人的救助，我觉得从政策上应该有一些宽容。如果他确实有情况，但又不符合救助条件，那在其他方面是否可以给予些支持？在政策上是否可以有些区别对待？或者有一个明确的监督或指导意见，才能让更多的社会力量加入到救助过程中。这是需要政策引导的。"(J-17)

边缘人缺乏政策支持，抗风险能力差。北京市西城区 XCMY 社会工作事务负责人谈到，"边缘人仅仅因为他有一份退休金或一份工作等原因够不到任何能给他支持的政策。但他的工作，他能得到的钱，其实真的没有办法很好支撑他们的家庭生活。他的家庭稍微遇到一点事，因为他没有低保、低收入的身份，他就享受不到，所以他们抗击风险的能力是更低的"。(J-22)

基层政府无法为边缘人申请资金。"基层的政府也觉得他的情况很惨，想申请一笔资金帮他，就因为他没有低保、低收入的身份也申请不了。"(J-22)

(3) 有些实际困难人员从经济、审核的角度不能进入救助救困的服务体系，但实际他又真的有经济困难。例如，HDTCL 负责人谈到，"比如我们有个社区，老两口的孩子因为理财欠了很多钱，把房子都卖掉去还债还没还清，老两口被迫搬到门头沟，租了一个相对便宜的房子，帮助孩子还账。

他们的经济水平已经很低了，孩子也没有工作，只是名下有一辆车（老两口从门头沟到城里看病时需要，另外他们把这个车租出去也可以换一些其他收入）。但是因为他名下有这个固定资产，他们就不能申请社会救助"。(J-17)

2. 报销制度不完善，患者不能及时就医

BJCM副秘书长谈到，"国内从2015年开始，在政策及很多报道层面已经开始说中国形成了一个以政府的医保政策为主导、社会力量积极参与共同形成的社会救助网络。但在其中，我们观察到还存在'最后一公里'的问题，即如何让该享受医保政策的人及时享受到医保，让各方资源得到更好的协调"。(J-19)

"A基金会也好，B基金会也好，有好多基金会和救助资源，如何让各方的资源得到协调，更合理地匹配这些资源给所需人群，将来一定会是一个议题。"(J-19)

"中国的医保是万亿级的，中国民政大病的救助是几百亿级的，中国的社会救助资源也是百亿级的，如何把万亿加两个百亿级资源更好地匹配到所需的人群身上，这个是非常重要的议题。"(J-19)

"避免出现资源只考虑进、不考虑如何出的问题。"(J-19)

"具体措施可以是：政府构建网络，通过医务相关的福利社工实现；政府牵头，社会组织跟从；政府采购社会组织中已有的医务社工的服务岗位达成。"(J-19)

（1）迫切需要福利池机制，帮助患者及时就医。BJCM副秘书长谈到，"很多疾病的治疗是有时限的，资金池的出现可以让很多患儿得到及时的入院治疗。实现及时入院，入院完成治疗后及时得到医保报销及部分医疗救助，这是我们期望的比较理想的进程"。(J-19)

"现在很多医院要求家长交完全部预算才能入院治疗，而且很多时候由各医院决定。我们合作的大概50多家医院，只有一家医院要求家长只要交够3000元就可以入院治疗，大部分医院都要求家长交足全额预算才能入院治疗。这就意味着很多家长因为交不起全额预算不能入院治疗。"(J-19)

"我们在做一个概念叫福利池、资金池，帮助家长垫付住院押金以及治疗当中可能增加的治疗费用，相当于信用卡。"(J-19)

"福利池的目的是帮助家长解决押金问题，在应得到治疗的时间完成治疗。"（J-19）

"基金会在医院设资金池，把钱先押到医院，比如一个医院先押10万～20万元。如果患者家庭通过自己或医生求助，合作医院社工部的医疗救助团队（不是基金会的社工，我们的社工时间来不及）确定其确实遇到困难，他们可以及时申请资金池中的资金。"（J-19）

"譬如医院说你要15万，但家长只有11万，我们通过资金池的方式帮助家长交足他的押金先入院，入院完成治疗后出院，最后医保报销后需要花12万～13万，那其余的钱就退回到我们的福利池中。如果他真的很困难，譬如他的11万大部分都是借的（这个情况是很重要的），那两三万我们可以在最后出院的时候补给他。我们现在通过这样的方式帮助很多家庭及时得到所需的医疗救治。"（J-19）

（2）当前医疗押金机制未能大力推进，涉及医疗体系的财务核算问题。"明明要花10万，只先交2万～3万，万一发生坏账谁来负责？"（J-19）

BJCM副秘书长谈到，"现在部分医院知道家长有直补，他一定会让家长少交钱。因为医院知道最后有医疗报销，他可以报出来，只要家长能够承担起自负部分，他们是愿意帮助家长完成治疗的。但也有一部分医院要求交完全部预算，因为他不知道你能不能办下直补"。（J-19）

"现在转院手续的办理及流程在我们观察来看是很混乱的。所有的事情都交给了家长。我们遇到非常多的普通老百姓，他根本不知道医保报销前需要一系列手续，也没有人告诉他。在这个情况下，我们会发现家长不知道如何办理转院相关证明，他就可能办不了直补，也不知道跟医院的哪个部门协商如何办直补，而且没有转院单可能导致直补比例下降或需要付完全部的钱才能回当地报销，这样急剧增加了医疗负担。"（J-19）

"这些非常细小的问题，这个时候就特别依赖家长本身的教育水平跟能力，他的人际关系，以及他的社会网络支持里面有没有人告诉他如何做这样的事情。"（J-19）

"我们遇到个案子，家长是北京本地人，可以享受一老一小，但当时因为医院的问题，他的单子开出的时间有问题，导致医保没有办法帮他报销，当时给我们的反馈是不报销就不报销，但不报销的是17万，他虽然很无

第八章 ◎ 社会组织参与社会救助面临的困难与挑战

奈，但也不知道如何去解决。"（J-19）

"我们协助他向政府咨询，询问为什么不能报，后来打了市长热线，市长热线及时作出了反馈，帮助他解决了医保政策，及时把时间进行了分割，让他可以在规定时间把票据拿出来，最后拿到医保，及时给他报了17万。17万对很多家庭来说是两年的收入。"（J-19）

"所以很多时候，很基层的老百姓是不知道如何去做这个事的，有时受了不那么平等的待遇，也觉得事过去就过去了，但其实对他们影响会特别大。"（J-19）

"帮助基层老百姓及时享受到国家已经给他们的政策（非常重要）。"（J-19）

BJCM 副秘书长谈到，"有更多部门可以在百姓询问时帮助其解答或解决"。（J-19）

"希望出现很多跟我们做同样事的人。"（J-19）

"去问居委会，居委会能够帮他去跑跑，帮他问问怎么解决，居委会知道医保是什么样的。"（J-19）

"比如社工联动（广州：社区社工+医务社工），患者在当地是广州某个粤西山村的一个居民。他生了个早产儿宝宝，求助到了医院的社工，通过社区社工跟医院社工共同所在的大网络，找到居民当地的社区社工。第一，能非常准确地识别他们家的真实需求和情况。当地社工会去核实，能够及时提供相应的一些证明材料、申请材料。第二，两边社工联动，使家庭从前到后得到支持。因为医院社工会有医院内的社会资源，当地社工还有当地慈善组织或政府的相关资源。"（J-19）

3. 社会救助评估标准与考核指标不健全

政策缺少对救助部门服务创新与优化的考核指标。例如，CSDY 负责人谈到，"政策没有鼓励机制，如鼓励救助部门从业人员创新、优化服务，没有这种考量的指标"。（J-9）

缺少对救助项目的统一评估标准。BJXH 负责人谈到，"BJXH 以低保、低收入、特困人群为目标，辅以台账的建立与社会救助领域的'8+2'评估标准。但目前没有统一的评估标准，不同机构间，机构与政府部门间标准存在不一致的情况"。（J-5）

"评估标准不一致导致项目结算有困难。因为评估标准不一致导致2019年的一项尾款至今三年依旧没能要回来，找相关部门领导也是互相推脱。"(J-5)

不同服务阶段标准不一，单位、机构间衔接不连贯。一个连贯的服务，应从需求调研开始，再依托调研跟进调研对象并进行分类。例如，BJHF负责人谈到，"在朝阳区的项目中，因为要联动几个社会组织一起开展服务，所以负责评估的是一个单位，负责个案小组的是我们，负责开活动的是另外一个单位。虽然互相都知道对方的存在，但因为有时各个单位用的标准，评估的模板、量表都不一样。人家辛苦做好的工作可能到我这就不太适用，我做好的东西再转回去，人家可能也看不太懂，导致单位衔接合作困难"。(J-4)

对社会救助缺少衡量标准，每个区域负责人对社会救助的态度不同。例如，CYQCY负责人谈到，"如果人家闹一下的话就不该弄的也可以弄一下，这时候就没有一个衡量的标准了。但在不同地方、各种情况下，可能都会出现这种状态，而这种状态在我们普通的社工那里是无所适从、不知道该怎么办的，有时候他们做着做着工作，就觉得会很迷茫"。(J-10)

4. 低保报销流程复杂，异地康复费用不能报销

例如，BJZQ负责人谈到，"低保人群他们的医疗都是先花再报销。但低保的人本身就没有钱，他要先花钱，然后再回来救助。在这个过程中，街道会有专门的人来负责低保人群的医疗报销，要收单子、核对单子，再提交各种数据，次月才能把钱返回到困难群众的账户上"。(J-7)

基层政府政策落实困难。例如，XJD负责人谈到，"国家的救助政策特别好，但落实非常难。比如国家报销，报销金额完全可以覆盖孩子的康复，但现在却有各种限制，逼家长打市长热线"。(J-1)

报销流程及准备材料过程各地不统一，会出现材料重复准备的情况。XJD负责人谈到，"即便各省市报销政策的钱数不同，但我觉得走的流程、准备的材料完全可以相同。现在100个孩子有100个模式，并且有的材料会出现重复准备的情况"。(J-1)

XJD负责人谈到，"规范报销流程及责任主体监督落实不力。北京市残联或区残联对其认可的康复中心出具名单，使康复报销更方便。如名单上

的康复机构可以帮助其服务的聋儿统一报销。比如来我们这康复，我们可以报销或怎样，包括他把钱打给机构；如果不太相信机构，可以把钱打到残联，残联负责转发；或者打到孩子的账户上等。有很多方法，但最重要的是实施。这可能涉及各省级残联的政策"。（J-1）

异地康复费用不能报销。例如，XJD负责人谈到，"国家出台了报销政策，但不同的省份会有不同，可能各省市也不太愿意让孩子出省康复，实际报销政策完全落实下来很难。目前机构中京籍的孩子100%都能报销，不要求有残疾人证，并且北京的报销政策是全国最好、支持力度最大的"。（J-1）

5. 转介存在问题

精准救助服务的转介难度较大，缺乏可以转介的专业单位，转介机制和转介流程还不够完善。例如，BJXH负责人谈到，"因服务人员类别多样、问题多样，每个机构所擅长的领域不同，急需专业的人员和机构配合参与，比如某些心理、精神类服务对象或家庭需要其他专业机构的帮助，完成帮扶工作。社工组织在对接相关资源的时候浪费了大量精力与时间，现在需政府给予指导，增加机构自我处置权，转介流程和规范性需要增强"。（J-5）

（六）政府对社会组织、社会工作的认知问题

在我国实施政府购买服务的背景下，政府和社会组织之间在精准救助方面的界限比较模糊，双方的职责和权限不够清晰，联动的范围和机制有待进一步规范和提升。

1. 政府领导理念与社会工作理念不同

例如，BJRY副主任认为，政府领导理念与社工理念完全不同，从而产生沟通、资金等方面的困难。BJRY负责人谈到，"政府购买资金由会计师事务所按市场化物价算好，而未考虑社工专业理念的增能费用。如有些困境人员在山区，交通不便，主路公交可能一小时一趟，但到村里的交通有时候一天才一趟，事务所不可能一天只去一户，只能开车前往。但测算费用时按公交费用测算，而非自驾费用，资金必然不够"。（J-12）

FTJWL项目主管谈到，"社会救助工作的开展中，政府方面占的主导因素较多，如果政府领导能关注到救助群体，我们的工作就非常好做"。

(J-24)

"前几年我们有一位这样的领导，我们的工作就特别好做，只要是关于孩子们的，领导们都会给你开绿灯。比如有些孩子由于一些原因辍学了，我们了解情况后，积极联系学校，但有的需要政府开证明，民政了解这件事后，他们会说'没问题，我给你开绿灯'，最后这个孩子真的就复学了。"(J-24)

"但我们今年的这位领导……他觉得你就把你该做的完成就行了，其他你不要给我找麻烦。同样有一个孩子想上学，那个孩子的情况很特殊，他能再鼓起勇气上学，我觉得已经是全家人下的一个很大决心了，但就是在所有条件都满足的情况下，这个领导就是不给批复。最后没办法，这个孩子就非常消沉，她可能不到18岁，明年就要嫁人了。但我们也确实没有办法。因为我们只是一个社会组织，工作做到这，其实我们也挺懊恼，但确实没有办法。我们没有办法再通过网络等其他渠道解决，如果真要捅到媒体，可能对我们机构影响也会很大。"(J-24)

"所以一个领导也许真的能改变孩子的一生。"(J-24)

另外，社区对社会工作的专业性缺乏认知。社区工作与机构社会救助工作存在交叉，缺乏分工与合作机制。例如，MYXM负责人谈到，"我们做的每一个救助项目都涉及社区活动，我们说自己有专业性，社区认为我们做的事和他们没有区别，不明白为什么把事情交给我们做。比如，我们做了一场关于节日文化的社区活动，主要是包粽子、元宵等活动。社区认为自己也可以办一场这样活动，那为什么非得把资金给我们？这是我的一个疑虑，也关乎机构日后如何发展，这种情况持续出现，社区或基层会向上反馈，我们可能无法继续开展工作了"。(J-2)

2. 政府对社会救助的关注点与社工不同

社工的理念是关注流浪者最终能否脱离流浪困境，希望流浪人员能够得到帮助，减少流浪人员；方式手段是从根本上考虑服务如何开展。政府的理念是关注流浪者的数量是否减少，希望流浪人员能够得到帮助；方式手段是完成任务，是任务指标，要求立竿见影。

社会组织作为配合政府的社会服务力量，参与政府救助后，其本身对"救助对象利益最大化"的价值观，使社会组织没有办法用非常中立的做法或完全遵循自己的价值观参与社会救助，造成社会组织自身在选择遵从甲方意见和遵循专业理念上纠结。

例如，CYQCY负责人谈到，"打个比方，有些时候我们到一些社区去，发现一个困难群众。他是无儿无女、没有工作能力、没有收入，年龄也已经60岁以上了，那我们就觉得他符合特困的政策，就应该帮助他获得应有的政策来保障正常生活。但政府或者某一些负责人就会觉得我们不应该主动去找他，而是等他想起来需要我们帮助的时候，再去帮助他。如果没有的话就不要找他，免得到时候更多人来问，就会搞得很麻烦，也会给政府造成很多麻烦。可能说每个区域的负责人的状态不一样，但我们就会觉得既然是政策在那里，就应该应保尽保，应救尽救，而不是说别人了解就帮扶，不知道就不给予帮助"。（J-10）

BJHF负责人谈到，"一方面，因为出资的是政府相关部门，相关部门有诉求，从甲乙双方角度讲，乙方不能满完全满足甲方的需求，是乙方没有尽到责任。另一方面，我们除了是乙方，同时也是社会组织、社工机构，而社工有自己要坚持的伦理和职业操守。当甲方的诉求与社工职业本身的伦理、操守发生冲突时，摆在我们面前的就只有选择接还是不接，很难去选择。目前为止，始终没有找到比较合适的方式解决这个冲突"。（J-4）

调研发现，政府对部分救助对象的包容性减弱。受访人反映，一方面政策中救助对象的概念及界定不清，另一方面在目前的政策环境下，不应该有人露宿街头。例如，BJHF负责人谈到，"在实际工作场中，我们的服务对象还是我们的服务对象，我们服务那么多人，还是那么多人。对我们来讲，我们没有办法理解我们自己每天在做什么？服务的到底是谁？服务的是在政策层面、在整个社会、在认知层面都不存在的一群人。对我们来讲，定义为绝对贫困人口的流浪人员应该不存在了，在思想意识和口头上都能接受，但是打心眼里我们其实又不接受，因为每天都在面对着这群人。我们向上反映了很多次，希望重新定位这些人员，不再叫流浪乞讨人员，而是临时遇困人员"。（J-4）

某些基层政府过于依赖社工机构，给予的压力较大。街道民生保障部门为了减轻负担，倾向于将急难险重的个案都交给社会组织，然而这些问题是社会组织难以解决的。例如，BJXH负责人谈到，"很多街道过于依赖我们，将处理不了、急难险重的问题推给困服所，但实际上困服所承担的责任十分有限"。(J-5)

另外，街道对社会工作缺乏专业性了解，给机构安排分外工作。BJXH负责人谈到，"由于街道领导人的变更，考量不同，街道倾向于找能扛事儿的人来解决，但完全不专业，做了许多困服所工作以外的工作，没做应该做的事情"。(J-5)

（七）救助政策缺乏激励作用

社会救助政策缺乏对有劳动能力的救助对象就业创业和脱困自立的激励作用。低收入补偿使受助人缺乏通过劳动去增加自己经济收入的意愿，而且由于其他社会救助也以是否有低保救助资格为前提，由此所产生的社会不公平现象也就更加严重。显然，如果就业后获得的收入抵不上或者是仅略高于低保户享受的待遇水平，此类受助人群选择放弃劳动机会的可能性几乎为100%，长期不就业或者不接触社会会造成与社会的脱节，关于越扶越贫恶性循环的新闻报道也是屡见不鲜。

例如，HDTCL负责人认为现有政策易产生依赖、博取同情等不良风气，"救助从官方角度一定是设限的，但从民间来说，每个人都是有善心的，想感同身受地解决一些问题。但因没有专业的方法无法辨识，只是解了他的急，并不能解决长期成长的问题，不能助力受助者自己去成长，让有些人只靠拿救助、博得大家的同情来生活。产生的这个风气不太好"。(J-17)

救助对象依赖救助政策不愿工作的原因主要是：

1. 救助政策捆绑严重，很多优惠只有低保人群才能享受

低保户在住房、教育、医疗等方面都能享受优惠。①住房方面，分廉租房、公租房、保障房的前提是必须有低保。有低保，租金仅是正常租金的10%，每年还有取暖补助。②医疗方面，低保户的医保报销既没有门槛还可以享受二次报销。③教育方面，低保户的子女上学免学杂费，若考上大学，学费减免。④残疾人享有两项补贴，若本身是残疾人又是低保，低保费要比普通低保户高。低保补助政策使一些受助人缺乏通过劳动增加自己收入的意愿，而且其他社会救助也大都以是否有低保资格为前提，由此固化了他们不想放弃低保的心态。

2. 北京低保补助高,和外地(秦皇岛、内蒙古等)相比已超出平均水平

低保补助与当地平均工资有关,社平工资低,低保费少;社平工资高,低保费高。外地分三档,最低档1 000元/(人·年);第二档3 400元/(人·年);最高档5 000元/(人·年)。北京最低档1 170元/(人·月)。

表8-3为政府及政策层面与困难与挑战。

表8-3 政府及政策层面的困难与挑战

序号	困难与挑战	主要方面
1	政府政策支持不足的问题	• 政府对社会组织关注度不足,支持度下降 • 基层政府不重视困服所的救助工作 • 以项目为核心的组织能力提升的扶持性供给侧不足 • 中央制定的政策很难顾及全面,压缩社会组织生存空间
2	政府购买社会救助服务的问题	• 资助经费有限,公开申报项目机会越来越少 • 项目周期短,资助政策出台迟,社会组织须长时间等待 • 政府对政府采购项目的监管非常严格
3	救助政策不稳定,缺乏宣传	• 救助政策模糊,标准不明确 • 政策稳定性受领导更迭影响 • 救助政策宣传存在问题
4	政策主体沟通协调不畅	• 救助职能分工不明确,各部门协调和沟通不够,条块分割严重,信息和政策相互不通 • 政策与落实存在差距,缺乏资源统筹
5	低保政策与社会救助经办的问题	• 并不困难的人能享受救助政策,而真正困难的群体受现有政策限制无法得到保障 • 社会救助评估标准与考核指标不健全 • 报销制度不完善,患者不能及时就医 • 低保报销流程复杂,异地康复费用不能报销 • 转介存在问题
6	政府对社会组织、社会工作的认知问题	• 政府领导理念与社会工作理念不同,缺少社工专业知识 • 政府对社会救助的关注点与社工不同,政府要求与社工自身职业伦理、专业理念冲突 • 不完善的政策导致部分人对救助对象的态度不同
7	救助政策缺乏激励作用	• 现有政策易产生依赖、博取同情等不良风气

二、社会组织自身发展的困难与挑战

尽管社会组织在社会救助工作中取得了显著成绩,但是我们也应该明确认识到,与社会需求不相协调的是社会组织的发展还存在一些局限和不足,这些不足影响社会组织作用的发挥。

从图8-2问卷调查情况来看,对社会救助过程中的困难,选择频次最高的是"人员工资低,专职人员少,人员流动性大"198次,其次是"资金来源过度依赖政府,资金不足,无法满足服务需求"178次。社会组织应该拓宽资金筹集渠道,提高社会工作者工资、福利收入,减少人员流失,尤其是专业员工。

困难	选择频次
人员工资低,专职人员少,人员流动性大	198
资金来源过度依赖政府,资金不足,无法满足服务需求	178
社会资源整合能力欠缺,公共关系维护和扩展不足	161
专业性组织少,力量不足,生存困难	159
停留在给救助对象实物层面,缺乏服务深度和广度,未能回应真正需求	142

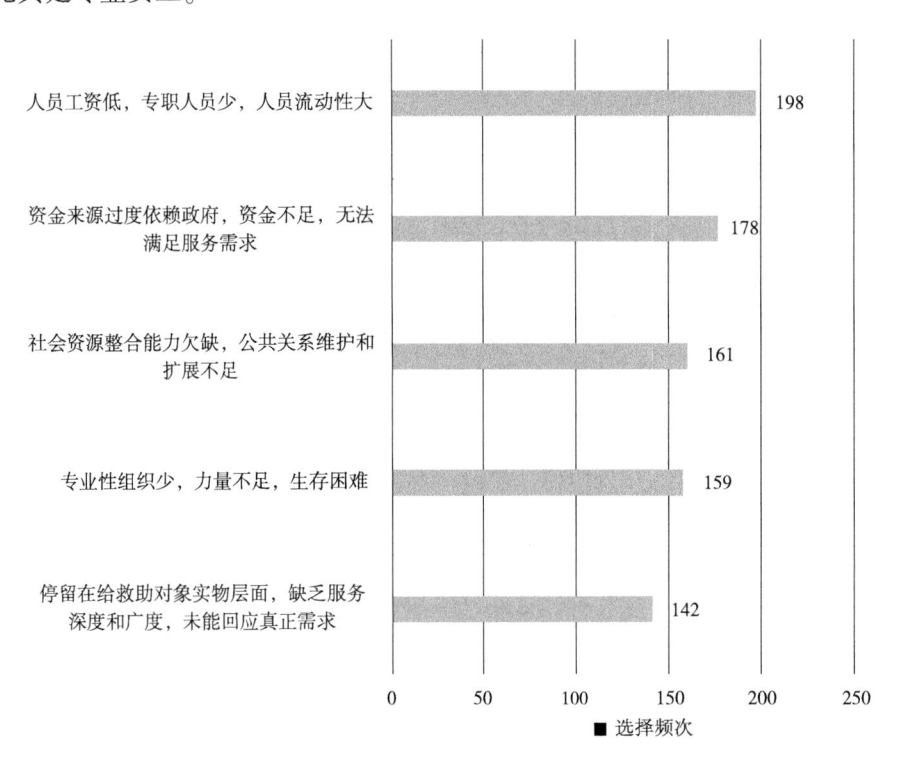

图8-2 社会组织参与社会救助过程中自身层面的困难

(一)专业性组织少,力量不足,救助工作挑战较大

1. 社会组织力量不足,生存困难

与其他国家相比,我国社会组织的总体数量不少,但是规模普遍较小、

力量十分薄弱,其中有不少组织已经陷入停滞,没有资源和项目。随着国际影响力的不断增强,我国需要有国际影响力的跨国社会组织,对外彰显中国的软实力,但这样的社会组织在我国还很少。在功能发挥上,社会组织还不能满足社会发展的现实需要。受能力所限,大部分社会组织只能开展一些比较简单的志愿服务,不能承接政府职能转移或为群众提供公共服务,无法协助政府参与社会治理。我国社会组织仍处于发展的初级阶段,普遍存在着规模小、内部治理不完善的问题,在精准救助领域缺乏专业性和不可替代性。

例如,FTJWL项目主管谈到,"社会组织是一个很渺小的群体,这些孩子的一些大的方面(像原生家庭),通过社会组织是改变不了的,社会组织雪中送炭的机会很少很少。因为社会组织需要依托政府的资金,依托政府才能链接社会资源,如果没有政府的扶持,它是很艰难的。好多地方政府不允许社会组织私自与孩子沟通,因此,社工机构最多只能在精神方面跟孩子们去沟通,进行帮扶"。(J-24)

调研发现,受疫情影响,社会组织普遍大量缩减人员,工资减发或停发,目前机构内人员很少。例如,FTJWL项目主管谈到,"有好多我知道的,疫情第一年快到第二年,中间好多机构大幅度裁员,基本上现在能生存下来的可能就只有理事长一个人,偶尔接个小项目,能养活自己就行了,人员也不敢用,因为养一个人的成本是很高的"。(J-24)

"像我们机构以前是10个人,现在只有一个内设机构,带上理事长也就4个人,而且还包括联合会"。(J-24)

关于社会组织的生存状况,部分机构负责人比较悲观。例如,FTJWL项目主管谈到,"很艰难,有一批基本上已经算是不行了。现在注销很困难,好多接不到项目只能搁置,就是年检不行。"(J-24)

"我听说有的人给转让了,但这个可能有风险。"(J-24)

SJSMD负责人认为:"社会组织行业整体比较悲观。当前经济发展低迷,社会问题日益显现,疫情打破人与人融合的频率,所以不发展社会工作是不可能的,这几年资金一直往社区倾斜。"(J-21)

"但问题在于这个社会工作指的是什么?和我们原来理解的是否一致?所以我还是决定在悲观中前行吧,目前为止就支持吧。"(J-21)

PAFJ 的人员不断减少。"2020、2021 年项目多人多，2022 年项目少了，有的项目暂停了，有的取消了，机构内人员减少，目前机构所有项目人员总共 30 人左右。"(J-20)

PAFJ 目前经费紧张，缓发工资。"2020 年疫情时，上半年已经基本停滞。有的项目，比如政府采购或民间采购的服务是无法开展的，没有提供服务就无法获得项目资金，或拿到项目资金后需在疫情结束后再进行服务。而实际上，机构同时也要给员工发基本工资，这种情况下，机构运行就比较困难。"(J-20)

"在 2021 年的时候包括 2022 年，有好几个月出现工资缓发的情况，原因为街道无法结账或者账款还未收到等。2020 年下半年情况还好一点，2021 年有两个月，2022 年上半年有一个月，10 月又出现缓发情况。"(J-20)

与有营利性机构支持的社会组织比较，单纯的社会组织实体的生存更加艰难。例如，FTJWL 项目主管谈到，"现在像我们这种全职机构，可能丰台跟延庆加起来都不到十家，全职就靠着政府和项目资金"。(J-24)

"好多家是做养老院，做养老院做得挺好，他们有固定的资金、固定的场地、固定的流水汇进。他们觉得社会组织挺好，我再注册个社工机构，我每年再拿三四十万的项目，就赚了。这种机构占了得有 2/3，不管是做律师的、养老的，还有做残疾人的，专门做温馨家园等等，他又注册了一个机构。"(J-24)

"这些机构不靠项目吃饭，就算人家是小机构，人家也不缺（项目），我就一个人一年我拿一个十万、20 万的项目，我养活我自己就行了，然后我还有其他的工作，还能挣一部分，能活下来。"(J-24)

"现在最惨的就是我们那种全职，就指着政府购买服务项目资金生存，还得养人。"(J-24)

"因为我们这些员工，在这起码都是五六年以上了，我们领导经常说，没有办法，只能耗，耗到账面上没钱，告诉大家没有办法维持。现在只能是这样。"(J-24)

2. 部分社会组织的救助方式停留在给救助对象实物层面，缺乏服务的深度和广度，专业性不强

目前的"输血式"救助方法容易使贫困人群产生心理上的依赖，失去

主动摆脱贫困的积极性,形成在资金撤离后再次致贫的后果。有些社会组织没有区分救助对象的危急程度,不能分门别类地精准分析和制定救助措施。虽然救助对象的需求较多,但是社会组织相应的服务对策较少。部分社会组织从志愿服务组织转化而来,对服务领域中的政策缺乏了解。在江阴市,目前专业救助组织较少,且大都以民间组织帮扶类为主,成熟的社会组织或能够自我成长起来服务社会的,数量较少,凤毛麟角。例如,BJHF负责人谈到,"比如在残疾人综合性服务方面,不了解服务端会有哪些补贴,我们也试图通过一些方式了解,但是不能系统、清晰掌握"。(J-4)

(1) 部分社会组织救助的专业性不足,社会救助中现在虽然有社会力量的参与,但主要依靠政府的行政力量,尚未形成社会成员与资源普遍参与的社会环境。社会救助尤其是低保救助工作量非常之大,申请家庭数量多、入户信息核查难度大,使得评估中各地管理部门和经办机构几乎一致地抱怨救助资源短缺。社会救助和服务需要专业性、个案化和组织化能力,而组织专业性不足已形成困局。社会工作介入社会救助领域时间短,缺乏社会救助工作行业的准入门槛,行业专业性不足。一些社会组织的精准救助项目只是在完成政府购买的相关量化指标,然而这些指标对真正改变救助对象的意义并不大。

(2) 社会组织专业性不强,服务未落实到群众。北京市西城区XCMY社会工作事务负责人谈到,"我们机构在2017年做过全北京市服务监管的第三方,我会觉得有一些确实没怎么好好做,就感觉可能这个钱下去了,服务没下去,钱没有起到作用。可能政府作为购买方,他也不知道什么是专业的工作吧"。(J-22)

"我们遇到过最荒唐的事是在2017年,当时要求比如做五个个案,他让这五个服务对象来参加了五次手工活动,然后写了五个个案记录。还有一些,五次个案就是找了一个阿姨,上门给服务对象打扫了五次卫生,聊了五次天。都是任何人都能做的事情,所以后来基层的人就认为社工做的事谁都能做。"(J-22)

BJXH负责人谈到,"原来社会救助领域是民政自己做,不让社会组织和社工专业介入。但由于社会救助领域政策性特别强且经常改变,部门又

特别分散（医疗、教育、残疾等），最近几年才开始向统一、规范和衔接发展"。(J-5)

"西城区一个机构承担了11个街道的困服所，缺乏专业性。"(J-5)

"社会救助工作定位偏离救助专业性，行业保护与门槛被打破，破坏专业价值底线和社会救助行业的良性竞争，缺失了对专业人才专业价值的尊重。"(J-5)

远郊区社工机构专业性不足。MYXM负责人谈到，"我们远郊区做出的服务成效，如就业方面，虽然促进部分人掌握了技能方法，可以帮助个别人链接到就业资源，但向外展示方面，远郊区较市里差太多"。(J-2)

3. 未回应救助对象的真实需求

贫困的代际传递问题十分严重，智力残疾、精神残疾、聋哑残疾等大都存在遗传因素，社会组织精准救助的重点工作应是阻断贫困的代际传递。但是，社会组织在精准救助中往往只考虑自身的特长和资源来提供服务，并没有回应救助对象的切实需求。在精准救助中，社会组织之间的合作比较欠缺，各组织仍然停留在单打独斗的局面。在这种情况下，一些困难群众在找到社会组织求助后，往往因为社会组织所服务的范围和能力有限，无法解决他们的实际问题，长此以往将导致群众对社会组织产生质疑和不信任。

4. 偏离组织使命，依附于政府

一些社会组织在运作中违背了自身宗旨，主要体现在两个方面：

（1）以营利为目的。有些社会组织在建立之初的公益性较强，但随着专职人员的增多，维系自身的生存成为了首要任务，它们产生了较强的逐利倾向；有些社会组织将公益作为一种道德标签，在获取社会支持的同时，将公益作为自己不法行为的"挡箭牌"；还有些社会组织成立的初衷就是为了获取减免税待遇，能以较低的价格拿地，从而获得比其他企业更高的利润。

（2）行政化色彩浓厚。社会团体占我国社会组织总数的近一半，其中有大量社会团体是由政府机构改制而来，由政府工作人员担任组织的负责人。它们与政府之间更像是上下级关系，或是政府部门的一个延伸。很多社会组织依靠政府的资源和权威开展业务，通过行政手段进行募捐。

另外的，很多社会组织内部治理缺乏规范性，组织结构、规章制度不完善，没有建立规范的决策机制、议事规则、激励机制、监督机制、财务机制。而且社会组织的理事会、监事会机制不健全，内部制衡往往流于形式，导致其宗旨、使命难以真正实现。即使制定了一些制度，也没有真正得到贯彻执行。有些组织个人权力高度集中，严重缺乏内部监管。

公信力是社会组织的生命线。我国公众对社会组织的了解和认识不多，受传统文化影响，在出现问题和需要帮助时，公众首先想的还是找政府寻求帮助，而不是社会组织。社会组织内部存在鱼龙混杂、良莠不齐的问题，不少组织"挂羊头、卖狗肉"。一些社会组织的自我问责意识不强，信息不透明、财务管理混乱、违规开展业务、内部管理松散的问题较为突出。一旦某个社会组织发生丑闻，整个公益行业的公信力都会受到影响。2011年"郭美美事件"等一系列慈善丑闻发生后，导致社会组织的公信力一时间大打折扣。

（二）社会组织在救助工作中面临较多风险

1. 领域风险

临时救助风险大，且耗费时间和人力。例如，BJXH负责人谈到，"比如发生好几起长期空巢的独居老人在家晕倒送医后的救助，这种事情是比较担风险的，且耗费时间和人力"。（J-5）

"困难群众个案服务主要为低保、特困、罹患大病或因遭遇重大变故生活陷入困境的人员；失能、失智、失独、高龄、独居等困境老年人；困境儿童和留守儿童；陷入生活困境的残疾人；需要紧急庇护的未成年人；其他有需要的困难群众，如京籍流浪乞讨人员等。这几类人群的服务多是危、急、难，远不如社区营造、党建项目等简单。结合目前社会组织承接政府采购项目的类别来看，此类项目为社会组织最不愿意承接的项目，如果社工机构有社区类、党建类、妇女类、青少年类等稳定的项目来源，大型机构一般情况下是极少碰这类项目的，这类社会'痛点'问题总结出来，主要是活难干、人难招、投入大、利润低（有些时候要搭钱）、成果宣传差。"（J-5）

2. 服务风险

（1）在服务前期，例如，BJXH负责人谈到，"在与服务对象建立关系过程中，不乏素质相对低下人员，在社工服务中，稍不如意就演变为辱骂，或是将与政府冲突后的恶性情绪发泄到社工身上。如果是年轻气盛的男性入户，很容易上升到口角或肢体冲突；在服务中期，尤其遇到前六大类问题死结的时候，虽有其他服务作为支撑，但核心痛点问题没有解决，往往让工作难以延续化，按照市五次上门服务标准，有些人员与社工接触二次后，看到无法解决那些痛点问题后就拒绝社工上门了"。（J-5）

精神状态不稳定的服务对象给社工入户工作带来很大压力，PAFJ项目主管谈到，"有精神状态不太稳定或不太注意卫生的服务对象给社工带来挺大压力"。（J-20）

"同事曾经的一个服务对象家中囤积了很多垃圾；有的服务对象家中味道特别大。"（J-20）

"精神状态比较好的服务对象，他只是平时比较孤独，看见社工还是挺高兴的，有时还会包饺子请社工一起吃。"（J-20）

另外，服务对象在服务过程中离世，也会给工作人员带来较大压力。

（2）在服务后期，BJXH负责人谈到，"一般会出现后期跟进过多导致服务对象依赖，随着他们年纪的增大、病情的加重等，还会出现社工退出后家庭再次陷入困境，而且比之前更加严重等多方面问题。这里主要指孤寡类和独居类人员"。（J-5）

因为疫情原因，线下活动实施困难。

3. 信息沟通风险

例如，BJXH负责人谈到，"主要是政策上面的繁复，街道民政、残联、社区福利主任、社保所相关窗口一些口径稍有不一致，或在办理程序中解释得不到位，就会导致后续困难群众与其发生对抗。在出事后，社工再去介入帮助困难群众，经常要把上述或更多责任单位逐个走一遍，拼凑一个'完整'的信息后，对服务对象进行解释。而后再重新办理或告知不能办理，时间成本投入大，效率低。加之这类人群中不乏造谣生事者，蛊惑其用暴力方式去与相关人员发生冲突，以谋求政府救助。最后，联席会议效率低，没有又不行"。（J-5）

4. 信用风险

例如，BJXH负责人谈到，"2020年9月安定门挂牌后，社工发现，困服所的服务无法绝对秉持社会救助公开、公平、公正、及时的四项原则，对会'吵、闹、要'的人网开一面，加大投入力度，对那些也有困难但相对平稳人员投入较少。加之一些信息传递形成的圈子'两劳'人群比较突出，他们会相互通告如何要低保，怎么跟政府'协商'而达成他们的目的，在本地形成了一些不好的影响，间接性助长了一些歪风邪气，导致后续工作困难重重。再有真正有困难的群众来到困服所，因困服所服务的范围和能力有限，他们的住房、户口、生活资金、看病资金等核心实际问题无法得到有效的解决……"（J-5）

5. 与政府合作中共同风险的承担问题

例如，BJXH 负责人谈到，"两极分化较为严重，一种是质疑社工机构的能力和信任度相对低，在推荐和遴选人员时，推荐了很多平稳家庭和人员，并不需要社工服务或介入，而真正有难点的不敢给。另一种是把所有事都让社工去做，无法厘清政府与困服所的职责，社工承担了很多政府和社区职能，造成主体责任缺位；在服务中难免出现问题和差错，困服所工作中都提心吊胆，生怕做错一点导致后续无缘。在选择服务对象时也是找'软柿子'，生怕如果工作出现了失误该怎么办？虽然在项目申报中写出了预估风险，但没有切实可行的管理办法，随着工作的深入会出现各种问题。例如，因某社工与服务对象发生冲突被向 12345 投诉的；工作流程出现疏漏，丢失服务对象文件，导致延误的，等等"。（J-5）

（三）资源整合及筹款的问题

我国社会组织普遍面临资金不足的困难，这也导致了人才流失严重、服务水平低下和创新能力不足等一系列问题。社会组织的资金主要来自政府购买服务、社会捐赠、基金会资助、国际资助等。

目前，社会组织的各筹款渠道都存在一定的问题：①地方政府对社会组织的财政支持仍然不足，在很多二三线城市还没有开展政府购买服务，单个项目的资金量过少，而且资金发放的周期较长，购买服务政策的波动性比较大。②受制于我国现阶段的社会发展水平，公众的慈善捐赠仍然处于较低水平。企业捐赠往往受到自身经济条件的限制，经常附加不合理的条件。同时，由于政策限制，多数社会组织都没有公开募捐资格，由于不具备公信力和品牌知名度，它们的公众筹款数额很少。③基金会的数量不多，其中的资助型基金会更少，只有少数社会组织能从基金会获得资助。④由于中国经济的持续快速发展，许多国际组织和外国政府纷纷调整战略方向，终止或减少了对中国社会组织的资助。即使社会组织获得了上述的这些资金，其中也通常不包含专职人员工资和行政办公经费，导致社会组织缺乏维持自身运作的资金。在这种情况下，社会组织往往依靠创始人的个人资金投入，后续发展的资金不足，导致可持续发展能力受限。

从调研情况来看，社会组织的资源整合能力参差不齐，尤其是民办非企业单位的资源整合能力普遍较弱，它们大多没有政府或企业背景。多数社会组织由于掌握的资源有限，无法为救助对象建立有效的社会支持网络，不能营造相互支持、相互帮助的氛围，甚至社会组织还需要为一些临时救助和大病救助进行垫资（借款），导致项目资金捉襟见肘。

1. 机构运营成本高、资金不足，无法满足服务需求

例如，XJD负责人谈到，"像我们这种康复中心，自己租的和不能集中供暖的房子会多一些，所以在取暖上和房租费用上比较高。有时不能通过收费覆盖所有成本，实现完全独立运营存在困难"。（J-1）

FSNY负责人谈到，"比如，80岁以上老年人对上门探访和心理慰藉的需求比较大，但每年的活动经费有限，不可能都用到这方面"。（J-18）

BJCM副秘书长谈到该机构经费不足，"每年早产儿也就600万~800万元，现金也就100万~200万元，一年总的救助费用在1 000万左右，1 000万相较于很多其他疾病的救助其实是并不多的，比如爱佑慈善基金会一年可能就上亿了"。（J-19）

2. 资金来源过度依赖政府，民间自发组织的资金具有局限性

我国社会组织的精准救助项目均为政府购买服务，但是预算编制给予的社工劳务费和交通费不足，政府购买服务资金的延续性差，而且此类项目较难像社区服务类项目一样"拉赞助"，得到社会上企业、个人和慈善团体的支持。此类服务对象的社会影响力小和救助效益差，远不如贫困山村、救灾、慰老服务、儿童成长那些工作"光鲜、漂亮"，甚至还能增加企业效益。社会对这类人员缺乏信心，甚至避而远之，与救灾、助孤、助学等项目相比，精准救助项目难以得到企业和相关团体的资金支持。

（1）资金来源不够多元化。XCMY负责人谈到，"资金方面，目前太多

依赖政购，政购资金的介入并不能让基金会、企业等对支持社会救助服务感兴趣，使其自愿参与到社会救助中。这是把服务做得更完善的一个阻碍点。此外，在财政紧张的情况下，寄望政府更多的资金支持是很难的"。（J-22）

例如，FTJWL 项目主管谈到，该机构没有资格募捐，资金不足，难以进行资金方面的支持。"我们作为社工机构，属于民办非企业，是没有资格募捐的，只能给孩子一对一做一些资源链接，孩子需要什么，我们会在自己的公众平台发布。"（J-24）

"比如这个孩子上学了，他可能需要一套校服，或者需要一些上学基本的东西。然后我们会发布，有爱心人士看到后，他们会给孩子买，通过我们给送过去。可能就是这方面我们能做到，但是资金方面现在可能还是不太允许。"（J-24）

CSDY 成立时，90%的资金来自政府，筹款正在探索，捐赠大多是零零散散的公众捐赠，没有大额的社会捐赠。因为流浪群体的特殊性，大众对救助他们存在争议：群体不是完全无辜的，他们的困境在主观层面上自己负有一定责任。CSDY 负责人谈到，"经验是我们的优势，经费是我们的短板。我们将逐渐减少对政府经费的依赖，更多专注于社会筹款，目前正在学习社会筹款的平台多样化（支付宝、抖音、腾讯等），但不是特别理想"。（J-9）

XCMY 负责人谈到，"我个人觉得社会救助的工作给多少钱都行，有多少钱我就先紧着最着急的那些人先用。当然如果经费更充足，我能服务到更多的人。从福利角度说，我是能够根据钱的多少来设置做到什么样的程度"。

CYQCY 负责人谈到，"在经费方面有些时候比较匮乏，无法按过高的要求进行救助工作"。（J-10）

其结果是社会组织跟着经费走。CSDY 负责人谈到，"我们成立时的使命愿景和价值观是聚焦于一个领域，但实际会发现很多组织是什么都做，跟着经费走。这样会产生一个问题：更多是项目制，而不是去打磨服务和提炼成果，甚至做一些研究。所以成果就很难出来，因为大家都先去保生存了，为了生存什么都做，没有时间在一个领域深耕细作"。（J-9）

（2）经费匮乏导致聘请专业人员资金不足。例如，BJHF 负责人谈到，"政府购买服务项目本身项目资金少，无法支付人员工资。政府政策对人员的补助以志愿补贴、活动补贴为主，也会有专职人员补贴，如 500 元/月。政策文件中虽规定有项目资金中人力资源管理可以用到 60%，但实际运用中，如果仅剩余 40% 用于活动资金是不够的"。（J-4）

3. 自主筹款权限不足，海外社会救助面临困难

例如，BJZA 负责人认为，政策给予基金会自主筹资方式的权限较小，使公益组织缺钱、缺人成为共性问题。"中国公益起步时间较晚，目前进行的公益筹款的方式、方法和模式不像发达国家那么开放。所以缺钱和缺人是公益组织现在都面临的一个共性问题。比如国外的基金会可以把一些经营和公益结合在一起，有球星捐来的签名限量版足球，国外的公益组织可以把这个足球拍卖，拍卖来的资金可以用于公益事业，同时接受社会的监督，以此来给公益组织增收。但目前，像这种方式我国公益行业不允许，就限制了公益组织自造血功能，导致公益组织筹不来钱就活不下去。"（J-13）

资金转到海外比较困难且时间长。"我们之前有个捐赠人，想做海外救助，但没有做起来。钱一个是无法到海外，二是能去海外也特别慢。因为海外救助不可能只做一次两次，肯定每年都要做，需要形成规模，形成规模可能一年需要一两千万。之前想汇钱出去支持史蒂温奖学金专项基金，钱并不多，但出去也不容易。"（J-14）

4. 作为资助方的基金会存在不足

（1）部分基金会的资金不足。例如，XJD 负责人谈到，基金会难以资助更多聋儿。"现在很多基金会都会有针对聋儿的项目，我们会找一些基金会给予支持。但现在基金会也不像原来资金那么富余，它们筹款也存在困难。原来可以资助 40 个孩子，现在只能资助 20 个孩子。"（J-1）

（2）非正规的私人基金会资助缺乏安全保障。一是若资助人的目的是有所企图，安全性难以保证。例如，HDTCL 负责人谈到，"有些社会组织找到我们做专门的困境群众帮扶，但我们感觉到社会力量不够安全，就拒绝了，比如某演艺人员自己的基金会。因为我们是和政府合作，很多案例是有保密协议的。社会上的演艺人员或组织，我们会考虑其做这个事情的企

图,做这些的用途,让我们感到不是特别安全"。(J-17)

"个人资助我们很愿意接受,但是不是可以找一个基金会来接受个人捐助,我们再与基金会合作?毕竟无论社会组织或企业,都有法人身份,有主管部门监督。"(J-17)

"由于信息的庞大且具有不对称性,我们没有能力逐一检索个人情况,这也不是我们的专业领域,我们也不是很懂,怕引起一些意识形态或国家安全上的事情,尤其是名人和有钱的人,这些事情还是不太敢跟他们过多的接触和合作。"(J-17)

二是协议签订程序不规范,保密性难以保证。"对于非正规的私人资助,我们考虑安全性要跟其签一些协议,社会组织在程序上,如保密协议程序等,我也感到不是特别安心,所以有外部资金想跟我们合作,我们拒绝了。"(J-17)

"安全、保密,一次性还是持续性,需要的回馈是什么?是社会效益、个人名誉或其他什么?要在签订协议时明确说清楚。"(J-17)

三是资助遇阻碍被迫中断,资助的持续性难以保证。"我们之前有机构去资助别人,但因为种种原因没有办法资助下去了,如遇到了经济困难;或资助方认为的资助与实际资助没有完全匹配。这些情况如何解决?谁来解决?这是我们接受资助的一个障碍。"(J-17)

由于基金会关注的领域、议题不同,导致社会组织对基金会的关注度不高。"我们目前为止接触的很少,也没有过多的思考,因为不同类型的基金会关注议题不同,运作方式等也都不同。"(J-21)

5. 新冠疫情对收入影响大

(1) 新冠疫情对筹款影响大。如 ZGHQ 在 2020 年的捐赠收入 6.17 亿元,公益支出为 5.24 亿元。受疫情对经济的负面影响,2021 年的捐赠收入为 1.77 亿元,公益支出为 1.40 亿元,均出现了大幅度的下降。SJSMD 负责人谈到,"在 2019 下半年 2020 年初就没有社建方面的资金了,主要靠困服所的专项救助资金。此外,这几年项目经费断崖式下降"。(J-21)

(2) 疫情期间服务对象减少,导致收入减少。例如,XJD 负责人谈到,"孩子的数量如果达到 150~160 个,实现独立运营没有任何问题。但如果只到 100 或 100 个以下,学校独立运营就比较困难。以前一直能达到,这两年

疫情就达不到，去年还好一点，今年可能会更惨。疫情来了之后，大概会有1/5的孩子不来康复中心了"。(J-1)

另外，自主设置项目的资金困难。如 ZGHQ 项目负责人谈到，侨资企业更愿出资救助自己设置的项目（公益缺乏长期性）。"不仅是海外的项目，国内有一些项目确实都挺好的，但钱也需要找。虽然有些大的侨资企业捐赠，但它们在匹配项目时更多地愿意做自己设置的项目（像新冠疫情、河南水灾等突发性事件），对我们提出的一些社会救助项目还得考虑经费问题。基金会每年会调研一些困难人群，我们设计的项目确实需要有人买单，我们常规的操作是去找侨资企业或侨商买单。如果政府能购买基金会的服务肯定会有很多人得到帮助。"(J-14)

（四）社会资源整合能力欠缺

社工在资源整合上的力量薄弱，XCMY 负责人谈到，"社工的力量不足，可能与当前整个社会福利的提供方式有关。需要联系其他部门一起提供支持时，资源很难对接。没有办法充分整合其他力量，资源调动能力弱，需要机构自身有很强大的资源才能发挥得更好，否则无法及时回应更多受助者的需求"。(J-22)

"比如我去链接一个社区卫生服务中心是很难的；在找律师等各方面，更多是要依靠机构自身具有的资源。"(J-22)

1. 资源链接存在困难

例如，BCXY 负责人谈到，"社工机构区别于基金会及其他慈善机构，它们能够整合、调动的资源较多，社工机构只有依托机构自身的项目，或整合的一些资源，在如何拓展资源方面有一定困难"。(J-16)

FSNY 负责人谈到，"我运营了我们五个乡镇、街道的社会心理服务中心，其中包括对特殊群体、残疾人等的心理救助，但总体感觉资源链接不是很到位。比如今天给一个22岁小孩做心理疏导，他父亲有严重的精神残疾，他自己前一段时间从家里楼上掉了下去，现在动不了在家待着。原来实习的幼儿园也把他辞退了，他一没教师资格证，二不是名牌学校毕业。所以不仅他的家庭要帮扶，还要给他链接一定职业发展的资源，给予经济来源的支持，比如怎么对接就业？能有哪些途径？但现在资源链接较少，合适的也较少"。(J-16)

2. 政府关系拓展与维护能力不足

一方面，很多社会组织不善于跟政府部门做公共关系的维护。另一方面，政府的项目出现后，行业出现不良竞争，偏离社工专业理念。例如，CSDY负责人谈到，"我们不善于筹集社会资源，也不善于跟政府部门做公共关系的维护。此外，我们目前专注于做流浪人员的救助，它对口的部门是民政下面的救助站，一个城市有几个区就有几个救助站。以前没有太多经费的时候，没有人愿意做流浪救助，因为见效非常慢，所以针对这个群体开展服务的组织很少。但现在有了经费后，大家纷纷立项，很多人会作为一个项目来投，而不是作为一个服务。所以我觉得有蛮大区别，从客观上也造成了经费来源更少，面临一些竞争的情况"。(J-9)

部分社会组织缺乏行政资源，与政府的深度沟通不够。SJSMD负责人谈到，"首先，精神层面（精神障碍方面），需要很专业的康复知识，机构不具备这些资源，很难在精神层面提供帮助。其次，机构层面，需要依托街道或区里民政系统中的行政资源解决问题，在社会救助中，单靠机构自己想把服务拓宽、细化、深入还是相当困难的。在整个社会救助过程中，不同的项目能达到的默契程度和合作程度不同，政府的支持程度也不同，有一些是很给力的"。(J-21)

3. 与企业的合作能力不强

SJSMD负责人谈到，"我们会和企业有一些小小的合作，但也不多，企业未来为实现他们的社会责任，可以做得更多"。(J-21)

4. 远郊区社会组织尤其缺乏资源

大多数社会组织是在市区进行办公和服务，很少有在农村扎根的社会工作机构，去边远地区开展个案服务的难度较大。远郊区缺乏人力和资金支持，持续性发展无保证。没有资金，社会组织缺乏人才，难以保证持续生存。例如，MYXM负责人谈到，"密云处于远郊区，资源匮乏，不像中心城区，人力、救助资源都比远郊区丰富太多。远郊区做社会工作的资源跟市里比差太远了。市里人力、财力、资源都充沛，远郊最多链接一家医院的一个志愿者给残疾人做康复训练，或者像我们之前链接的爱心企业给一个村的低保户捐米、面、油，这已经算是我们很厉害的资源链接了，别的就太少"。(J-2)

MYYB负责人谈到,"长期的爱心企业和爱心人士数量不足。第一,爱心企业方面,爱心企业中民营企业居多,项目内企业捐赠资金及物资一般在几万块左右,而平常做公益的捐赠资金较大。第二,爱心人士方面,爱心人士大多零零散散捐赠,且只是一次性捐赠"。(J-8)

总体来看,让社会组织的专业性从量变到质变,走专业化道路存在较大困难。一方面,政府对自发性志愿服务组织缺乏成长性、专项性的引导和培训,处于自由发展状态;另一方面,社会组织聘请专业人员会增加人员支出,难以负担。

(五)人才流失严重,人力资源匮乏

由于社会组织存在发展不成熟、社会地位偏低、规模较小、工作条件差、薪酬缺乏保障等诸多问题,社会组织对高素质人才的吸引力不足,甚至面临人才流失的困境。根据2016年《中国公益组织从业人员薪酬调查报告》,公益组织从业人员的工资收入情况是:3 001~5 000元的占34.9%,3 000元以的下占23.2%,超过1/3的公益从业者没有基本社保。社会组织的运作往往依赖于创始人或个别"精英"的能力,由于人员流失率过高,其员工基本上都是工作不久的新人,缺乏有经验的中层管理者,基层工作人员的能力更加欠缺。有些社会组织的工作人员素质不高,未经过专业培训,缺乏基本的价值观以及项目管理知识和调控能力。一些社会组织的活动过度依赖志愿者,使活动的不可控因素增加,项目质量和效果难以得到保障。缺乏专业人才影响社会组织的发展水平和整体素质,导致其管理能力、创新能力、可持续发展能力不高,承担公共服务的能力不强,专业服务质量难以保证。

从调研情况来看,由于社会救助工作的压力大、收入低、经验要求高,作为承接方的社会组织专业人才匮乏、人员流失严重、项目人员更换频繁,对维持其与政府的合作关系造成负面影响。在这种情况下,政府对社会组织的能力信任度不高,给社会组织推荐的都是不太需要服务或介入的人员,而不敢推荐有难度的人员。

1. 人员工资低,专职人员少,行业吸引力不足

社会组织从业人员普遍收入低(更主要的是工作收入比,同是4 000元,一线社工都愿意做轻松一些的项目)、工时长(与服务对象建立关系后,非

工作时间也会跟主责社工电话联系)、荣誉感低、综合经验(主要指为人处世能力)要求高,而压力较大,核心社工骨干匮乏。例如,ZGHQ项目主管谈到,"基金会待遇不高导致基金会人员不足,留不住年轻人"。(J-14)

XJD负责人谈到,机构工作人员的工资低,留住教师存在困难。"工资较低,有些人员很难留得住。"(J-1)

SJSMD负责人谈到,"本科毕业生基本不会做社工,大家都是考研后再做社工。那么本科毕业做社工为什么不行呢?现在年轻人创办机构的意愿越来越弱了,想做具体服务的也少,大部分都想考研做老师,想去社工事务所工作的寥寥无几"。(J-21)

全职人员不足,社工招聘困难。例如,FTJWL专职人员少,大量使用兼职实习生。"现在好像好多机构大量用兼职实习生,实习生按天给钱,一天100元,不用管社保和吃住。"(J-24)

CYQCY负责人谈到,"我们现在一直在招社工,招人很容易,但招社工专业或具备社工理念和方法且愿意做救助工作的社工不容易,哪怕不会现学也并不容易。招到社工专业人才对我们来说是一个很大的挑战"。(J-10)

CSDY负责人谈到,"年初全职12个,现在只有几个了,随着项目结项,面临空窗期,全职人员可能更少。北京的服务中心主要做社区项目,参与救助项目的主要是志愿者,全职的少"。(J-9)

工作人员男女比例失衡,女性多于男性,力量受限。例如,BJXH负责人谈到,"因服所工作人员中女性数量多于男性,而女性在体力方面没有优势,在为老人搬运物品或进行临时紧急救助时力不从心"。(J-5)

2. 人员流动性大

在能够从事此类工作的人员熟悉此项工作后,转移到其他相对压力小类型工作的人员不在少数,伴随而来的是机构的人员流失风险。社工频繁的更换,对所在地购买服务方和服务对象关系的维系与服务效果的达成,都将是很大损失。例如,BJZQ负责人谈到,"人员存在一定的流动性,一些有经验的刚刚能上手又走了,就要继续培养"。(J-7)

ZGET副总干事谈到,专职人员流动性较大,对工作交接过程产生挑战。"虽然被称为国家级社会组织，但依旧是公益性的社会组织，不在编制内，人员流动和人才流失对我们来说是一个比较大的困难。人才的流失，如在一个工作上干时间久积累了一定经验后，有了更好、更高的追求，导致工作交接过程会面临一些挑战。因为新人进入工作序列中要花费一定的时间熟悉工作，但熟悉的过程中，救助是不能间断的，每个月甚至每天都有救助患者会电话咨询。此外，可能还会有档案的整理、申请资料的审核等问题。所以这方面的困难我们也在不断调整。就目前来讲，随着项目的推进整个结构已经达到了一个比较合理的状态。"（J-11）

社会组织的志愿者和实习生十分短缺。由于精准救助工作的专业性较强，涉及较多需要深入学习的政策问题，而志愿者和实习生的流动性大，无法做到稳定和持续。

HZHL 负责人谈到，"北京社会工作整体发展良好，但人才流失问题依然严重。随着政府购买服务的力度加大，社工机构增多，资源的分配导致行业内依然存在薪酬低无绩效、项目审批流程缓慢，机构内资金断流、评估标准体系不完善等突出问题。希望每年的项目开展能具有可持续性，便于社工机构人员的稳定和提升专业性"。（J-15）

一些机构受到的冲击较小。SJSMD 负责人谈到，"机构的流失率不大，疫情前机构是六人，现在还是六人"。（J-21）

3. 工作人员经验不足

社会组织中持有社会工作师证书和心理咨询师证书的比例不高，不具备开展专业服务的资质，大多工作人员没有掌握一线社工技能。专业救助要求使用社会工作方法开展救助，但是社会组织很少能规范使用个案工作、小组工作和社区工作的专业方法。在心理服务中，社会组织对理性情绪疗法、行为疗法、集体疗法等心理治疗方法的使用不够熟练。在项目实施中，社会组织精准救助的各项规章制度不健全、不规范。

有受访人谈到，政府购买对专业人员数量与级别有要求，而社会组织专业人员较少。例如，BJXH 负责人谈到，"在实务方面缺少人才；人才培养不足"。（J-5）

BJZQ 负责人谈到，"困难群众服务部门是九个人负责两个街道的困服所，其中一人五年工作经验，两人 2~3 年工作经验，两人 1~2 年工作经

验，其余人员工作经验不足一年"。(J-7)

CYQCY负责人谈到，"我觉得社工机构如果自己没有做好，很难要求别人给予我们重视和尊重。一方面要规范服务流程和品质，另一方面要对自己的成效和产出有可视化的成果。这样才能得到甲方的认可，才有后续沟通和谈判的资本"。(J-10)

BJRY负责人谈到，"社工事务所的人都是北京青年政治学院的学生，都在事务所中从事社会救助工作"。(J-12)

专业毕业生也不能立刻胜任救助工作，社会救助对社工的专业能力和综合素质的要求是更高的。XCMY负责人谈到，"服务对象面对的问题很紧迫（不是锦上添花的工作），又具有复杂性，对社会工作者本身的能力有很大挑战"。(J-22)

"现在社工教育出来的学生，个案应对的知识和技能不是很扎实，有些时候不能马上胜任，需要老社工带。"(J-22)

"现在很多个案可能仍需要老社工直接上手做。"(J-22)

"所以我觉得人的能力本身是一个很大的困难点。"(J-22)

对专项能力提升的支持不足。"我们机构本身跟高校的很多老师关系比较密切，可以请老师当督导提供一些支持。但对于持续建好社会救助工作者队伍来说，还是有蛮大的困难的。"(J-22)

人员专业度仍然需要提升。SJSMD负责人谈到，"机构内部人员在机构能力建设、专业性发展、可持续能力建设上也会存在问题，尤其疫情三年，包括整合资源层面，与公共部门及政府、社会的沟通，筹资等都有所欠缺"。(J-21)

而且，社工内部易产生焦虑和职业倦怠。例如，BJXH负责人谈到，"由于政策的变化、救助对象、救助工作延续时间长等原因，社工的付出不一定能有回报，反而可能会发生风险或接到投诉，让人觉得没有价值感"。(J-5)

表8-4为社会组织自身发展的困难与挑战。

表 8-4　社会组织自身发展的困难与挑战

序号	困难与挑战	具体方面
1	专业性组织少，力量不足，救助工作挑战较大	●社会组织力量不足，生存困难 ●很多社会组织的救助方式停留在给救助对象实物的层面，缺乏服务的深度和广度 ●未回应救助对象的真实需求 ●偏离组织使命，依附于政府
2	社会组织在救助工作中面临较多风险	●领域风险 ●服务风险 ●信息沟通风险 ●信用风险 ●与政府合作中面临的风险承担问题
3	资源整合及筹款的问题	●机构运营成本高、资金不足，无法满足服务需求 ●资金来源过度依赖政府，民间自发组织的资金具有局限性 ●自主筹款权限不足，海外社会救助面临困难 ●作为资助方的基金会存在不足，新冠疫情对收入影响大
4	社会资源整合能力欠缺	●资源链接存在困难 ●政府关系拓展与维护能力不足 ●与企业的合作能力不强 ●远郊区社会组织尤其缺乏资源
5	人力资源匮乏的问题	●人员工资低，专职人员少，招聘困难 ●人员流动性大 ●工作人员经验不足

三、救助对象层面的困难与挑战

从图 8-3 问卷调查情况来看，"目标群体的救助需求存在复杂性，部分救助对象无就业能力或劳动能力有限"选择频次最高 243 次，其次为救助对象"不愿脱贫的思想根深蒂固，对救助工作有依赖性，害怕风险"选择频次 118 次。由此可知，救助对象类型广、需求复杂且对救助工作的依赖性导致社会组织参与社会救助工作面临一定程度的困难。

（一）救助对象的客观情况导致难以摆脱困境

1. 目标群体的救助需求存在复杂性

救助对象的需求十分多样化和复杂化，这些需求与社会组织解决问题

第八章 ◎ 社会组织参与社会救助面临的困难与挑战

救助对象层面困难	选择频次
目标群体的救助需求存在复杂性，部分救助对象无就业能力或劳动能力有限	243
不愿脱贫的思想根深蒂固，对救助工作有依赖性，害怕风险	118
对社会救助工作不信任、不了解、不理解、抗拒政府主导下的救助方式	88
人户分离率高	85

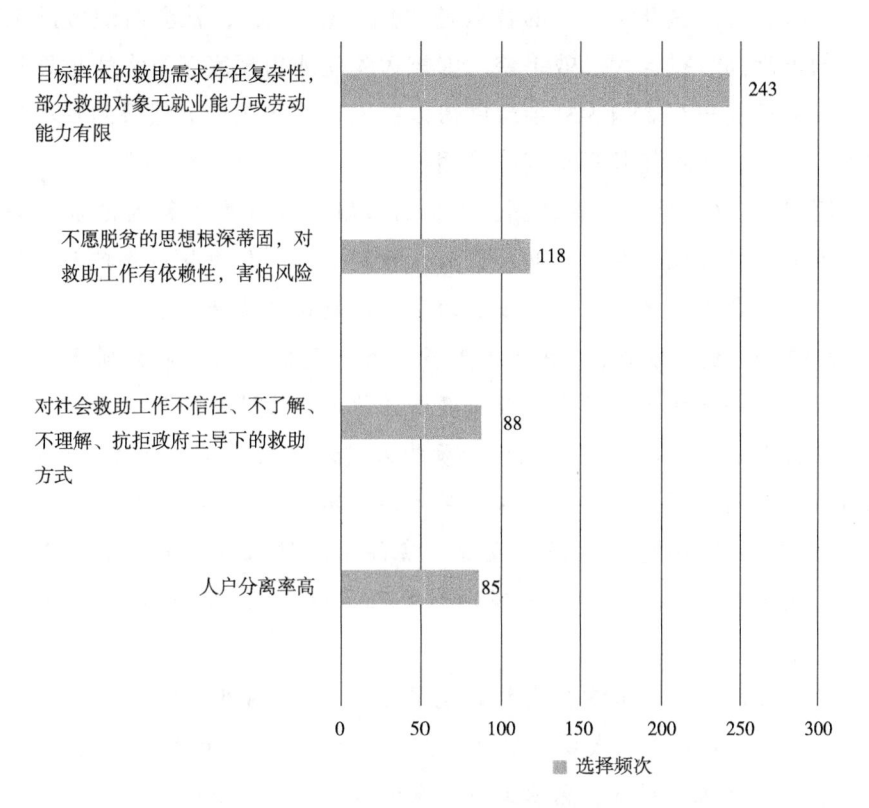

图 8-3　社会组织参与社会救助过程中救助对象层面的困难

的能力之间存在着较大差距。比如，有些救助对象虽然生活困难，但按现行规定不能享受政府的救助政策，其首要需求是解决生存和经济问题；有些因病致困的救助对象在享受了低保民政救助、大病救助和慈善救助后依然无法正常生活，迫切需要资金扶助；有些困难家庭的居住空间狭小，导致部分人员出现抑郁类病症，并且引发邻里纠纷矛盾；很多聋哑人、智残和精残人员不能正常沟通和交流，基本没有诉求能力，识别他们需求的难度较大；有些重症及生命末期人员的救助需求不仅是资金，还有疾病治疗和家庭呵护的需求，这对社工服务的专业性要求较高。我国社会组织自身在资金上并不充裕，即使识别出救助对象的上述问题，也很难给予有针对性的帮助，只能更多地在心理上进行疏导和给予精神支持。

（1）部分救助对象的救助难度大。困难群众主要是低保、特困、罹患大病或因遭遇重大变故生活陷入困境的人员、困境老人、留守儿童、流浪乞讨人员等。这几类人群的特点是"危、急、难",社会组织救助工作开展的难度高、投入大、效果差。因重大疾病或出现家庭重大变故导致生活困难的低保户很难因为社会救助得以脱困。远郊区造成低保的基本都是残疾、重残,较难使其真正摆脱贫困。

例如,TZCX项目主管谈到,"我们在服务过程中了解到很多社会救助的家庭情况比较复杂。救助对象从儿童到老人,其中包括残疾人、妇女等,包含了各类群体。在此基础上的家庭问题比较复杂"。(J-23)

MYYB负责人谈到,"有但是不多,且都是短期的;靠救助项目很难真正脱困。事务所及受助者自身会评估并筛选出在劳动年龄范围内,且拥有一定劳动能力的人(占比低)开展能力建设技能培训(效果不大),只能帮其短时间内解决一部分收入(劳动能力有限)"。(J-8)

CSDY负责人谈到,"我们发现,实际上流浪人员并不是都不愿意工作,而是就业三个维度(就业观念、就业渠道、就业技能)受限无法就业"。(J-9)

在这种情况下,组织社会活动方面存在一定困难。MYXM负责人谈到,"低保户大多属于大病、特困、残疾,组织社区活动帮扶有点困难,但逐步、逐个入户帮扶,需要大量资金和人力"。(J-2)

SJSMD负责人谈到,"做个案帮扶的家庭,有摆脱困境的意愿且很强烈,但不一定有能力"。(J-21)

(2)社区客观环境无法实现就业,难以脱困。一方面,所在区域找不到就业资源。另一方面,地区就业资源匮乏。促进就业难,工作岗位难匹配,就业机会少。"在门头沟时,最大的一个难处就是让他们就业。"(J-22)

"家庭住址离市区远,路程花费时间长。如果不是住在门头沟市中心的,他光是到门头沟,坐公交可能需要一两个小时,再到市区需要更多的时间。他就没有办法就业,所以他的就业机会很少。我们当时面向100多个服务对象做促进就业,一年下来最终只一个人实现了成功就业。"(J-22)

有部分人真正想脱困却找不到渠道脱困,通过就业技能培训,掌握相应技能后却无法实现就业,无法自主链接就业资源,当地的就业资源也很

匮乏。例如，MYXM 负责人谈到，"至今为止还没有通过我们的服务成功摆脱困境的"。(J-2)

MYYB 负责人谈到，"密云山区无企业，就业渠道有限。本地非低保及特困人群就业渠道一是种地，二是民宿经营。民宿经营不会雇佣长期的管理者"。(J-8)

(3) 救助对象难以发现自己潜在的真正需求。服务对象在表达救助需求的过程中，往往会处于被动状态。HZHL 负责人谈到，"当社会工作者入户调查困难家庭的需求时，大多数困难对象在表述需求的过程中，往往不能看到问题的本源，难以发现自己的真正需求。当我们问救助对象最希望得到哪些帮助时，大多数人都会提到：最需要钱，要不就给点东西。实际上，单纯的物质救助可能并不能帮助他们真正摆脱生存的困境。他们往往忽视表象问题下潜伏的真正原因和症结所在"。(J-15)

(4) 救助对象难以融入主流社会，缺乏个案服务切入点。HZHL 负责人谈到，"由于精准救助对象多数处于社会边缘化的状态，被封闭和隔绝于自我的微系统内，难以融入主流社会。根据这些发现，在开展个案帮扶过程中，只能从最基础的为困难群众解决最直接、最现实、最紧迫的问题入手，只能针对适合农村困难群体最直接、最能接受的几个方面确立个案服务切入点"。(J-15)

2. 部分救助对象无就业能力或劳动能力有限

在服务后期，经常会出现跟进过多导致救助对象依赖，在救助人员撤离后，这些家庭（主要是孤寡和独居老人）陷入更严重的困境。例如，MYYB 负责人谈到，"一是因为精神或肢体问题等原因导致受助者成为低保户；二是父母离世的孩子需要上学，不能帮助就业，只能链接资源提供帮助"。(J-8)

MYXM 负责人谈到，"比如我们去的一户人家，一家四口，两个人重残，其中一个人照顾这两个人，另外一个儿子在外上学。这种家庭想要脱贫太难"。(J-2)

(1) 重症及晚期人员缺乏自我恢复能力。例如，BJXH 负责人谈到，"很多社区工作人员将这类家庭推荐给困服所，在重症、突发治疗期间，尤其是晚期治疗中，巨大的资金投入问题由于社会资金匮乏，社工组织也无能为力。而且这类人家不仅是看病资金问题,社工在介入此类工作的时候,经常束手无策。病症不一样,每个人及家庭情况也不一样,对一线社工的要求太高,不做会被指责不作为,做又会增加三方(社会组织、患病家庭、政府)的风险"。(J-5)

"因病致困的救助对象存在享受了低保、大病等一系列救助资金帮扶和慈善救助后仍无法正常生存的问题。政府这边有很多案例都是最后政府每年掏钱'养'这个人,负担非常重;另有一大类因病致贫、致困低保人员,他们每月的低保金要么看病、要么购买生活基本物资,往往因无钱看病一拖再拖导致最后病入膏肓,无药可救。"(J-5)

(2) 无证的疑似精神疾病患者缺乏自我恢复能力。有些救助对象是未持证疑似精神疾病患者,他们没有被纳入所在地的精防工作管理,对社会有潜在危害,救助人员在服务中面临着一定的风险。例如,BJXH负责人谈到,"在近两年的工作中,社工发现多个有精神问题但又没有持证的人员,或因个人及家属意识差、不配合等原因延误治疗。因现在不能强制去鉴定,所以此类非注册持证人员不能纳入到各个街乡的精防卫生站管理,对社会有一定危害性,社工服务中也存在较大风险"。(J-5)

(二) 居住环境差及人户分离率高衍生出一系列问题

低保家庭人户分离率较高,一些救助对象由于投靠亲属、居住环境差、在外谋生等原因,外迁至其他地区,社会组织在实施救助中的交通成本过高,救助政策很难落实到个人。例如,BJXH负责人谈到,"一方面,保障房、公租房越盖越远;另一方面,人们的收入低,越来越多人倾向于住在市外的远郊区县"。(J-5)

"主要为户籍问题,例如东城很多人员搬到了朝阳区廉租房、保障房,但是那里不能落户,关系还在东城,来回办理手续和看病都成了问题;再有因为这类房屋没法落户,有些人的妻子是外地户口,但是也无法落户(即便已经到了法定落户时间),从而衍生出看病、报销等一系列问题;而且这群人给跨区所在地的社区和政府造成很高的人员维护成本、工作压力。户籍地够不着、属地管不了的问题十分突出。"(J-5)

BJXH负责人谈到,"因东城平房区百姓普遍居住面积小,很多都是孩子长大成人或在青春期了还在跟父母一个屋里居住,父母和孩子都没有独立和相对私密的空间,从而引发了很多家庭矛盾,甚至导致部分人员出现抑郁类病症;因房屋街巷狭小导致邻里纠纷矛盾的也不在少数;还有保障房房本面积与实际房屋差距过大,导致很多人满怀希望地申请成功之后,埋怨政府欺骗,要么就退房,走市场租赁补助的路线,这就引发了他们为了更低廉的房屋租金,去很远、很偏的地方租房,或伪造租赁关系,造成在实际工作中找不到人,人回不来等引发的一系列问题"。(J-5)

BJXH 负责人又谈到,"因居住生活环境差、在外谋生、投靠亲属、拿差额租房补助等原因,很多救助对象都外迁至其他街乡,也不乏到外地的人员,因此在帮助外地或远郊区县人员的时候路途交通成本过高。这类人员离群索居之后,出现了政策了解不及时,无亲人、好友、社区管的问题。有一个案例,居住在双合家园的低保人员因同楼邻居死在家中,给他造成了很大的精神刺激,加上他自己孤身一人,儿子不赡养,有病又没人管,每月的低保钱要么看病、要么购买生活基本物资,对生活出现了绝望情绪。身体好转后,一段期间跑到安定门来'闹',希望得到一张'长期饭票'"。(J-5)

(三) 救助对象对救助的依赖心理强

救助对象的心理依赖造成严重的政策性依赖,从而弱化了救助政策和救助措施的正向作用。心理依赖是救助对象缺乏改变自身不佳生存状态的动力和信心,只是寄望于政府与社会援助的一种惰性心理。救助对象的心理承受能力和抗压能力较低,缺乏必要的生存知识和劳动技能,存在较强的自卑心理,他们的家庭支持体系大多呈现断裂或薄弱的状态。例如,BJXH 负责人谈到,"有摆脱低保的,但很少,几乎没有。因为钱不够花让我们帮找工作的有,但接受我们帮助后开始醒悟,渴望自力更生的几乎没有"。(J-5)

1. 不愿脱困的思想根深蒂固,对救助工作有依赖性

例如,BJZA 秘书长谈到,"会有只想要经济资源,不想摆脱困境的人员"。(J-13)

MYXM 负责人谈到,"不是低保但处于特困边缘,像深山区的老百姓,有一种根深蒂固的思想,不愿意脱困。这部分人觉得别人可能工资发不上,但自己月月有保障,所以不想脱困,已经形成依赖和循环了"。(J-2)

（1）部分救助对象在利益权衡后选择不工作。低保户就业后的收入水平高于低保待遇的程度并不确定，他们更倾向于放弃潜在的就业机会。有些救助对象对非物质救助方式的接受度不高，对社会组织提供的救助服务配合度不够。例如，JYRX负责人谈到，"如带动残疾人创收，提高救助对象收入水平，救助效果一般，只能赚些零花钱。一方面，如果赚的稍微多点会使其不符合低保标准，但未来的收入又不能维持。另一方面，项目结束后只能进行电话回访，坚持下来的人很少"。（J-6）

MYYB负责人谈到，"事务所帮助其在城里找到一份工作，受助者自己会权衡是否选择工作。如帮助低保户找到一份保安的工作，2 000元/月，受助者租房1 000元/月，吃饭1 000元/月，且有这笔收入后不再属于低保户，不能享受低保政策，权衡后选择不去工作"。（J-8）

（2）救助对象有福利依赖或政策依赖的现象。SJSMD负责人谈到，"比如有些家庭，他真的没有办法去工作，工作后收入可能超过当前的帮扶标准，无法获得现有福利保障，但他的收入又不足以改善和覆盖其整个家庭的支出，这样是有依赖性的。但有多少，我们没有做过相关的统计和研究"。（J-21）

XCMY负责人谈到，"不一定有摆脱困境的意愿，必须承认，有一批人有福利依赖。他觉得我吃低保，政府给我是理所应该的"。（J-22）

HZHL负责人谈到，"目前救助政策侧重资金物质支持，无法改变救助对象观念。救助政策本身就是给他钱，他的观念始终改变不了"。（J-15）

"比如我去过一个家庭，他们家里猪蹄子的骨头放在桌子上都已经风干了。家里是新盖的房子，但里边已经开始有一股臭味，袜子等等就撒在沙发上。"（J-15）

（3）大部分低保人群就业意愿不强。PAFJ项目主管谈到，"较大部分低保人群在享受低保后，不愿放弃低保去工作"。（J-20）

"比如在北京，如果他的工资是4 500元，租房要2 000元，上下班加温饱要2 000元，就没剩钱了。但如果享受低保的话，他有廉租房，只需要付几十块钱的水电费、管理费等。低保有1 000多元还不用上班受人约束。所以很多人享受低保后，就不是很愿意再去工作了。"（J-20）

"在和项目经理、领导的沟通中，我知道摆脱困境的案例是存在的，只

是个别情况。"(J-20)

"比如我们机构曾服务过一位聋哑人,但他电脑技术比较好,后来就留在了我们机构工作,享受和我们一样的薪资待遇。"(J-20)

2. 害怕不可预知的风险

例如,CYQCY 负责人谈到,"有一些救助对象改变的意愿很强烈,想改变,也能改变,但现有部分政策与现实情况有一些冲突,导致救助对象权衡选择继续接受救助还是工作。当他们发现,疫情当下,政府的救助更持续、更稳定,如果自己去外面工作,可能会有不可预知的风险时,他们会选择继续接受政府的救助"。(J-10)

(四)救助对象对救助工作有敏感性和抗拒心理

很多受访人提出,大部分困难群众比较愿意配合,但有一些畏难情绪比较高或不知道应该怎么做的人不是很愿意配合。

1. 部分流浪乞讨人员倾向于自由自在的生活状态

例如,CSDY 负责人谈到,"在同等的条件下竞争,流浪者力气大、对恶劣环境的适应程度高,在工作上的耐受性更好,对于工地的工作,他们愿意做。但他们认为自由比生活保障更重要,即便在商业区捡拾别人吃剩的果腹也可以生存,所以能坚持上班一周的比较少"。(J-9)

"观念好逸恶劳;流浪时间长,行为很松散,很难社会化;人的生活习惯、思维定势、价值观很难改变。我们以前想先改变他的观念,只要就业观念改变了,剩下的就业维度很好解决。现在的条件下,哪怕是一个残疾人,也能找到他的岗位。但一个人的价值观很难改变,当他养成一些生活习惯,他思维的定势很难改变。"(J-9)

2. 对社会救助工作不了解、不信任

(1) 对救助工作不了解。MYXM 负责人谈到,"三社联动时,大家不懂社会救助行业到底是干什么的,政府也不了解。如果当地政府不支持入村,就很难进入每个家庭。城里情况也是一样的,城里是楼房,会对你持怀疑或否定态度"。(J-2)

据 BJXH 负责人介绍,"在'三社联动'入户调查中,天坛街道某社区一男子为一级智力残疾,住所为搭建在公共厕所旁的小屋子,平时以捡拾垃圾为生。冬天因为天气太冷,晚上就靠理发店扔的一个做头发的机器取暖，白天无事时便待在银行取暖。因为亲属受不了垃圾的异味，无人收留。因亲戚也不了解廉租房的相关政策与申请程序，此事便不了了之。后在入户社工及社区居委会相关人员的帮助下，现已进入廉租房摇号阶段，十分感谢社会工作者的相关帮助"。(J-5)

（2）对社会组织不信任，信息获取难。例如，TZCX项目主管谈到，"作为一个第三方机构，虽然我们在入户调查时会向他们表明我们已经和街道签署了委托，以证明我们的身份，但依然会有许多服务对象质疑我们，认为我们是第三方，没有必要告知自己的家庭信息"。(J-23)

BJCM副秘书长认为，患者对医务社工定位不了解，如果基金会不帮助其申请资源便放弃救助。"事实上，很多家长觉得自己需要的资源远超过他真实的需求。人总是想要多占资源，这是很正常的。"(J-19)

"很多患者进来就说我要申请资金，但事实上，我们发现他家庭有足够的资金。这时，如果我们告诉他：你的情况，在你现有的资源基础上加上医保政策，其实可以保证你非常好地完成治疗。家长很多时候就会说不行，他会觉得你真的不帮我再申请资源吗？那我就不找你们了。" (J-19)

3. 抗拒政府主导下的救助方式

例如，CSDY负责人谈到，"流浪人员跟其他救助对象的区别在于，他很少会主动寻求帮助"。(J-9)

BJHF负责人谈到，"破冰阶段的配合程度低，困难在于流浪者无法区分帮助他们的人来自社会组织还是政府部门。因为本身很少有人关注他们，关注他们的人大多来自救助管理机构、城管、公安等。当他们面对政府人员时，他们接收到更多的是像'清理'等违背他们意愿的救助方式"。(J-4)

部分低保人员不愿参加社会活动，对查是否符合低保标准十分敏感。有些救助对象对需求识别的配合程度较低，由于担心核查取消低保，不愿接受社会组织的入户核查。例如，BJXH负责人谈到，"一开始救助对象是不大配合我们的救助工作的，认为困服所的目的是查、管、复核，而不是帮助，不是十分认可"。(J-5)

MYXM负责人谈到，"比如在远郊区做基层社会工作，给低保户打电

话,他立马会提高警惕,担心自己的低保被解除,对你持有怀疑或否定态度"。(J-2)

从调研情况来看,城镇与乡村对比,城镇的救助工作更为困难。详见表8-5。

表8-5 城镇与乡村的社会救助对比

	乡村	城镇
与服务对象的联系	几乎全部由机构自己联系(调动性强)	服务对象地址、联系电话变更问题较突出,有可能联系不到,需要经常与社区沟通(拆迁等原因)
入户与服务的提供	比较顺畅	拒绝走访,质疑身份问题突出

总体来看,救助对象层面的困难与挑战如表8-6所示。

表8-6 救助对象层面的困难与挑战

序号	困难与挑战	具体方面
1	救助对象的客观情况导致难以摆脱困境	● 目标群体的救助需求存在复杂性 ● 部分救助对象无就业能力或劳动能力有限
2	居住环境差及人户分离率高衍生出一系列问题	
3	救助对象对救助的依赖心理强	● 不愿脱困的思想根深蒂固,对救助工作有依赖性 ● 害怕不可预知的风险
4	救助对象对救助工作有敏感性和抗拒心理	● 部分流浪乞讨人员倾向于自由自在的生活状态 ● 对社会救助工作不了解、不信任 ● 抗拒政府主导下的救助方式

从调研的24家社会组织情况来看,社会组织存在的困难如表8-7所示。

表 8-7 社会组织存在的困难

序号	困难	序号	区域
J-1	经济困难、国家对私立机构关注度低、费用报销难	J-12	政府购买资金不足
J-2	资源缺乏（人力、资金）、服务专业性低、社区对社会工作缺乏专业性认知、服务对象存在抗拒心理	J-13	政府购买资金不足
J-3	组织专业性不足、对服务领域的政策缺乏了解，专业人才的引进、组织发展、资金保证方面均存在困难	J-14	人员不足，留不住人；公益缺乏长期性，资金不能转到海外或花费时间长
J-4	政府要求与社工自身职业伦理和专业理念冲突、资金预算不足，不同服务阶段标准不统一，机构间衔接不连贯	J-15	资金不连续、不稳定；救助对象难以发现自己的真正需求从而导致机构难以做到精准救助
J-5	专业性人才不足、男女比例失调，力量受限、社工内部易产生焦虑和职业倦怠，救助对象不配合、临时救助风险大、耗费时间和人力、街道对社会工作专业性缺乏了解、社会救助理论及实务少	J-16	政策边缘群体对接困难，经费受到限制，扩大机构资源困难
J-6	经费有限、项目周期短	J-17	经费有限
J-7	人员流动性大、工作人员经验不足、经费不足	J-18	资金不足、资源链接不到位
J-8	链接资源能力不足、缺乏深层次的帮扶、帮扶范围窄	J-19	使用资源、合理配置资源难，容易与救助对象产生矛盾
J-9	全职人员少、经费来源渠道少、救助对象观念改变难	J-20	会出现街道无法结账或账款拖欠的情况
J-10	经费匮乏、缺少社工专业人才；机构得不到信任，救助工作开展困难；对社会救助工作缺少衡量标准	J-21	机构缺乏行政资源，内部员工的专业性发展、持续能力建设上也存在问题
J-11	疾病种类制定困难；需要不断调整救助服务；人员流动性大，工作交接过程面临挑战	J-22	资源链接、整合困难；社会救助工作专业能力和综合素质要求高，培训困难；专项能力提升的支持力度不够

续表

序号	困难	序号	区域
J-23	信任问题（机构作为第三方身份会受到质疑），项目经费少	J-24	相关领导不重视、资金不足（没有资格募捐）、员工数量不断减少

第九章 完善社会组织参与社会救助发展的对策建议

2017年8月,民政部等三部门联合出台《关于支持社会工作专业力量参与脱贫攻坚的指导意见》,明确鼓励社会工作专业力量参与贫困群众救助帮扶。随着我国社会治理的加快推进,社会组织将承接更多的精准救助项目,形成"政府主导、社会参与"的"大救助"工作格局。为了更好地发挥社会组织在我国精准救助中的作用,促进社会组织的持续有序参与,我们认为可以采取以下措施。

从问卷调查情况来看,对社会组织参与社会救助工作的建议及出现频次见表9-1。

表9-1 对社会组织参与社会救助工作的建议

建议	出现频次（由高到低）	建议	出现频次（由高到低）
加大政府购买力度	13	提高政府重视程度	3
加大宣传（定期开展政策宣传活动）	8	增强沟通、交流经验、加强学习	3
增加社会支持力度	6	加强服务联动	2
资源共享、上下互通,建立协调机制	6	增强服务广度	2
提高服务技能和服务品质	5	大力组织社会公益团队	2
政府出台指导政策	5	稳定专业人员	2
加强资金支持	5	健全监督机制	2
畅通社会救助渠道	5	稳定社工生活水平	2
培育社会组织	5	增加公益激励措施	2

第九章 ◎ 完善社会组织参与社会救助发展的对策建议

续表

建议	出现频次（由高到低）	建议	出现频次（由高到低）
提高资助政策稳定性	4	人员能力提升持续开展	2
政策支持	4	做好资金整合	2
加强专业能力提升平台	4	提高自我造血功能	2
提高薪资待遇	3	建立社会型企业	1
增强政府购买力度	3	提高人才参与	1
给予社会组织活动空间	3	放开限制	1

从调研的24家社会组织情况来看，社会组织提出的建议如表9-2所示。

表9-2 社会组织提出的建议

序号	提出的建议	序号	提出的建议
J-1	政府各部门做好政策衔接（尤其是残联和税务部门）、规范报销流程及责任主体并监督落实	J-6	建立长期稳定的服务机制
J-2	增强社区对社会工作的专业性认知，区分社会工作机构和社区工作、统筹融合社会资源、建立统一成效评估标准	J-7	加大相关文件的执行力度；对特殊人群实时结算，减轻压力；政策明确社工职责，避免责任承担过度；完善救助政策，扩大救助覆盖范围；加强公益慈善和医疗救助衔接的监管
J-3	加强专业性机构与社区及社会组织的联动，更大程度撬动社会资源、给予基层组织自主发展空间、给予社会组织更多指导并建立评估标准和监管机制	J-8	延长救助项目时间
J-4	项目采取公开竞标的方式获取，细分救助对象，各主体积极承担社会救助责任、积极协作	J-9	政府优化行业环境，规范社会组织职责；对社会组织经费灵活，使其聚焦服务领域，提炼成果；社会组织应注重服务质量，避免无序竞争
J-5	严格把控行业准入，提升行业门槛、延长项目周期、制定规范统一的评估标准、加强社会救助监管工作	J-10	规范社工服务品质；提升社会机构、社会工作对项目化的要求，以及对成效的保证

续表

序号	提出的建议	序号	提出的建议
J-11	社会组织间相互合作，广泛联结，整合救助资金，扩展救助范围；政府提供更多的政策支持；社会责任资金向社会方向和社会救助倾斜	J-18	优化社会组织发展环境；加强资源链接；政府可以采用相对缓和的形式（调研、走访等）进行监督
J-12	提高政府对社工的专业性认知、强化救助项目持续性	J-19	关于"最后一公里"问题，帮助各方资源得到更好的协调，更好匹配所需人群；政府制定机制使福利和保障实现更好的匹配
J-13	发挥公益组织的引导和内驱力建设功能，树立受助者信心；建立新模式，形成多方良性循环；政府给予更多政策支持，用好社会组织，实现社会化治理；政府对实现国家预期的基金会给予资金或政策奖励，促进其发展	J-20	加大街道采购社会救助项目力度，给予特殊人群特殊服务
J-14	希望和其他基金会合作设计覆盖面、影响力更大的项目；政府增加购买基金会项目的数量	J-21	简化社会救助程序，增加人文关怀；延长项目期限；加强企业、社会各方面合作；增加成效评估方式；发展社工专业人才；提高项目经费合理性
J-15	希望获得持续的资金支持；政府可以制定针对特定群体帮扶特点的精准救助指引策略；提升项目开展的持续性；加强精准救助系统的调整和完善	J-22	搭建不同类型社会组织间的转介系统；解决服务绩效评估问题；加强宣传，支持基金会、企业加入社会救助服务，保证资金多元化，完善服务；保证机构聚焦领域，精准服务
J-16	提高政府对社工的专业性认知、清楚救助政策；构建社会救助体系；整合社会资源，共同推动社会救助项目；落实实体服务监管	J-23	希望政府各部门能够有一个联合保障，出现问题可以直接与相关科室进行沟通
J-17	规范资助协议内容与程序，确保资助的安全性与保密性；个人及社会组织通过正规基金会定向捐赠，明确资金责任主体；政府制定合理监督指导意见，给予政策边缘人员一定的宽容；出台政策或方法，遏制不良风气产生	J-24	完善政府相关政策（多关注实际情况）；调整政府监管力度和购买服务资金

根据前期调研和研究,本书提出以下对策建议。

一、对政府支持政策的建议

(一)优化行业环境,加强政府政策支持

对救助来说,出台更多的政策支持是最好的,形成政府主导、社会参与的共同救助模式,同时要出台一些办法和手段遏制不良风气的产生。

1. 加大对社会组织扶贫特色模式的支持及引导力度

针对经济社会发展不平衡的问题,我国政府提出了"包容性增长"的创新举措,从而保护弱势群体权益、分享经济发展成果。政府对社会组织社会救助工作的统筹协调和培育扶持是其工作取得成功的关键。

一是基层政府领导和村干部要提高对社会组织扶贫模式的认可度。目前,一些领导只认可资金和物质层面的帮扶,对服务和精神层面的帮扶接受度低,但后者对构建可持续的扶贫模式十分重要,这也正是社会组织的特色所在。要认识到社会组织在社会救助中能够弥补政府和企业扶贫模式的不足,鼓励和协助社会组织发挥应有作用。

二是引导各类社会组织结合自身优势探索多样化的扶贫模式。引导行业协会、商会支持贫困村产业发展和项目引进,引导民办医院、民办学校到贫困村开展助医、助学服务,引导农村专业技术协会到贫困村开展送技术下乡服务,引导社会工作事务所开展针对留守老人、留守儿童、留守妇女的专业服务,引导公益慈善组织动员志愿者参与志愿服务、为困难村捐款捐物。

三是重点扶持社会救助类社会组织的发展。在农村开展服务的社会组织数量过少,通过政府购买服务、提供免费场地、开展培训指导等方式,加大对社会救助类社会组织的培育扶持力度,对其中的优秀案例和创新模式进行复制推广。

政府要把社会组织建设及管理作为推进社会建设的重要举措,加大培育扶持力度,可以从以下几个方面着手:①进一步推进政府职能转变,厘清政府、市场、社会三者之间的关系,将原本由政府管理的一些社会公共事务转移给社会组织,制定向社会组织转移职能的事项清单,提高社会服务工作的质量;②在更深层次上推进政府向社会组织购买服务制度,并完

善购买服务的财政机制，在项目中解决社会组织专职人员经费问题，提高购买服务项目的规范性；③改变双重管理体制对成立社会组织的束缚，降低社会组织的准入门槛，简化社会组织的登记、变更、注销等环节的手续；④允许公益慈善类、社区服务类社会组织的名称加"字号"，允许同一行业根据实际需要成立多个行业协会；⑤在各地建立社会组织孵化园或孵化基地，为社会组织提供政策咨询，开展培训指导，形成"政府投入资金、专业团队运作"的培育模式；⑥完善、落实社会组织的税收优惠政策，发挥税收政策的激励作用。

2. 重视和激活社会资源

精准救助应当激活更多的社会资源，构建社会力量参与精准救助的多元格局，促进社会主体在救助工作中发挥更大的价值。除了现有的社会工作事务所以外，政府可以动员民办医院、民办学校、行业协会、农村专业技术协会等专业力量参与到精准救助中来，开展助医、助学、助困、技术帮扶等服务。构建社会组织等各种力量参与救助的多元格局，社会工作因其更加专业性和人性化的工作方法，将成为我国扶贫事业的新手段和重要补充。政府应给予社会组织更多指导。政府提高要求的同时，应当综合考虑基层组织的发展，不能阻断其自主成长空间。此外，要提高政府对社会工作的专业理解，增强社区对社会工作的专业性认知，区分社会工作机构工作与社区工作。

3. 严格把控行业准入，提升行业门槛

在法律和制度方面进行规范，尊重社会组织和社会工作者的专业价值；通过社会救助立法，实现科学救助、依法救助和有温度的救助。规范社会组织职责，在政策层面上，让专业的机构做专业的事，社会组织聚焦核心领域，这样才能做到救助对象利益最大化。

4. 对救助服务进行适当宣传

当今时代，信息和通信技术（ICT）可以发挥重要作用，将救助对象与相关信息联系起来，并使他们相互联系，进而与蓬勃发展的社会联系起来。由于困难群众服务有私密性，不宜做过多宣传，但从社会舆论和政策角度来说，应该有一定的宣传。正如HDTCL负责人所谈到的，"实际上，低保、低收入人群对信息很敏感，他希望有些非常正面的信息能够鼓励他们。但

他们不会明确跟你提出来，也不会主动抓取，并且他们在选择信息的能力上有所欠缺，对于一些信息他们会过度认为是针对他们的。但我们不能把所有的信息都屏蔽掉，因此我们可不可以针对性地进行一些利于他们成长、让他们感觉到温馨的宣传。比如，我国台湾地区对阿尔茨海默病群体的家庭支持和对患者支持的一些活动，他会用很温馨的场景或者视频等方法展现这些人。这是需要全社会共同去做的，不是靠我们自己能够做到的。其实我看过很多不错的小视频，但因为不是官方发布的，实际上不是特别好用"。(J-17)

一是加大政策宣传力度，明确救助政策条件及限制范围，直接告诉大家什么样的符合条件，可以享受什么样的政策。二是让宣传更人性化、更多角度，防范与解决困境并举，给予人们正向引导。正如HDTCL负责人谈到，"现在媒体非常强大，技术非常好，外部资源也非常多，是不是可以引进一些不错的宣传片进行宣传？增加社会关注度，防微杜渐，提前预警，引导大家积极对待生活；预防失独家庭说政策不好；低保、低收入说政府不好，原来单位对他不好……从来都是别人不好，自己是受害者现象的出现。希望通过宣传的正向引导改进这些情况"。(J-17)

"就跟12345未诉先办似的，我觉得更多事情在于防范，如果我们从现在开始，一方面解决问题，一方面防范问题，让大家知道不作为而陷入困境会有怎样的危害，可能大家就不会往这条路上走了。"(J-17)

"有很多比我们年龄还小的人就开始拿低保，需要低保救助，这让我们社工挺不理解的：你怎么能活成这个样子？我们用很大的精力和社会资源，天天出去想办法帮助别人，怎么你还在家里等着我们帮助？而且年龄没我们大，又不是身体残疾。实际这肯定不是一两年形成，是他从小的生活环境及受到的教育让他变成了这样。"(J-17)

在宣传救助服务的方式方面，小视频最方便，也最能让大家接受和省心。如果是文字或故事，建议找一个好的阅读人员讲出来，这样对人们才是有触动的。

(二) 完善政府购买服务制度

要进一步加大政府购买服务的力度，鼓励、引导、规范更多的具有较高的专业服务水平和良好信誉的社会工作服务机构参与精准救助工作，充分发挥作用。鼓励和引导更多具有较高服务水平和良好信誉的社会组织参与进来，在精准救助工作中发挥更大作用。

1. 完善政府购买服务的项目管理制度

建立救助资金使用制度和财务公开制度，引入公众和媒体监督。建立联席会议制度，由民政局、街道和社会组织召开精准救助三方联席会议，每月定期进行项目督导和检查管理，确保沟通顺畅和及时解决问题，降低项目过程风险。建议救助项目采取公开竞标而不是委托的方式获取，政府购买服务的项目应该由专业人员来做，不能使用营利性企业。要对社会组织经费灵活，使社会组织可以聚焦服务领域，打磨、提炼成果。严格执行《北京市政府购买社会工作服务预算管理实施细则》，保障社会组织人工成本。

要全面列出责任清单。根据国务院《关于政府向社会力量购买服务的指导意见》、《社会救助暂行办法》、民政部等三部门联合印发的《关于支持社会工作专业力量参与脱贫攻坚的指导意见》、国务院扶贫开发领导小组《关于广泛引导和动员社会组织参与脱贫攻坚的通知》等一系列文件精神，对政府和社会组织各自在精准救助中应当承担的责任进行全面梳理。政府职能应回归"兜底"本位，将补充性救助交给民间慈善组织，防止过度参与抬高民众福利预期[①]。同时，政府在下放事务性工作的时候也要匹配相应的权利和资源，做到责、权、利的统一。明确规定社工职责，避免其承担过多责任。现在甲方购买比较杂，应从政策上规定社工能够做的范围或者不承担的工作（如政务受理等），使社工可以做自己专业内的事情。

区分社工同养老院、服务商的服务。社会工作的服务内容、服务理念与服务商有所区别，在做个案帮扶内容的要求或形式呈现上，也应有一定的区分。

2. 强化救助项目持续性，延长项目周期

鉴于社会救助是一个需要长期（2~3年）进行才能产生社会效益的工作，应提升救助项目的持续性和延续性。除非被救助人群消失，否则项目

---

① 胡思洋，赵曼. 逆向选择、道德风险与精准救助[J]. 国家行政学院学报，2017（1）：94-98.

应该持续进行。即使更换机构也应当进行项目间的交接工作，而不应该终止项目，避免项目缺少善后，偏于形式化。要建立长期稳定的服务机制，让救助人员可以长期驻扎在某个固定的区域，对救助对象的情况长期跟进，覆盖更多的救助对象。对社会组织来讲，即便有日常的公益服务，项目的存在也可使其发挥的空间更大。有机构负责人建议，对于"困服所"项目，应提高项目经费合理性，包括经费、人员的核算分配，"比如一个街道配多少人，按什么比例配，一个人配多少钱"。（J-21）

3. 提高政府购买过程的专业性，制定规范统一的评估标准

要统一成效评估标准，成效的评估需要由社会进行考量，并制定统一标准，如群众满意度、社区督导等。要有第三方评估机制和机构，介入特困人员的精准救助工作中来。对特困人员家庭逐户、逐人进行服务照顾的评估。制定合理和符合实际的评估标准和指导手册（借鉴居家照顾、养老驿站的"六助"标准进行修订，可以逐步逐年提高标准）对于经过评估亲属照顾不达标的，要及时处理和公示，并与村乡共同协调解决照顾人问题。如朝阳区委托专业的第三方机构监管购买服务，专业的第三方人士与社工事务所沟通更方便。

4. 实行人性化检查方式

建议对政府购买服务项目的检查不要用检查、考核，可以用一个相对缓和的形式，比如调研、走访、访谈等，减轻承接机构各方面的负担。正如 SJSMD 所谈到的，在评估和督查程序上再简化一些，多一些人文方面的关怀，给予些容错空间。"你说我介入家庭后，他至少不想死了，也挺好的，那从数字上怎么体现他不想死？什么证据体现他的实际变化和改善？"（J-21）

二、对完善社会救助政策的建议

（一）完善救助措施

1. 按照救助对象实际困难状况和基本生活需要，实施阶梯式救助方式

一是要细分救助对象，扩大救助覆盖范围。随着我国脱贫攻坚工作的完成，已经消除了绝对贫困，相对贫困人群（会划定一定比例）是未来工

作重点，救助对象会扩大。需保则保，且救助水平接近当地最低生活保障线，改单纯性经济救助为综合性发展救助；梯度救助的实施依次为：特困人群（包括"五保""三无"、流浪人员、孤寡老人与孤儿）可依据需要享受所有救助；低收入困难家庭可申请专项救助；对于因偶然因素而陷入生活困难群众增加临时救助，统一调整临时救助规则，并按需加大临时救助力度。将单纯经济救助改为物质救助和精神关怀、能力提升、社会融入相结合的综合救助，挖掘受助群众的发展潜力与社会资源。

二是要关注部分困难群体的特殊性。比如很多救助申请，现在都需要在网上申请，在网络渠道办理。虽然对管理来讲，时间少了，节省流程、节点和避免人为因素，但是困难群众存在信息不对称，信息网络达不到偏远的深山区。也不要让困难群众因为流程和工具连自己需求都无法表达。充分考虑政策涉及人群的文化层次、身体障碍等各方面因素（因为智力、精神、聋哑往往存在遗传，出现一家多人都是残疾的现象）。政府在制定各项救助政策时，应发布配套的政策详注，以通俗易懂的形式详细解读政策重点、难点和热点，如问答式、图解式等。在政策制度的时候一定要带有温度，带有人文关怀，在办理流程设置和政策传达的过程中予以体现。

2. 完善人户分离情况下的救助措施

对于人户分离造成的救助政策无法落实的现象，需要加强区级协调能力，实现跨区域的协调。还要完善低保审核管理制度，彻底清理人户分离人员中的低保对象，应制定相关政策，对于凡是属于"户在人不在"的空挂户，不享受特困人员的救助等有关待遇。同时将低保对象的具体情况向实际居住地的区、县民政部门反馈，以解决低保人员的后顾之忧。

3. 完善大病救助措施

一是对特殊人群提供实时结算服务，减小街道的人力压力，降低困难群众的经济压力。二是高度重视重特大疾病致贫现象，通过调整和完善重特大疾病救助政策，将白血病、尿毒症、重度再生障碍性贫血、肝肾器官移植、精神病等支出巨大、对家庭打击大的病种纳入特别救助范围；取消现行的重特大疾病救助的低保前提，只要病种属于划定范围内的大病即实施特别救助。三是卫生部门在调整医疗救助和报销比例，增加农村医疗人员和技术的供给能力，培训乡村医生等。四是民政要协调慈善部门在医疗费补充和其余生活困难上给予适当的帮助，提升这部分人的存活质量和家庭生活质量。五是要建立一个机制，在病人和家属的心理抚慰、临终关怀方面给予支持，帮其渡过危机期和应急反应期，减少绝望和无助。

4. 完善残疾人救助措施

一是加强乡镇残联、温馨家园、残疾人职业康复站的服务、经费和专业能力。提升残疾人的生活质量，适当解决就业和创收问题。二是结合残联的改革，在温馨家园托管的改革中多采取公开透明、客观公正的评选和招标方式。更多托管给有专业能力和运营能力强的专业机构，真正能给农村残疾人提供个性化的就业技能服务和健康康复服务。三是结合多部门协调机制解决农村残疾人的问题，提升残疾人的生存质量和生活舒适度。比如，福利科（护理补助的合理使用，发放方式的改革）、老龄委（失能、失智及时评估，适老化改造）、残联（无残疾证高龄老人的辅具补助）等。

5. 完善农村养老措施

（1）加强乡镇敬老院的管理服务。改革和加强服务，解决老人不愿入住敬老院的问题。因为深山区特殊的经营和运营情况，改革公办民营方式的时候要综合考虑深山区敬老院的特殊情况，在资金、补助、政策上给予倾斜。

（2）在现有农村养老驿站的基础上纳入对特困人员的日常生活照料。可以考虑将照料护理补助发放结合养老驿站的方式。全部失能的老人都应该进入乡镇敬老院，半失能的老人分类指导。经过评估亲属照料不好的，取消照料资格，进入敬老院。有邻里互助补充模式的，可以签订照料协议，定期评估和动态培训、督导相结合。亲属照料的要定期进行培训、监督、评估和考察、公示、评比等，奖励先进，处罚落后。结合法规文件的要求，医养结合。要在农村把养老驿站运营、管理的理念模式、机制同步推进，落实医养结合，必须在资金投入、人才培养等方面给予倾斜。

(二) 提高基层组织的社会救助能力

1. 构建社会救助体系、整合社会资源，共同推动社会救助项目

困服所的项目不能只依托于民政科，在有的街道还涉及社建科等部门，应把残联、社保所、社区都整合动员起来，把它们纳入社会救助的整体系统中。

很多救助对象是人户分离的，户口是某个街道、某个区的，但由于申请公租房或个人原因等，入住在其他街道。对此，一是可以整合本区的一些资源库，如街道的慈善基金；二是整合各街镇资源，如几个街镇的资源，建立资源库；三是整合社会公共资源，如有的社工机构公益资源比较多，大家整合起来，共同推动社会救助项目。

2. 健全社会救助综合服务平台

建立首问负责、一次性告知、限时办理等制度，并不断优化工作流程，真正做到让困难群众求助有门、受助及时。民政部等四部委联合印发的《关于积极推进政府购买服务，加强基层社会救助经办服务能力的意见》（民发〔2017〕153号）提出，加强窗口建设，推动跨部门救助事项的业务协同，依托现有政务大厅，在乡镇（街道）层面普遍设立"一门受理、协同办理"窗口，或结合综合服务窗口，统一受理、转办（介）社会救助申请事项，让"群众来回跑"变为"部门协同办"。进一步加强精准救助系统的调整和完善，实现入户调查员采集信息手机端实时上传。

3. 建立部门协调机制

区级残联、老龄委、卫生部门、救助科、困难群众救助指导中心对各部门协调机制、资源、政策、资金，统筹解决方案，减少多个部门的各自为政、重复劳动等，集中力量攻坚克难。

4. 加强基层社会救助经办服务能力

政府各职能部门要积极承担社会救助职责。加强对社会救助工作的监管，为真正需要帮助的人服务。基层经办服务能力直接关系各项社会救助政策的落实，关系困难群众基本生活的保障。各地要充分利用市场机制，积极推行政府购买服务，采取多种措施，切实加强基层经办服务能力，尽快形成一门受理、协同办理、资源统筹、综合施救的社会救助工作格局。

(1) 充分发挥村（居）民委员会的作用。村（居）民委员会要协助做好救助对象困难排查、发现报告,救助申请家庭经济状况核查、公示监督,救助对象动态管理、信息报送,救助政策咨询、宣传引导等工作。县级民政部门要按照"费随事转"原则给予支持。探索建立村级社会救助协理员制度。在干部配备上优先考虑,在要素配置上优先满足,在公共财政投入上优先保障,在公共服务上优先安排。

(2)增加乡镇层面的救助指导中心建设。社会救助工作的重心在基层、政策落实在基层、成效体现在基层。专业的社会工作可以在价值理念、理论模式、实务技巧及救助效果等方面为社会救助服务的开展提供有益经验,并能使社会救助制度更具实效。

三、对社会组织的建议

社会组织的发展状况,既是衡量一个国家发展程度的指标之一,也是社会文明与否的一项重要标志,因此应该大力推动社会组织的健康有序发展。

(一) 发挥社会组织自身优势

社会组织是我国构建"各方联动的社会参与大扶贫格局"的重要一环,近年来,各地在积极推动政府购买社会组织社会救助项目,社会组织在扶贫格局中迎来更大的发展空间,这就要求其充分发挥自身优势并规避自身不足。当前,我国社会组织在社会救助中存在服务能力欠缺、社会动员能力偏弱、整合社会资源力度不够等问题,对这些方面应加以持续改进,推动社会组织社会救助工作的顺利开展。

1. 提升专业服务水平

社会组织在精准救助中要坚持"需求导向、精准识别、分类施救"的服务原则,明确具体的救助对象分类与致困原因。系统化地开展个案管理服务,借鉴使用"红、橙、绿"三色关爱台账,对低保家庭的数据进行实时更新,掌握每户家庭的经济收入、身体健康和生活需求情况,对数据进行整理及个案分析。完善社会工作人员的培养、培训和资格认定机制,从源头上保证社会工作者的数量和质量[①]。提升救助人员的沟通技巧和职业素

---

① 李运华,魏毅娜. 贫困衡量视角下"精准"救助的体制机制构建 [J]. 东北大学学报(社会科学版), 2017 (1): 61-66.

养，使用多元化方式提供服务，促进救助服务效果的提升。探索建立长效的救助机制与模式，完善主动发现机制和紧急救助机制，真正做到"一户一策一档"的个案服务，及时总结提炼可复制的经验及案例。

社会组织的人员素质和内部管理尚不够成熟，其自身能力建设与社会救助的要求存在一定差距。服务式社会救助模式不仅要求社会组织具有利他主义的奉献精神，而且要具有必备的专业知识和特定技能。首先是在社会救助中体现社会组织自身专业特点，明确自身角色定位，一切从实际出发，识别服务欠缺型贫困村的特定需求，如培训需求、心理疏导、社会服务、兴趣培养等。服务内容不要"大而全"，而要突出"小而精"。服务模式从"授人以鱼"到"授人以渔"，致力于实现贫困地区的可持续发展。其次是提高社会组织在需求调研、项目设计、项目监测和项目评估等环节的专业能力。设置合理的项目组织结构，建立项目质量管理机制，控制项目进度和实施风险，完善项目实施中的档案管理和绩效管理。最后是加强社会组织人才队伍建设，提高专职人员待遇水平，完善各项激励机制，通过业务培训、经验分享、合作培养等方式，提升社会组织人才的专业能力。

在全社会加大宣传力度，让公众更加了解社会组织的作用，加深公众对公益事业的理解和认识，形成发展和支持社会组织的氛围，增强公众参与慈善捐赠、互帮互助、志愿服务等活动的积极性，帮助社会组织完成使命目标。同时，要加强组织内部规范管理。社会组织的本质是非营利性的，为提升和维护社会组织的自身形象，要加强内部规范管理，可以采取以下措施：一是明晰产权关系，界定组织现有资产的归属，确定各个利益主体的权属；二是完善内部治理机制，健全会员大会、理事会、监事会制度和重大事项请示报告制度，强化组织章程制度；三是做好信息披露工作，在本机构网站、主管部门官网、所属行业网站公开披露募捐情况、资金使用情况、行政费用比例、服务对象受益情况等，严格审核财务信息，对大额捐赠人单独出具捐赠资金使用报告，邀请捐赠人参与项目直接进行监督，让捐赠人知晓善款的使用情况及社会效益，增加彼此的信任；四是政府部门要坚持依法行使职权、依法进行监督，业务主管单位和登记管理部门要各司其职、相互合作，形成有关部门间的信息交流与共享机制。

社会组织要在救助工作中取得成效，专业人才是关键。当前社工人员在不断流失,要大力发展社工行业人才。正如 SJSMD 负责人所谈到的,"政府在培养人才时不可能以公务员的标准培养,更多还要靠社会、基金会、企业等,希望有人能关注到行业人才的发展。比如,银杏计划关注到了人才的发展,就很好"。(J-21)

工作人员不仅要有利他主义的奉献精神,还要有所需的专业知识和特定技能。社会组织要建立志愿者参与志愿活动的规范体系。为了打造一支高素质、职业化的社会组织人才队伍,可以采取以下措施:一是政府要将社会组织的人才纳入各地人才培养的统一规划,完善社会组织人才的资格认证、职称评定、岗位晋升、人才流动、档案管理等政策;二是引进和推荐资深社会工作者担任社会组织负责人;三是提高社会组织人才的待遇水平,能够留得住专职人员,吸引更多优秀人才到社会组织工作;四是通过业务培训、经验分享、合作培养等方式,提升社会组织人才的专业能力;五是在更多高校开设社会工作或社会组织管理专业与课程,开发契合实际需求的培训教材和培训课件,培养社会组织专门人才。

2. 完善救助评估标准和服务转介机制

(1) 建立科学的救助评估标准。引入家庭关系图谱和检测量表等专业工具对救助对象进行评估,从生活状态、健康状况、心理情况等维度对救助对象进行全面评估。在入户、回访和服务过程中高度关注服务对象的关键变化,建立介入评估标准以及前测与后测对比,根据打分和测评结果确定回访次数。

(2) 建立服务转介的联动机制。搭建不同类型社会组织间的转介系统。社会救助的对象是多样的,不同的社会组织擅长的救助对象不同,如果遇到不擅长的救助对象,应对起来较吃力,挑战很大,应该有一个完善的转介系统,让专业的人做专业的事。正如北京市西城区 XCMY 社会工作事务负责人所谈到的,"遇到一个重度残障孩子的个案,我是擅长处理老年人事务的,面对他非常复杂的问题时,我们应对起来是很吃力的,而且我不可能因为一个个案去现培养一个具备这种能力的社工出来。如果我可以转介出去的话,其实就会更好地解决我的问题"。(J-22)

针对不属于本机构服务范围或自己不善于救助的对象,社会组织可以将其转介给更专业的组织或合作机构,或与项目购买方协商更换服务对象,以确保精准救助的高服务质量。为此,要制定明确的转介流程和签订转介协议,规定双方在转介过程中的责任和义务。

3. 依法开展救助,降低服务风险

社会组织要尊重救助对象的自我意愿和生活习惯,没有许可不得暴露其个人隐私。对于需要提供固定服务的人员,社会组织服务人员要与其家属签订服务协议。对服务过程中遇到的纠纷,要本着协商、和睦的原则加以解决,并建立纠纷解决机制。如果仍难以解决,社会组织可以通过法律途径维护服务对象或服务人员的合法权益。

(二)做好准备工作,加强对救助项目的支持

1. 社会工作者进入社区做救助工作前要做好准备

(1)深入了解认识街道和社区。社会工作者进入社区最重要的是让社区中的组织、居民认识、了解自己,了解自身角色、职责,能够进得去。要由表及里地了解、认识、分析社区:社区的地理居住环境、人口、民族等状况;社区发展历史、独特文化、习俗、特色状况;社区公共设施、教育、医疗、社会组织等资源状况;社区内相关的权力结构及相互关系的状况。

(2)做好相关各项救助政策的储备。必须熟练掌握各项救助政策法规的内容、程序、标准等。从部门来看,包括民政、残联、妇联、工会、教育、卫生、劳动和社会保障、住房和城乡建设等;从类别来看,包括基本生活保障、专项救助、临时救助等。

(3)深刻认识专业社会工作参与精准救助的目的、意义的。面向基层民众,关注基本民生问题,运用最接近基层民众的方法为困难群体和困境人士服务,社会服务与政策倡导相结合,基本民生问题的解决与人的发展和良性社会秩序的建构相联系。

2. 社会组织要围绕项目要求,加强支持与指导

社会组织应有自己的定位,注重服务而非项目数量。社会组织要有自己的宗旨、定位做擅长的项目,解决好经费问题,避免行业无序竞争。市场化是优胜劣汰,应配齐配强项目团队:具有丰富的专业服务经验的督导、督导助理和外部专家指导支持;具有项目执行管理经验的助理社工师跟进实施;有志愿者和公共资源关系的团队为项目的资源导入提供支持;

项目各环节清晰顺畅。进行系统、持续的学习和辅导,使团队一开始就准确理解;根据落地社区的实际情况与需求,运用精准服务的理念,做好服务对象的精准调研,通过调研梳理出共性和个性的服务需求;充分发挥公益组织的引导和内驱力建设功能,帮助受助者树立信心。

公益组织既不是受助者的施舍者,与受助者也不是甲方、乙方的关系,而是伙伴关系。社会组织是一个资源包,把社会各阶层的爱心凝聚在一起,对受助者实施帮助。受助者受助前显露出来的弱和受助后体现出来的强,对社会是非常有意义和价值的。

(三) 加强多方联动,融合社会资源

1. 形成社会组织与政府之间的良性合作机制

精准救助是一个非常复杂的过程,不能仅依靠政府单方面的力量,需要各方面协调一致的努力,社会多方面主体共同参与推动,寻找更为有效的解决方案。社会组织和政府应该根据各自的长处,合理安排项目工作,在此基础上形成合力,更好地实现精准救助的目标。政府应在各方面扶持社会组织,引导其参与救助服务,帮助其提高公信力并发展壮大[①]。尤其是要与区民政局、街道、社区建立有效的联动机制,形成与各方的信息联通、服务联办共识;坚持向街道和社区定期进行信息反馈;协调链接各方资源的联动和共享;让专业社工介入精准服务实现理念在社区扎根;培育社区自组织,推动社区助老服务实现持续化和常态化。

2. 形成多方良性循环机制

在区、乡、村,实现与社工机构相结合的联动机制,利用"三社联动"工作模式,积极推进农村特困人员精准救助模式创新机制。现在的状况是大多数社工机构都将精力集中在城区做项目(因为社会治理基础、交通、成本、难度和资金方面的差异),很少有机构在农村扎根,深入地做农村的社会工作,这方面需要引导,在资金、经费和人才培养上适当倾斜。传统的帮扶就是筹钱、花钱,考量反馈效果,通过单一的反馈,很难全部实现帮扶的效果。要把传统帮扶和新模式建立结合在一起,解决受助

---

① 肖莎. 社会组织在社会救助事业中的参与:合作与互动 [J]. 经济体制改革, 2010 (6): 164-168.

者的生活困难，建立生活信心，救助者在帮助他人的过程中也看到自己的价值。在帮扶过程中，企业得到了良好的社会声誉，甚至得到了更好的成长，也就更愿意参与和助力公益事业。

3. 提高社会组织在社会救助中的资源整合能力

传统的资源整合观点认为，贫困村的资源主要是村庄内部的资源，是物资资源和人力资源。然而，在竞争的理念下，项目、市场、客户等外部资源也成为村庄资源的重要组成部分。对于很多社会组织来说，获取、跟踪、分配和衡量资源的能力是完成使命的关键部分。但是，一些社会组织受制于自身造血机制缺乏，其维持自身运作的资源尚不充足，在资金、信息、传播等方面缺乏有效保障，而整合式社会救助模式要求社会组织具有较高的资源整合能力，导致在帮扶效果上不够理想。首先是社会组织要更多地撬动政府、企业、基金会和爱心人士等利益相关者的资源，积极推广企业公民和社会企业的理念，将其动员起来参与创业扶贫和产业扶贫。其次是拓宽筹款渠道，改变目前过分依赖政府项目资金的状况，通过收取会费、个人及企业捐赠、基金会捐赠、互联网筹款、举办活动筹款等多种形式拓展资金来源，将更多资金投入社会救助项目中去。最后是重视对非物质资源的整合，资源既包括有形资源，也包括无形资源，社会组织要重视对知识产权、科技创新、项目品牌、文化资源的整合，这些对提高扶贫的综合成效都有重要作用。

4. 统筹融合社会资源

对于孤老、精神残疾和身体残疾等原因致贫无法再参与社会分工的救助对象，社会组织工作的重点是链接社会资源为其提供有力的社会支持。社会组织应当加大精准救助的宣传和动员力度，开展政策宣讲和资源对接，为贫困家庭的脱贫寻求更多的解决方案。要注重精准救助的资源链接，包括政策资源、社区资源、支持网络、信息资源。应把救助资源统筹融合到一起，形成整体力量，把这些资源用于北京各个区，这将有助于基层救助工作的开展。社会组织要争取社会各方的支持，拓宽资金来源的渠道，使用多样化的筹款工具，从而规避单一资金渠道的风险，可以采取以下几方面措施：

（1）争取政府购买的资金。随着政府购买服务的推行，从中央到地方各级政府的很多部门都有购买服务项目的支持，社会组织应积极争取。社会组织要分析政府购买精准救助服务项目的政策变化，跟踪政府部门公布的精准救助项目信息，结合自身优势设计项目方案，积极获取来自各级政府项目资金的支持，保障精准救助过程中人力物力的持续投入。

（2）争取基金会的资源。主动与基金会开展项目合作，主动增加与基金会的接触，获得基金会的信任，积极向基金会申请项目，开展合作。针对救助对象中因病致贫人员比例较高的问题，不具备公募资格的社会组织可以与公募基金会合作，利用新媒体、社交软件和众筹平台，为救助对象开展义卖、义赛、义演等慈善募捐活动，为大病二次报销后仍有巨大困难的低保家庭解决实际困难。在此过程中，规范资助协议内容与程序，确保资助的安全性与保密性；个人及社会组织应通过正规基金会进行定向捐赠，明确资金责任主体；由专业领域人才对私人基金会进行背调，确保安全性。

（3）扩大社会捐赠收入。在社会上，倡导高收入阶层和普通民众的捐赠行为，推动企业履行社会责任，提高利用社会资源的能力。

（4）争取企业的资源。根据自身业务特点，社会组织可以尝试采用社会企业模式，依法增加市场化收入，为救助工作提供长期稳定的资金支持。企业社会责任资金应倾向于社会救助方向，大型企业或国企、外企都有企业社会责任，有相应一部分资金要应用到社会救助中，这部分资金应倾向于社会方向，而不是企业内部，或者倾向于社会救助方向，而不是文化活动。

（5）增加营业服务收入。社会组织不是不能收费，也不是不能获取盈利，只是收入所得不得进行分红。社会组织应努力提高营业服务能力，在对顾客提供服务时适当收取能弥补成本的基本费用，通过市场化的服务获得收入，以满足自身发展对资金的需求。

（6）加强社会组织间合作，加强横向联系。加强专业性机构与社区及社会组织的联动，更大程度地撬动社会资源。社会服务端提倡第三方专业性的介入，既要加强与社区的联系，也要回应救助对象区域志愿组织的需求。专业性组织完成构思和设想，帮助社区细化社会性服务，带动社会组织更好完成服务任务。

在救助政策的制定中，要注重救助对象能力和潜力的提升，把更多的救助资金用于发展和促进就业上，采取就业激励措施，促进救助对象通过提升能力摆脱贫困。

四、对完善赋权式救助方式的建议

社会工作介入是推动完善社会救助机制、促进帮扶困难群众的重要方式。在巩固脱贫攻坚成果和实施乡村振兴战略的过程中，加强政社互补合作与提升救助工作的社会化水平、推动有机式社会救助转型中社会工作"扶智"功能的强化、"需求导向－分类施策"救助原则下社会工作服务机制的深化完善，以及"助人自助"价值场景下"为服务对象赋权"的操作化，是强化社会工作赋权式介入的重要逻辑。

要走上可持续的减贫之路，就必须为增强人民权能铺平道路。如果人们拥有良好的教育和足够的技术和社会技能，他们就被认为是有能力的。如果我们真的希望增强公民的权能，就需要在政策的优先次序方面进行范式转变。这实际上意味着将预算拨款转向于改善民众的教育和技术技能。这也意味着为医疗保健、娱乐设施和体育设施提供更多的资金，以便人民群众可以从事健康的活动。

（一）"专业－制度互动"情境下政社互补合作与救助工作的社会化

应用"发展性社会工作"理论视角，从救助对象和社区的主体性出发，注重他们的参与和共享，高度重视组织化的社会过程，提高我国偏远乡村的自治意识和能力。如果没有有意义的参与，赋权可能只是一个空洞、无法实现的承诺。赋权和参与是相辅相成的，可以被视为手段和目的、过程和结果。赋权是一个多层面的过程，需要改变导致贫穷和排斥的经济、政治和社会条件。采取"预防为主"的服务方法，把发现的问题消除在萌芽状态，解决困难群众救助和帮扶的"最后一公里"问题，让社会救助系统的"末梢神经"真正发挥作用。

实践证明，改变造成贫困和排斥的经济、社会和文化条件是实现赋权的必要条件，而社会救助的制度建设和实践过程具有复杂性和多面性，仅仅依靠政府的单方面投入难以完成这项任务，需要社会多方面主体共同参与寻找更为有效的解决方案。多元主体应在"共建共治共享"社会治理格局下发挥各自长处，并建立分工合作的赋权实施机制，构建社会救助的政社协同推进格局。就政社互动机制看，强化社工机构和政府之间的协商协同和优势互补具有紧迫性和必要性。当前，应该加快政府职能转变和建设服务型政府，建立将具体的服务性救助工作委托给专业社工机构的承接机制，防止救助效能低下影响救助目标达成。

我国的社会救助体系是分层分类的综合救助格局。这种制度格局是政府在统筹城乡社会救助发展和推动救助方式创新过程中进行制度完善、体系优化的结果，也是深化"放管服"改革与提高基层服务能力相结合的结果。当前，明确民政部门作为社会救助体系的统筹建设方、实现救助工作社会力量参与、提升救助工作服务效能是完善社会救助体系建设的重要战略措施，也是在政府刚性政策之外培育社会主体参与能力和为救助对象提供专业服务、加快服务转型升级的必然要求。这就要求把政府"保底线"救助原则与社会工作"促发展"救助理念整合成推进社会救助制度设计的强大动能。在社会救助社会化的发展趋势下，实施社工专业优势与服务需求精准匹配、完善救助服务项目管理制度、建立多方参与的联席会议制度已经成为推动基层社会救助工作社会化、确保服务运行顺畅的重要因素。

（二）"有机式救助"转型中社会工作"扶智"功能的强化

对救助对象进行赋权。赋权既是一种理论，也是一种实践。要实现赋权，就要改变造成贫困和排斥的经济、社会和文化条件。社会组织要推动经济、法律和社会的改革，从而减少社会排斥和社会孤立的发生概率，使救助对象能够掌握自身命运。

以"优势视角"理念，强调、发展和培养救助对象的优势和积极观念。挖掘救助对象的潜能，增强他们的自信心，促进其由内而外的改变。发挥某些残疾人、疾病患者在形象记忆、音乐才能、计算能力等方面的特长，进一步发掘他们的优点，破除针对少数群体的社会歧视。

以现代精准救助模式创新社会救助体系已成为政府推动社会救助完善发展的行动选择，其所推动的从机械式救助向有机式救助转型的趋势，也回应了建立多层面、立体化救助瞄准机制的客观需要。有机式救助中最重要的是"扶智",即提升救助对象的思想意识和权利能力水平。在有机式救助中,赋权理念的嵌入不仅改变了救助实施的方式,促成在救助中重构"自助—互助—他助"的推进逻辑,而且能够从深层次上有效激发救助对象的内在潜能、消减他们面对困境的"无力感"(Powerlessness),最终促使社会救助模式从单纯的"输血式"救助向"造血式"救助转型。

在社会救助的各种方式中,社会工作更加强调对受助者权利和选择的尊重以及运用专业方法,以使救助对象通过增能赋权而走出困境。社会工作凭借在价值理念、社会整合和专业技术上的特色,形成了实施赋权的"生态-权能"二元框架,这既提升了介入助人服务、精神慰藉、行为矫正和社会融合等领域的有效性与合理性,更促进了救助主体与救助对象之间的双向互通,推动"扶智"资源的精准化配置。所以,发挥社会工作理念与赋权理论之间的高度契合性,构建"社会工作+赋权"社会救助工作体系,有助于推动"扶智"模式从粗放式向精准式的发展变革。但正如研究者所分析的,初步建立的综合性救助体系未能充分应对贫困形势的新变化以及救助理念呈现的消极救助取向①。在救助目标规划与功能发挥相冲突时,制度设计会被管理的低效率所取代。因而,在当前社会工作介入社会救助方兴未艾的情况下,既要将认知机制、内化机制和形塑机制纳入社会救助过程体系中,重视精神因素对救助对象的影响,更要基于救助对象的文化心理视角建立发展型救助模式。

(三)"需求导向-分类施策"原则下社工服务机制的深化

"十四五"时期完善社会救助制度需坚持以需求为导向、分类分层救助②。当前,社会工作的介入已经逐渐成为社会救助源头预防、过程评估与服务效果监测的重要主体。社会工作者则是实施需求导向下精准识别和分类施策的主要执行者和关键的救助工作创新主体。明确救助对象的具体分类与致困原因,对救助对象进行台账管理与数据实时更新、梳理整理及个案分析,建立救助主动发现和预警机制、跨部门救助经办整合机制和社会

---

① 兰剑,慈勤英.中国社会救助政策的演进、突出问题及其反贫困突破路向[J].云南社会科学,2018(4):32-38.

② 单大圣."十四五"时期社会救助的发展展望[J].社会福利(理论版),2020(4):9.

参与机制①，是实践"需求导向-分类施策"救助策略的关键。

在实际工作的开展中，保障机制的不完善性、目标群体需求的复杂性和救助方法的业余性，往往给社会救助工作带来极大挑战。例如，在救助政策碎片化、信息平台不完备和救助标准不成熟的情况下，有些组织未能区分救助对象的危急程度，阻碍了精准分析和专业救助的实施，这不仅妨碍了服务效果的可持续提升，也违背了社会救助工作"需求导向-分类施策"的基本要求。这种简略粗放模式源于救助任务的复杂性与救助主体资源整合的局限性之间的结构性冲突，未能实施精准识别的救助方式在一定程度上成为救助效果的阻碍因素。因此，在以需求为导向的社会救助工作中，需要社会工作者严格执行精准救助的各项措施。高度关注救助对象在不同救助阶段的关键变化以及建立规范的介入评估标准，是真正践行"需求导向-分类施策"救助原则、更好地坚持"预防为主"服务救助方法以及发挥救助系统"末梢神经"作用的必然要求。

（四）"助人自助"价值场景下为服务对象赋权的实践操作

要遵循"助人自助"原则，引导低保户、特困户开展自助和互助。救助对象可以分为有劳动能力的救助对象、无劳动能力的救助对象。针对轻度肢体残疾、刑满释放无工作、戒毒康复等原因致贫而仍具有一定就业潜力的群体，社会组织应着力提高救助对象的就业能力和职业技能。通过"造血式"扶贫，社会组织对救助对象实施赋权增能，激发困难群众的内生动力，帮助救助对象找到合适的社会实践平台和对接就业机会。比如，可以把他们或家属吸纳为项目志愿者为其他救助对象服务，从而让救助对象可以自食其力，使他们更有价值感，通过自己的劳动获得，最终自己解放自己。

赋权取决于能力的获得和基本资源的获取，这些资源可分为两类：配置性资源和权威性资源。配置性资源是物质资源，如原材料、技术和通过这些资源的组合生产的产品。吉登斯（1984）认为，权威性资源是组织资源，可分为三类：一是社会时空的组织，即日常生活路径的创造；二是人

---

① 林闽钢. 中国社会救助高质量发展研究［J］. 苏州大学学报（哲学社会科学版），2021（4）：25-31.

类在相互交往中的组织;三是生活机会的组织,即自我发展和自我表现机会的构成。结构的双重性强调了赋权过程的一个重要动态方面:赋权的潜力不仅存在于人们的个人资源和能力方面,也存在于社会结构的规则和条例方面。吉登斯在社会结构和人的能动性之间建立的联系,加强了对社区赋权如何有助于个人赋权的理论解释。

要提高帮扶对象在社会组织社会救助中的参与度。通过动员参与,赋予村民权力是一种改善贫困村现状的策略,使人们意识到他们的权力,他们的力量是团结一致的,这也是一种生产力。某些困难户参与社会救助的主动性不足,往往陷入依赖、丧失意志和贫穷的循环之中。使能式社会救助模式要激发帮扶对象脱贫的主动性,扭转其"等、靠、要"的思想。首先是吸纳帮扶对象代表参与到社会救助项目设计和实施中来,了解他们对帮扶项目的期待和诉求,以避免项目的实施缺乏可操作性。其次是建立帮扶对象和社会组织之间基于信任的伙伴关系。"扶贫对象如果失去对社会组织的信任,会引发对社会组织的排斥和对立"[①]。要向困难户告知社会组织社会救助项目的重要意义,以及政府购买服务的理念和模式。最后是破除扶贫对象不愿劳动致富的思想瓶颈,利用村民现有的经验和知识,积极挖掘和引导他们的精力、智慧和能力,使困难户从陈旧的观念中走出来。以合作社作为商业模式的赋权形式,提高困难户抵御生活风险的能力,培养自立自强的乡村文化。

实践表明,救助对象的权能弱化、地位边缘化、政策依赖性与心态惰性会导致社会救助工作的困难增加。单纯依靠传统的事后补救型的粗放式社会救助模式,或者政府自上而下的行政化方式无法有效应对多样化的救助服务需求,也无法准确评价社会救助的效果并促进救助工作的标准化、效能化。如前文所述,社会救助实际上是通过权利能力重建,培养救助对象自我发展能力而向其赋权的过程。在赋权的实践操作过程中,社会工作必然会形成"助人自助"工作理念。

在赋权背景下,困难群体同样具有自身的价值与潜力,具有产生创造力和自主解决问题的能力。当把赋权行为界定为"救助重心下沉"的过程

---

① 彭小霞. 社会组织参与精准扶贫考察 [J]. 开放导报, 2017 (3): 93-97.

时，就应当培育救助对象的权利意识与提升公共事务参与能力更需要通过权利和资源的下放，给予救助对象参与社会治理和公共政策的更多空间，即为救助对象"增能"。具体而言，就是要通过协助救助对象提升各方面的能力，实现其"人在场景"的适应性平衡或助推其生存境况达至预期的状态[1]，来满足救助对象在社会层面的发展型需求，借助"外力推动式赋权"推进"个体主动式赋权"。这个过程既能增进救助对象的权利能力以消除社会孤立感，也是尊重救助对象的主体地位和社会价值的必要程序。这就要求社会工作者要以救助对象的意识和能力差异为基准，以优势视角为思维模式进行介入，建立多层面、多维度的赋权机制，以促进救助对象的观念革新和自我价值感提升。目前，应构建精准识别基础上的精准服务机制，明确赋权对象、赋权目标与赋权过程间的对应关系，提高心理疏导、精神慰藉等方式的使用条件，逐步调试求助者中心疗法（Client-Centered Therapy）、贝克认知疗法（Beck's Cognitive Therapy）、阳性强化法（Positive Reinforcement Procedures）等心理咨询方法的使用规则，有效解决救助对象权利不完善、社会孤立和消极被动的问题，提升救助对象自立自强、不甘贫困、勇于担当的意识水平，达到在包容性发展中自力更生的效果，降低主动的持续性贫困的发生概率。

需要注意的是，赋权是当今社会工作中经常使用的术语，被某些学者批评为将赋权简化为个人提高意识的过程。但赋权的政治层面被忽略了，赋权被降格为专业人士手中的一种新的治疗工具。要推进解放性赋权以及对话式的批判性认识过程。解放性赋权要求所有参与权力关系的流动、不断变化过程的人进行持续、对话式的批判性认识过程。应为社会工作者提供资源、技能和自由，让他们学会如何提出问题、分析权力结构，以及在寻找启发的过程中行使自决权。需要一个开放交流的氛围，以便开启对话，让边缘化的声音可以寻求真实的表达。这种交流的目的应该是揭示压迫真实自我的力量，以及探索允许真实自我创造性地参与社会生活的机制[2]。

---

[1] 顾东辉. "治理型增能"：治理理念在流动人口增能中的应用[J]. 西北师大学报（社会科学版），2015（3）：11-15.

[2] MURPHY B. Transforming Ourselves Transforming the World [M]. New York：Zed Books, 1999.

附录

附录一　首都经济贸易大学"社会组织参与社会救助课题"访谈提纲

我们是首都经济贸易大学城市经济与公共管理学院"赋权视角下的社会组织参与社会救助"课题组。社会组织参与社会救助正面临着新的发展形势,为了解社会组织参与社会救助工作的现状及存在的挑战、困难,以及对社会救助工作的建议,特向您进行访谈了解。

一、社会组织参与社会救助的基本情况

1. 贵机构名称、成立时间?从什么时间开始参与社会救助工作?服务在哪个区域?

2. 该社会救助工作项目的来源?(如政府购买、基金会资助、企业捐赠?)

3. 该社会救助工作主要服务于哪些人群?(如老人、低收入、残疾人、患病群体、流浪人群)服务对象名单的来源是什么?

4. 贵机构所调研到的救助服务的主要需求是什么?主要向他们提供哪些服务?(如物质、精神、医疗、链接资源、文化、社会融入)

5. 社会救助工作是否有明确的操作规范、标准?

6. 贵机构在社会救助中有什么特色优势吗?(如理念、方法、资源)

二、对救助对象赋权增能的效果

1. 贵机构是从哪个(些)方面进行赋权增能?(如经济、社会、政治、文化)

2. 救助对象及家庭对救助工作的配合程度如何，是否有意愿（或能力）摆脱困境？是否有实现摆脱困境的案例？

3. 通过贵机构的服务（项目结束后），救助对象能够得到哪些改变？（如摆脱困境、主动意识增强、社会融入）

三、社会组织参与社会救助工作遇到的挑战和困难

1. 贵机构在社会救助工作中存在的最主要困难是什么？

2. 为完成社会救助工作，贵机构在人员、经费、经验上存在哪些困难？

3. 政府是否给予了足够支持，政策支持力度方面的不足是什么？救助政策本身存在的问题是什么？

四、您对社会组织参与社会救助工作的建议

1. 对资助方的资助力度、理念、程序的建议。（如政府、基金会、企业）

2. 对政府相关政策的建议。（如低保政策、救助政策）

附录二　赋权视角下社会组织参与
社会救助调查问卷

尊敬的社会组织领导/同仁：

您好！我们是首都经济贸易大学课题组，承担北京市教委社科计划"赋权视角下的社会组织参与精准救助的逻辑、经验与路径"课题研究，为开展问卷调查，希望获得您的支持。

社会组织介入社会救助的重要功能是实现救助对象的赋权增能，回应救助对象在需求表达、权利争取和资源获取上的物质性及非物质性诉求，这一出发点不仅契合社会救助从生存型救助向发展型救助转型的趋势，也有利于解决社会救助中救助服务形式单一的问题。

课题组为了解社会组织参与社会救助的现状、形式、效果及困难，以及对推进社会救助工作的建议，特编制此调查问卷。所有的调查均保密，只用于统计分析，答案没有对错之分，您只需按照实际情况填写即可。

在此，我们对您给予这一调研工作的帮助表示诚挚的感谢。谢谢！

1. 贵机构登记的形式是什么？（单选）
（1）民办非企业单位
（2）社会团体
（3）基金会
（4）未登记的草根组织

2. 贵机构所开展的社会救助项目的主要来源是什么？（可多选）
（1）政府购买服务
（2）基金会资助
（3）企业或个人资助
（4）无资助，纯志愿服务
（5）其他

3. 贵机构社会救助项目的主要服务对象是什么？（可多选）

（1）低保、低收入、特困供养人员

（2）失能、失智、高龄等困境老年人

（3）困境儿童、留守儿童

（4）困境残疾人

（5）患病或遭遇生活变故生活陷入困境的人员

（6）其他需要帮扶的人员

4. 您认为贵机构参与社会救助工作主要的优势是什么？（可多选）

（1）理念优势

（2）专业优势

（3）管理优势

（4）资源优势

（5）其他

5. 您所了解到的救助对象最主要的需求是什么？（可多选）

（1）金钱及物质需求

（2）社会需求

（3）精神需求

（4）医疗需求

（5）照料需求

（6）教育需求

（7）其他

6. 贵机构在社会救助中提供的服务类型有哪些？（可多选）

（1）物质帮扶

（2）医疗救助

（3）生活改善服务

（4）精神文化服务

（5）能力建设

（6）应急介入

（7）其他

7. 贵机构从哪些方面对救助对象进行赋权增能？（可多选）

(1) 社会赋权

(2) 经济赋权

(3) 精神赋权

(4) 文化赋权

(5) 政治赋权

(6) 其他

8. 贵机构通过对救助对象赋权增能后，产生的效果主要有哪些？（可多选）

(1) 得到经济支持

(2) 身体健康条件改善

(3) 心理上接纳他人，实现社会融入

(4) 重构社会关系网络

(5) 能够独立生活，掌握社会交往技能

(6) 有人照顾，生活稳定

(7) 对政策的了解更清晰

(8) 减少对公共事务的不满

(9) 提升获得感和幸福感

(10) 青少年知识水平提升，获得更好的教育

(11) 主动意识增强，配合度提高

(12) 自信心提升

(13) 其他

9. 贵机构在社会救助工作过程中，救助对象的配合程度如何？（单选）

(1) 配合

(2) 比较配合

(3) 一般

(4) 不太配合

(5) 不配合

10. 贵机构社会救助工作项目的完成程度如何？（单选）

(1) 高

(2) 比较高

(3) 一般

(4) 较低

(5) 非常低

11. 贵机构在社会救助工作过程中，救助对象对救助服务的满意度如何？（单选）

(1) 满意

(2) 比较满意

(3) 一般

(4) 不太满意

(5) 不满意

12. 贵机构在社会救助工作过程中，救助工作操作的规范程度如何？（单选）

(1) 非常规范

(2) 比较规范

(3) 一般

(4) 不太规范

(5) 不规范

13. 贵机构社会救助工作对救助对象的帮助程度如何？（单选）

(1) 高

(2) 比较高

(3) 一般

(4) 较低

(5) 非常低

14. 您认为在社会救助工作过程中，政府政策层面存在哪些不足？（多选）

(1) 政府对社会组织的支持度下降

(2) 政府对救助工作的重视程度不够

(3) 救助政策不稳定，缺乏宣传

(4) 各政策制定主体间衔接沟通不畅

(5) 社会救助评估标准与考核指标不健全

(6) 真正困难的群体受现有政策限制无法得到保障

（7）救助政策对救助对象脱困缺乏激励作用

（8）其他

15. 您认为在社会救助过程中，制约社会组织发展的困难有哪些？（可多选）

（1）专业性组织少，力量不足，生存困难

（2）停留在给救助对象实物层面，缺乏服务深度和广度，未能回应真实需求

（3）资金来源过度依赖政府，资金不足，无法满足服务需求

（4）社会资源整合能力欠缺，公共关系拓展与维护能力不足

（5）人员工资低，专职人员少，人员流动性大

（6）其他

16. 您认为在社会救助过程中，救助对象层面存在的哪些情况影响了工作开展？（可多选）

（1）目标群体的救助需求存在复杂性，部分救助对象无就业能力或劳动能力有限

（2）人户分离率高

（3）不愿脱贫的思想根深蒂固，对救助工作有依赖性，害怕风险

（4）对社会救助工作不信任、不了解、不理解，抗拒政府主导下的救助方式

（5）其他

17. 您对更好地推进和完善社会组织参与社会救助工作有哪些意见和建议？

18. 填写人信息（自愿填写，填写者将获得由课题组发送的《社区服务项目设计》一书PPT课件）

姓名＿＿＿＿＿＿＿＿＿＿＿＿＿＿＿＿＿＿＿＿＿＿＿＿＿＿

社会组织＿＿＿＿＿＿＿＿＿＿＿＿＿＿＿＿＿＿＿＿＿＿＿＿

电子邮箱＿＿＿＿＿＿＿＿＿＿＿＿＿＿＿＿＿＿＿＿＿＿＿＿

参考文献

[1] BENJAMIN GIDRON, RALPH KRAMER, LESTER M SALMON. Government and The Third Sector [M]. San Francisco: Josser-Bass Publishers, 1992: 18.

[2] CHHOTRAY V, STOKER G. Governance Theory and Practice: A Cross Disciplinary Approach [M]. Basingstoke: Palgrave Macmillan, 2009: 3.

[3] COLEMAN J. Social capital in the creation of human capital [J]. The American Journal of Sociology, 1988 (94): 95-120.

[4] HARRINGTON M. The other America: Poverty in the United States [M]. New York, NY: The Macmillan company, 1962.

[5] JENCKS C. Rethinking social policy: Race, poverty, and the underclass [M]. New York, NY: Harvard University Press, 1992.

[6] McENTIRE DAVIS, HAWORTH JOANNE. The Two Functions of Public Welfare: Income Maintenance and Social Services [J]. Social Work, 1967, 12 (1): 22-31.

[7] PIEER J. Models of Urban governance, the institutional dimensions of Urban politics [J]. Urban Affairs Review, 1999, 34 (3): 372-396.

[8] PORTES A. Social capital: Its origins and applications in modern sociology [J]. Annual Review of Sociology, 1998 (24): 1-24.

[9] RHODES R A W. The New Governance: Governing without Government [J]. Political Science, 1996, (44): 652-667.

[10] ROBEYNS I. The capability approach: A theoretical survey [J]. Journal of Human Development, 2005, 6 (1): 93-114.

[11] STOKER G. Governance as theory: five propositions [J]. International Social Science Journal, 1998, (155): 17-28.

[12] WHITEHEAD M. In the shadow of hierarchy: meta governance, policy reform and urban regeneration in the West Midlands [J]. Area, 2003, 35 (1): 6-14.

[13] B. 盖伊·彼得斯. 政府未来的治理模式 [M]. 吴爱民, 等译. 北京: 中国人民大学出版社, 2001: 5-157.

[14] O. 威廉姆·法利, 拉里·L. 史密斯, 斯科特·W. 博伊尔. 社会工作概论 [M]. 9版. 隋玉杰, 等译. 北京: 中国人民大学出版社, 2005: 12.

[15] 陈烨烽, 王艳慧, 赵文吉, 等. 中国贫困村致贫因素分析及贫困类型划分 [J]. 地理学报, 2017 (10): 1827-1844.

[16] 成克惠. 社会组织参与农村精准扶贫的法律依据与治理研究 [J]. 农业经济, 2019 (1): 75-77.

[17] 程萍. 社会工作介入农村精准扶贫: 阿马蒂亚·森的赋权增能视角 [J]. 社会工作, 2016 (5): 15-23, 125.

[18] 丁一帆, 张翼. 社会工作视角下社会救助的路径研究 [J]. 社会科学家, 2019 (11): 50-55.

[19] 付娆. 浅析精准扶贫中政府与社会组织的合作 [J]. 农村经济, 2016 (11): 34-37.

[20] 高强, 孔祥智. 论相对贫困的内涵、特点难点及应对之策 [J]. 新疆师范大学学报 (哲学社会科学版), 2020 (3): 120-128, 2.

[21] 关信平. 社会工作介入社会救助的需求、能力及体制机制分析 [J]. 湖南师范大学社会科学学报, 2017 (1): 32-38.

[22] 关信平. "十四五"时期我国社会救助制度改革的目标与任务 [J]. 行政管理改革, 2021 (4): 23-31.

[23] 黄林, 卫兴华. 形势下社会组织参与精准扶贫的理论与实践研究 [J]. 经济问题, 2017 (9): 1-5.

[24] 李鹏, 张奇林, 高明. 后全面小康社会中国相对贫困: 内涵、识别与治理路径 [J]. 经济学家, 2021 (5): 93-101.

[25] 胡卫卫,于水,杜焱强.赋权理论视域下乡村公共能量场建构的三重维度[J].华中农业大学学报,2019(4):98-104,174.

[26] 顾东辉."治理型增能":治理理念在流动人口增能中的应用[J].西北师大学报(社会科学版),2015(3):11-15.

[27] 李运华,魏毅娜.贫困衡量视角下"精准"救助的体制机制构建[J].东北大学学报(社会科学版),2017(1):61-66.

[28] 李雪.与时代同行与民心同向:社会救助工作十年创新发展综述[J].中国民政,2022(15):19-24.

[29] 兰剑,慈勤英.中国社会救助政策的演进、突出问题及其反贫困突破路向[J].云南社会科学,2018(4):32-38.

[30] 林闽钢.中国社会救助高质量发展研究[J].苏州大学学报(哲学社会科学版),2021(4):25-31.

[31] 贾玉娇.2020年后相对贫困治理应关注的重点[J].人民论坛,2021(14):16-19.

[32] 马凤芝,陈树强.社会工作介入社会救助的国际经验及对我国的启示[J].中国社会工作研究,2016(13):68-90.

[33] 彭小霞.社会组织参与精准扶贫考察[J].开放导报,2017(3):93-97.

[34] 单大圣."十四五"时期社会救助的发展展望[J].社会福利(理论版),2020(4):9.

[35] 孙莹,李涛.嵌入式视角下的社会工作参与社会救助[J].中国民政,2017(7):36-38.

[36] 王晓东.赋权增能视角下农民工社会救助模式转型:呼和浩特市个案研究[J].人口与发展,2013(6):52-57,99.

[37] 卫小将.精准扶贫中群众的主体性塑造:基于赋权理论视角[J].中国特色社会主义研究,2017(5):80-85.

[38] 吴振磊,王莉.我国相对贫困的内涵特点、现状研判与治理重点[J].西北大学学报(哲学社会科学版),2020(4):16-25.

[39] 向德平,向凯.多元与发展:相对贫困的内涵及治理[J].华中科技大学学报(社会科学版),2020(2):31-38.

[40] 肖莎. 社会组织在社会救助事业中的参与：合作与互动 [J]. 经济体制改革, 2010 (6): 164-168.

[41] 谢敏. 社会工作介入流浪乞讨人员社会救助中的伦理困境 [J]. 理论月刊, 2018 (8): 167-174.

[42] 许悦. 解决相对贫困 广东闯出新路径 [N]. 羊城晚报, 2021-02-05.

[43] 杨荣. 社会工作介入社会救助：策略与方法 [J]. 苏州大学学报（哲学社会科学版）, 2014 (4): 29-34.

[44] 原会建. 专业社会工作介入社会救助的路径与策略 [J]. 人民论坛, 2014 (35): 149-151.

[45] 岳天明, 孙祥. 我国受暴女性的赋权增能与社会工作救助 [J]. 学习与实践, 2017 (1): 104-111.

[46] 章贵军, 刘盟, 罗良清. 中国城乡居民相对贫困特征及变动原因研究：基于ELES模型的实证分析 [J]. 中国软科学, 2021 (8): 63-74.

[47] 张传洲. 相对贫困的内涵、测度及其治理对策 [J]. 西北民族大学学报（哲学社会科学版）, 2020 (2): 112-119.

[48] 张浩淼. 中国社会救助70年（1949—2019）：政策范式变迁与新趋势 [J]. 社会保障评论, 2019 (3): 65-77.

[49] 周侃, 盛科荣, 樊杰, 等. 我国相对贫困地区高质量发展内涵及综合施策路径 [J]. 中国科学院院刊, 2020 (7): 895-906.

[50] 仲超. 贫困治理背景转换下的社会救助转型：从保障生存到促进发展 [J]. 求实, 2021 (3): 68-82, 111.

[51] 朱姝, 冯艳芬, 王芳, 等. 粤北山区相对贫困村的脱贫潜力评价及类型划分：以连州市为例 [J]. 自然资源学报, 2018 (8): 1304-1316.